Colette Soler

Lacan, leitor de Joyce

Segunda edição aumentada

Tradução de CÍCERO OLIVEIRA

Copyright © 2019 por
Título original: *Lacan, lecteur de Joyce*
© Presses Universitaires de France / Humensis, 2018
170 bis, boulevard du Montparnasse, 75014 Paris

Publicado com a devida autorização e com todos os direitos,
para a publicação em português, reservados à Aller Editora.

É expressamente proibida qualquer utilização ou reprodução do conteúdo desta
obra, total ou parcial, seja por meios impressos, eletrônicos ou audiovisuais, sem o
consentimento expresso e documentado da Aller Editora.

Editora	Fernanda Zacharewicz
Conselho editorial	Andréa Brunetto • *Escola de Psicanálise dos Fóruns do Campo Lacaniano* Beatriz Santos • *Université Paris Diderot — Paris 7* Jean-Michel Vives • *Université Côte d'Azur* Lia Carneiro Silveira • *Escola de Psicanálise dos Fóruns do Campo Lacaniano* Luis Izcovich • *Escola de Psicanálise dos Fóruns do Campo Lacaniano*
Tradução	Cícero Oliveira
Revisão técnica e adaptações para a edição brasileira	Fernanda Zacharewicz e Glaucia Nagem
Preparação de texto	William Zeytounlian
Diagramação	Sonia Peticov
Projeto de capa	Rubens Lima
Capa	Wellinton Lenzi

2ª edição: fevereiro de 2023

Dados Internacionais de Catalogação na Publicação (CIP)
Ficha catalográfica elaborada por Angélica Ilacqua CRB-8/7057

S672L Soler, Collete

Lacan, leitor de Joyce / Collete Soler; tradução de Cícero Oliveira. – 2. ed. – São
 Paulo: Aller, 2023.
272 p.

Bibliografia
ISBN 978-65-87399-52-2

1. Psicanálise 2. Lacan, Jacques, 1901-1981 3. Joyce, James, 1882-1941 I. Título
 II. Oliveira, Cícero

23-0526   CDD: 150.195
                                                                   CDU 159.964.2

Índice para catálogo sistemático
1. Psicanálise

Publicado com a devida autorização e
com todos os direitos reservados por

ALLER EDITORA
Rua Havaí, 499
CEP 01259-000 • São Paulo — SP
Tel: (11) 93015-0106
contato@allereditora.com.br

 Aller Editora • allereditora

Sumário

Sequências   5
Prefácio à primeira edição   9
Preâmbulo   15
Nota do Tradutor   17
Introdução   19

1. Sintoma, Sinthoma   29
O romance de Freud   30
Aquilo que não mente   34
O Pai do nó   40
O di(zer)scurso   47

2. O herético   52
A outra via   55
O Nego   58
O desdenhador de Roma   60
Sua greve   67
A lógica correta   73

3. Um diagnóstico original   78
O *sinthoma*, não o delírio   79
Que carência?   86
"Foraclusão de fato"   95

4. Sintomas   101
Sem o corpo   101

Sem o inconsciente 111
  Sem mulher 118

5. A arte do borromeano 130
   Sem árvore genealógica 130
   Pulverulência dos equívocos 134
   Letras ilegíveis 139
   Retorno sobre as epifanias 144
   Seu nome de enigma 154

6. O escabelo 161
   Um nome não tão... próprio 162
   O sonho do desperto 167

7. A arte-deuzer 175
   A prática de Joyce 176
   Pela operação da palavra 180

8. Conclusão 190
   Joyce, além do Édipo 190
   Além das normas, o real 195
   Os Nomes de reais 208

9. Sequências 213
   UOM 215
   Narcisismo expandido 220
   O laço de escabelo 232
   Joyce, mais, ainda 246
   A literatura 253
   Em guisa de conclusão 263

   Bibliografia geral 265

Sequências

GLAUCIA NAGEM

Falar em uma "edição aumentada" pode sugerir que apenas se acrescentou um capítulo à obra. No entanto, nesta segunda edição de *Lacan, leitor de Joyce*, o acréscimo extrapola a simples ideia de adição. A impressão ao ler essa nova parte é a de um livro dentro do anterior. O que a autora constrói provoca um frescor nisso que já estava posto na primeira edição. Se me referi no prefácio da primeira parte a um *work in progress*, na atual isso prossegue, posto que não há uma conclusão. Nos encontramos com o fruto da continuação do trabalho anterior sem, contudo, se repetir.

Nesse ritmo, poderíamos inclusive imaginar e sonhar que a cada período Soler incluiria mais uma parte como testemunho do trabalho contínuo que a leitura que Lacan fez de Joyce promove em suas construções teórico-conceituais. E, ainda, como essas novidades, ecoadas pela obra do autor irlandês na obra do psicanalista francês, chacoalham a prática clínica da psicanálise. Um segundo prefácio não se faz necessário apenas por ser outra edição, mas no caso deste livro, por se tratar de um acréscimo inovador.

A autora trabalha nesta expansão sobre as dificuldades na leitura da conferência "Joyce, o Sintoma II". Esclarece de saída que, diferente da "Joyce, o Sintoma I", que foi escrita a partir de notas, a "II" é escrita pelo próprio Lacan. É um texto escrito pastichando Joyce, com a criação de diversos neologismos. Mais que um exercício literário, são criações que apontam para mudanças significativas na obra do psicanalista. Soler toma os principais neologismos apresentados neste texto e os disseca cuidadosamente para demonstrar o que eles contêm de novidade. Não são apenas palavras novas, mas ideias novas que ecoam outros modos de pensar o sujeito e, consequentemente, a clínica.

Soler destrincha pontos cruciais da conferência e os principais neologismos. Mostra como Lacan se utiliza da sonoridade dos equívocos e dos lapsos que abrem o sentido das palavras. Um dos pontos explorados pela autora diz respeito a uma palavra que Lacan escreve de diversas formas e que, com isso, oferece vários sentidos além daquele conhecido no dicionário. Trata-se da palavra "escabelo". Essa é uma palavra que, apesar de existir na língua portuguesa, é pouco usada. Significa, como em francês, um banquinho que se usa para colocar os pés ou para elevar um pouco a altura de uma pessoa. Lacan faz um exercício joyceano sobre essa palavra e extrai dela até a última gota que *lalíngua* francesa permite. Um exercício que Soler acompanha e amplia, demonstrando o "caráter arbitrário da grafia em relação ao sonoro".

O escabelo convoca uma releitura do conceito de narcisismo, tema trabalhado pela autora em seu livro *Um outro Narciso*, não se restringindo ao imaginário do espelho[1]. Neste neologismo alcança-se uma dimensão real e simbólica nas articulações lacanianas. Tecendo os fios dessa conferência,

---

[1] SOLER, Colette. *Um outro Narciso*. Trad. Cícero Oliveira. São Paulo: Aller Editora, 2021.

Soler nos apresenta cruzamentos e enlaces importantes para acompanhar o trabalho de Lacan neste período.

Traduzir os textos de Lacan, em especial a partir dos anos 1970, é um exercício que exige uma criatividade talvez próxima daquela dos que traduzem os textos de Joyce. No entanto, além do tradutor se exercitar nessa criatividade, a própria autora faz sua tradução, posto que Lacan não se utiliza de uma língua corrente, mas inventada. Os neologismos destacados por Soler tocam em pontos importantes para pensar o sujeito para a psicanálise, o narcisismo, o corpo, os laços sociais, o falo, o sintoma, Joyce, a literatura, o capitalismo. Isso para levantar os principais eixos trabalhados nas páginas do capítulo "Sequências"[2]. Apesar da complexidade dos temas, temos uma fluidez na leitura e a abertura de pontos de difícil acesso nessa conferência "Joyce, o Sintoma II".

Terminamos a leitura das "Sequências" com vontade de voltar ao começo do livro: do fim ao começo e de novo ao fim. A conferência "Joyce, o Sintoma II" tem o sabor especial de um Lacan mergulhado na complexidade do tratamento joyceano das palavras. Lacan busca triturar o sentido comum, jogando ao máximo com os sons que cada palavra pode parir quando dita e escrita. Essa conferência condensa o trabalho que se estende ao longo do *Seminário 23* e nos coloca a trabalhar, tal como o desejo de Joyce para seus leitores, por muitos anos.

A autora fecha com uma pergunta sobre a castração do escabelo dita, por Lacan, "escabelostração": "Será que essa razão oculta do frenesi da escrita que hoje sevicia entre os psicanalistas?"[3]. Pergunta atual e provocativa para os analistas atentos ao seu tempo. Temos assim um texto que não

---

[2] Pág., 213.
[3] Pág., 214.

se fecha em si mesmo com respostas prontas, mas que tanto reabre as questões que o anterior deixava, quanto abre novas. Seguimos, após a leitura, com novas questões para trabalhar e a expectativa de novas "Sequências"!

Prefácio à primeira edição

Acompanhar Soler nesse livro é uma oportunidade de fazer, parafraseando Joyce, uma *recirculação devolta* a Freud, Lacan *Ecercanias*. A autora retoma o retorno feito por Lacan sobre sua própria obra e, finalmente, retorno sobre afirmações feitas por ela mesma e as reconstrói.

Soler costuma (a)bordar os textos fundadores fazendo-nos percorrer seu pensamento, abrindo portas de novas leituras e possibilidades de pesquisa. Mesmo nos textos nos quais comenta temas mais abrangentes, é sempre possível escutar os ecos de sua clínica. Neste livro, mesmo que a obra literária seja o pano de fundo, recolhemos as questões pertinentes à clínica contemporânea.

No presente escrito, temos logo de saída uma advertência da autora de que fará uma retomada da sua leitura da obra de Joyce e dos remanejamentos feitos por Lacan a partir dos anos 70. Com isso, ela pretende completar e corrigir vários pontos do que havia trabalhado e mostrar o que Lacan fez com o que aprendera com Joyce.

Poderíamos escrever no início desse livro: "Cuidado, tinta fresca, *work in progress*". Isso porque, apesar da leveza com que a autora escreve, ela nos convoca a pensar sobre assuntos que giram dias na cabeça, que tiram as certezas já empoeiradas

das prateleiras e que obrigam a refletir sobre temas aparentemente resolvidos. "Joyce era louco?", pergunta Lacan. Soler nos afirma que os lacanianos, inclusive ela, se precipitaram a responder que ele era um psicótico. E esta afirmação apoiou vários teóricos em suas construções. No entanto, Soler desconstrói essa sua resposta e mostra, ponto a ponto, como ela errou anteriormente e como pensa em se corrigir.

Inicia o livro trabalhando o porquê da mudança da escrita "Sintoma" para a sua grafia antiga "*Sinthome*". Para isso, analisa o uso do termo desde os antigos, passando por Freud e pela psiquiatria, para chegar ao uso específico de Lacan. Trança uma rede que norteará o caminho de sua leitura abrindo brechas sobre temas delicados como os diagnósticos a partir dos nós, uma releitura do Édipo e ainda as questões da sexuação. Traça a via mostrando como a leitura feita por Lacan da obra de Joyce abriu a possibilidade de pensar no sintoma a partir do que o irlandês ensinou ao francês: um diagnóstico singular.

Para rever os diagnósticos, Soler nos entrega sua própria leitura da obra de James Joyce, trazendo exemplos de trechos dos textos desse autor. Isso em si já é um ensino, pois nos transmite a importância de se ter proximidade com a obra literária para poder dela depreender algum ensinamento. Lacan também fez isso ao produzir tanto sua conferência *Joyce, o Sintoma*, quanto seu seminário 23, *O Sinthoma*. Vemos no decorrer do livro, com os exemplos extraídos do texto joyceano, que a autora não se limitou a comentar o trabalho feito por Lacan, debruçando-se ela mesma com afinco sobre a obra.

Damos, com Soler, uma volta a mais sem voltar ao mesmo lugar, sem nos acomodar. Acompanhamos cada retomada feita a partir de perguntas que abrem o caminho. Por exemplo: "Joyce se diferencia do diagnóstico de neurose, mas seria, portanto, um diagnóstico de psicose?"; ou: "haveria um delírio de redenção em Joyce?". Essas interrogações e algumas outras dão o tom da pesquisa realizada a cada página.

Se podemos afirmar que Lacan avança a partir de seu retorno a Freud, arrisco dizer que este retorno a Lacan permitiu que Soler não apenas mostrasse os avanços feitos por esse psicanalista francês, como ainda pudesse ela mesma avançar sobre pontos que anteriormente tinha traçado. Para questionar o modo de diagnosticar, Soler mostra minuciosamente as principais mudanças efetuadas por Lacan a partir da leitura da obra joyceana, quais sejam: a mudança do lugar do Complexo de Édipo, com a pluralização dos Nomes do Pai; a consequente mudança de formulação do pai como Metáfora para o pai como um Dizer; e ainda, a mudança a partir da forclusão generalizada do "não há relação sexual", com a qual todo falante tem que se virar.

Nos anos setenta, Lacan recorrerá ao nó borromeo, que se pluraliza no decorrer de seus seminários. Na medida em que dialoga principalmente com Soury e Thomé, suas questões geram novas apresentações do nó em várias amarrações e quantidade de laços. No presente livro é esclarecedor como Soler mostra os avanços alcançados neste período sem o uso excessivo das apresentações dos nós. Os nós propriamente ditos aparecem apenas duas vezes. Uma, para mostrar o efeito do desenodamento do imaginário e a correção do ego proposta por Lacan. Outra, para mostrar o lugar dos gozos sentido e fálico. Mas, apesar de os nós estarem presentes em suas articulações teóricas, a autora não trabalha exaustivamente nas apresentações deles, o que deixa a leitura fluida e sintética.

Os temas revisitados são muito importantes para a psicanálise na atualidade, e as mudanças supracitadas não são pontuais. A partir delas, é preciso rever todo o arcabouço teórico que sustentamos até hoje como lacanianos. No entanto, não são mudanças que, como algumas outras, ficam no campo da moda, do "querer fazer diferente" ou "superar" Lacan. As mudanças propostas estão escoradas em uma leitura e comentário sérios. E a própria autora recomenda que é preciso seguir as etapas do caminho de Lacan, etapas que ela marca em vários momentos, mostrando o que foi desenvolvido em cada época e o que mudou.

Outro ponto importante na leitura deste livro diz respeito à questão da nomeação. Partindo do nome enigma, tema que já tinha sido trabalhado em *La aventura literaria*, passando pelo nome próprio e pela questão do nome singular e do escabelo, Soler chega ao ponto máximo do problema com "os nomes reais". Esse percurso inovador promove a questão do nome e da nomeação ao primeiro plano dos avanços lacanianos. Traz à luz a importância do Um Dizer, tão trabalhado por Lacan nos últimos anos de seu ensino.

Vale ressaltar ainda a revisão feita do tema do Complexo de Édipo mostrando como o Nome do Pai, que seria uma tentativa de correção das questões críticas do Édipo freudiano, apenas o justificou simbolicamente. Do pai como metáfora ao pai como Um Dizer, este livro proporciona uma oportunidade de observar a revisão da proposta freudiana para o Édipo, a apropriação peculiar desta por Lacan na construção do conceito de Nome do Pai e, por fim, a possibilidade, com os Nomes do Pai, de outras soluções além do Édipo Freudiano.

Estar à altura de seu tempo é o convite final deste livro. Tendo passado pelas questões e avanços sobre o Complexo de Édipo, Soler especifica que a constituição subjetiva e a economia sexual do gozo não marcham no mesmo passo e não obedecem à mesma regulação, como fazia crer anteriormente o Édipo. Isso afeta profundamente as leituras preconceituosas que foram feitas a partir do Édipo, oferecendo a elas um contraponto clínico e teórico. Com este contraponto, passa a ser preciso para um sujeito apenas um desejo que não seja a-nônimo. A partir do qual escolherá sua vida e suas vias. Um passo a mais no que já foi alcançado desde a origem da psicanálise no que diz respeito aos laços.

Assim, como já se passaram mais do que os 100 anos de estudo que Joyce previu para a sua obra, este livro abre algumas outras décadas e quiçá outros 100 anos para o estudo dos pontos novos apontados a partir da leitura feita por Lacan da obra joyceana. Não há nele a proposta de novas estruturas ou a abolição de alguma delas, mas um convite a revisitar e rever o que já tinha sido construído à luz dessas novas proposições. O final da obra lacaniana aberto a partir da proposta de Joyce: *Finn again.*

GLAUCIA NAGEM
Novembro de 2018.

Preâmbulo

Na primeira edição de *Lacan, leitor de Joyce*, eu havia empreendido uma segunda leitura das contribuições de Jacques Lacan, psicanalista, à obra e à pessoa de James Joyce. A primeira, desenvolvida em meus cursos no Collège Clinique du Champ Lacanien em Paris, foi retomada em *Aventure littéraire ou la psychose inspirée – Rousseau, Joyce, Pessoa* (Éditions du Champ Lacanien, 2001). Com quinze anos de distância, essa segunda abordagem – que vem na sequência de uma retomada de minha leitura da obra de Joyce e dos remanejamentos conceituais introduzidos por Lacan a partir dos anos 1970 – completava-a, corrigia-a também em diversos pontos, mas, sobretudo, visava evidenciar o que há de mais novo: aquilo que Lacan aprendeu com Joyce e que sem ele não teria abordado com tanta segurança.

Esta segunda edição retoma-a sem alterações, mas acrescenta, dando continuidade, algumas das elaborações posteriores por meio das quais Lacan amplificou as lições extraídas do exemplo Joyce.

Nota do Tradutor

Na presente edição brasileira, nos casos em que a autora fazia alguma referência específica aos textos de Jacques Lacan publicados em versões oficiais em francês (*Escritos*, *Outros escritos* ou *Seminários*), procurou-se localizá-los nas edições oficiais da Jorge Zahar Editora, substituindo esses trechos pelas versões (os números das páginas, inclusive) publicadas em português. Quando algum excerto se referia a um texto inédito em português, o tradutor encarregou-se de traduzi-lo, procurando citar a fonte original em francês. Ademais, sempre que a autora citava outras obras literárias (romances, por exemplo) que dispunham de tradução no Brasil, e que foi possível localizar, indicou-se a referência de publicação da edição brasileira.

Introdução

O sinthoma. Esse é o título que Jacques Lacan escolheu para o seminário que ele dedicou a Joyce, em 1975-1976. Ele escreveu ali, então, a palavra sintoma [*symptôme*, em francês moderno] com uma ortografia antiga, oriunda do grego, introduzindo, assim, algo que Joyce usou bastante, o equívoco entre o som que se ouve e a grafia que se vê. Seria de surpreender que aquele que havia começado, em 1956, com "A instância da letra no inconsciente", texto em que ele reconhecia que a prática freudiana da fala revelava um inconsciente escriturário — ao qual Jacques Derrida atribuiu grande importância — terminasse, em 1975-1976, com Joyce?

O desafio literário é certeiro e Lacan não recua, formulando uma hipótese sobre a escrita de Joyce, novo mestre do ilegível: ele pôs fim, como diz, ao sonho... da literatura[1]. Trata-se de uma tese dupla, sobre a literatura — que deve ser distinguida da poesia — e sobre Joyce. Sonho! Esse termo indica suficientemente que o desafio literário é medido aqui à luz da psicanálise. Não se trata de um paradoxo, já que uma e outra, literatura e psicanálise, incidem diretamente sobre a mesma

[1] AUBERT, J. (org.). *Joyce avec Lacan*. Paris: Navarin, 1987.

questão: até onde é possível ir, o que é possível obter, tendo como único instrumento o verbo, falado ou escrito? Digo em psicanálise, mas é uma psicanálise de acordo com Freud, na qual Lacan quis trilhar, tanto na teoria quanto na prática, um novo caminho, que vai do romance da associação livre ao real do que não fala — a letra[2].

É aí que ele encontra Joyce. Quer dizer, que ele o encontra pela primeira vez como uma questão para a psicanálise, porque já havia encontrado seu texto bem antes. Sabe-se que, quando jovem, Lacan frequentava a casa de Adrienne Monnier[3], e que lá ele havia assistido a leituras de *Ulisses*. Tampouco se pode ignorar que ele tinha uma tese sobre Joyce bem antes de *O sinthoma*, desde 1967, em seu texto "O engano do sujeito suposto saber". Quando volta a isso na época do nó borromeano, porém, suas questões são bem diferentes. Curiosamente, Lacan não recorre a Joyce como àquilo que antigamente se chamava de "homem de letras"; é, antes, o contrário: ele reconhece nele o escritor, poderia dizer, não frívolo, que operou paradoxalmente no campo literário a performance de uma passagem para o real da letra, para além de seus efeitos de sentido. Ora, segundo o seminário do ano anterior, intitulado *R.S.I.* — Real, Simbólico, Imaginário —, é propriamente isso que o sintoma opera que é tratado pela psicanálise: ele faz ex-istir o inconsciente no real, o real do gozo. É a partir daí que Lacan lê Joyce. Convergência patente, portanto. A tese é complexa, merece ser explicitada, mas indica que a questão está bem longe de ser apenas literária.

---

[2] *Cf.* SOLER, C. *Lacan, o inconsciente reiventado*. Rio de Janeiro: Cia de Freud, 2012.
[3] Nota da editora: Adrienne Monnier (1892-1955) foi uma importante editora, livreira e escritora da cena modernista de Paris.

Lacan realmente se apropriou de Joyce, penso que o termo é adequado. Foi como que por acidente, *tiquê*, mediante a sugestão premente de Jacques Aubert, durante um simpósio internacional James Joyce, realizado em Paris, em 16 de junho de 1975, que ele voltou a Joyce. No entanto, ele está certo de que foi.... como que habitado por ele, e durante vários anos. Os textos publicados o comprovam, bem como as diversas alusões feitas de passagem, como, por exemplo, no "Posfácio ao *Seminário 11*", a partir de 1973, no fim de sua conferência "O sintoma", de 4 de outubro de 1975, anterior, portanto, ao seminário, e ainda no "Prefácio à edição inglesa do *Seminário 11*", em 17 de maio de 1976. Haveria outros. Mas se Lacan se apropriou de Joyce, foi para aumentar o sulco que havia aberto na psicanálise, o do real que ali está em jogo. Esse problema não data de 1975 em Lacan, nem tampouco a questão da função da escrita para um inconsciente do qual toda a prática de Freud mostrava ser "estruturado como uma linguagem", uma linguagem que se decifra na fala. Entretanto, em 1975, este se coloca para ele em novos termos, ligados à sua tese do inconsciente real[4], e ao uso do nó borromeano, introduzido alguns anos antes. Lacan tenta então repensar toda a experiência analítica com esse novo esquematismo, principalmente as categorias clínicas clássicas – neurose, psicose, perversão –, e, sobretudo, uma possível psicanálise terminada. A questão data de Freud, como sabemos, e tem fundamento, pois não há na estrutura de linguagem da associação livre sob transferência e do deciframento que definem a prática freudiana mais princípio de fim do que na série de números inteiros com a qual se pode sempre continuar a contar infinitamente. Como situar, então, um fim, e

---

[4] SOLER, C. *Lacan, o inconsciente reiventado*. Rio de Janeiro: Cia de Freud, 2012.

a natureza das mudanças que este pode produzir no desejo e nos sintomas de um analisante, sem convocar o que não é linguagem — o real?

O seminário dedicado a Joyce, *O sinthoma,* fabrica, portanto, desafios bastante diversos. Não considerarei todos, mas somente aqueles que determinam a leitura que Jacques Lacan fez de James Joyce com as consequências em suas próprias colocações. Inicialmente, há seu questionamento de analista sobre o caso Joyce, sobre sua pessoa e sobre o lugar que lhe convém nas categorias da nova clínica borromeana. Não nos esqueçamos aí de que é o próprio Joyce que se ofereceu como um caso, o de "o artista", com artigo definido, em *Retrato do artista quando jovem.*

Paralelamente, levanta-se uma questão de modo inevitável sobre a função da obra de escrita, sobre sua possibilidade e até mesmo sua eventual necessidade para seu autor. Não é preciso Joyce para que o analista seja concernido por essa questão. Ela é convocada por ele a cada vez que lhe pedem uma análise para resolver dificuldades para escrever, para conseguir escrever, como se diz. O escritor com dificuldade de escrever tornou-se, aliás, um grande tema literário. Assim, coloca-se a questão da função da obra de escrita na economia subjetiva de seu autor.

Muito antes de Joyce, São Tomás, tão importante para o jovem Stephen (*alias* Joyce), ao fim de uma vida de escrita dedicada a nada menos do que... uma *Suma,* assinou com um "*sicut palea*", que marcava a função objetal da obra, sua equivalência ao objeto refugo, para dizer em termos burilados, função destituinte do sujeito, a mesma que espera o analisando no fim, segundo a "Proposição sobre o psicanalista da Escola", de 1967. Teria sido assim para Joyce, ou o contrário, a instituição do não analisável? Este é todo o problema.

De onde veio seu *savoir-faire* de artista? Essa é outra questão, a do "saber-fazer", que retorna muitas vezes no seminário. Lacan lança luz de modo bastante inédito, embora pouco argumentado, sobre aquilo que é o "saber-fazer" do artista. A questão oculta uma outra, não tenho dúvidas, implícita, sobre o que o ato do analista supõe de *savoir-faire*. Lacan creditou um saber ao analista, ele, que falou durante todo o ano de 1972 no hospital Sainte-Anne, no cerne da instituição psiquiátrica, portanto, com o título *O saber do psicanalista* — sem dúvida para responder ao tema do "não saber", em voga na época para muitos membros de sua Escola, e que ele qualifica, aliás, de "mistagogia do não saber"[5]. O saber-fazer é algo bem diferente, e a questão é de grande alcance, dado que Lacan, geralmente pouco inclinado a dar absolvições, diz "só se é responsável na medida de seu *savoir-faire*"[6].

De modo mais global, evidentemente, o problema do fim de uma análise está implicado, como eu disse, com a questão de saber se ela pode garantir o passe a um real que ponha fim às elucubrações de transferência, que faça limite à dimensão do sentido e que desperte falantes do sonho acordado.

Isso sem falar ainda dos desafios do nó borromeano...

Não será de se surpreender, então, que o estilo do seminário não tome nada emprestado àquele dos joycianos, tão apegados ao palavra por palavra, tão preocupados com precisões minuciosas, tão aplicados em elucidar, por meio de suas fontes, cada menção, cada alusão de Joyce. Contrariamente, em *O sinthoma* de Lacan, não há o menor fascínio pelo texto daquele que ele constitui como seu objeto, e não se encontrará

---

[5] LACAN, J. (1967). "Da psicanálise em suas relações com a realidade". In: *Outros escritos*. Rio de Janeiro, Jorge Zahar Ed., 2003, p. 358
[6] LACAN, J. (1975-76). *O seminário, livro 23: O sinthoma*. Rio de Janeiro: Jorge Zahar Ed., 2007, p. 59.

nada que se pareça com uma análise propriamente literária. Evidentemente, ele o evoca de passagem, comenta tal epifania, tal expressão, tal contribuição da vasta literatura sobre Joyce, mas ainda assim fala bem pouco disso no fim das contas, embora o tenha lido cuidadosamente, e tenha espumado com as inúmeras críticas. Aliás, a página do seminário que ele dedica em parte a um certo Schechner, que pensou ter analisado *Ulisses*, mostra bem isso. Essa análise de *Ulisses*, diz ele, "dá uma impressão absolutamente terrificante"[7]. E ele logo se sente obrigado a pedir desculpas por algumas veleidades de Freud nesse sentido. Quanto aos joycianos, ele resume sua prática de forma que o trabalho deles consiste "no mínimo, a se perguntar por que Joyce os colocou [os enigmas] ali. Naturalmente, eles encontram sempre uma razão: ele colocou isso ali porque, logo depois, há uma outra palavra etc."[8]. No que diz respeito a ele, além das mostrações comentadas de diversos nós borromeanos que deixarei de lado, ele prossegue com muitas questões. Às vezes, elas esperam resposta em muitas lições, tais como: Joyce era louco? Ele diz isso, aliás, ao lembrar a frase de Picasso "Não procuro, acho", especificando que ela não se aplica aí, pois, de fato, ele procura. Mas, inversamente, o seminário conta com muitas asserções categóricas, que constituem tese e que, por sua vez, permanecem, na maior parte do tempo, à espera de argumentos. É o caso, por exemplo, e voltarei a isso, quando ele fala daquela que acabou se chamando Nora Joyce.

Frequentemente, os psicanalistas dizem se inclinar diante do artista, o que o próprio Lacan fez diante de Marguerite Duras, dizendo de modo mais geral que, do artista, seria preciso

---

[7] *Idem*, p. 69.
[8] *Idem*, p. 149.

"aprender a lição"[9]. Entretanto, isso era antes de Joyce, e com ele há algo bem diferente. Não é seu texto que Lacan admira, e ele não esconde isso; por um lado, os poemas não o convencem totalmente, como ele diz, e, por outro, ele não concorda com um crítico que considera *Finnegans Wake* cansativo. E cabe a Lacan precisar que é porque ele não suscita simpatia, não desperta ecos em nosso inconsciente — o que coloca inevitavelmente à questão de por que lê-lo. Em contrapartida, se não é o escritor, o Lacan analista admira o caso, e, mais precisamente, aquilo que Joyce, graças à sua arte, conseguiu fazer de sua vida com as condições de seu nascimento, e que permitem, justamente, chamá-lo de "Joyce, o Sintoma"[10].

Sabemos o quanto Freud levou em conta a literatura, mas, no que lhe diz respeito, ele reconheceu nos artistas os precursores da psicanálise, e, nos textos literários, uma oportunidade para pôr à prova o método analítico. De Sófocles a Goethe, passando por Jensen e Dostoiévski, ele pensou que a ficção literária era como uma antecipação da descoberta do inconsciente, e que a elaboração do escritor era homóloga à do analisante que tenta dizer sua verdade — a interpretar, portanto, ainda que ela só possa ser meio-dita [*se mi-dire*]. Consequentemente, é o neurótico que, no momento em que conta sua história familiar, o que ele nunca deixa de fazer na análise, parece copiar a fábula. E se Freud fala em "romance familiar" do neurótico, é para dizer que o roteiro dessa história é estruturado como um romance. Assim, Freud concebeu o *savoir-faire* do artista como um equivalente daquilo que ele mesmo chamou de "trabalho do inconsciente", de um

---

[9] LACAN, J. (1973-74). *Le séminaire, livre 21: Les non-dupes errent*, inédito (Aula de 09/04/1974).
[10] AUBERT, J. (org.). *Joyce avec Lacan*. Paris: Navarin, 1987, p. 21 e 31.

inconsciente que fala, que fabrica mensagens que devem ser decifradas. Situando, pois, as obras literárias no mesmo plano que a série de formações que sua prática interpretava — o sonho, o lapso, o ato falho, a mensagem do sintoma —, ele não evitou totalmente o escolho da psicanálise aplicada.

Nesse ponto, Lacan inverteu a perspectiva freudiana: a interpretação analítica não se aplica à literatura. Todas as tentativas nesse sentido sempre se revelaram, aliás, fúteis e bem incapazes de fundar o mínimo julgamento literário. Quanto à obra, quer se trate de romance ou de poesia, podemos certamente sempre interpretar o texto, isto é, dar sentido a ele; a psicanálise, então, resvala a hermenêutica, mas esse sentido nada terá a ver com a existência da obra em si. Esta poderia ser, como eu disse aliás[11], uma possível definição da obra em sua relação com o sentido, dizer que ela resiste tanto à interpretação quanto leva a ela, permanecendo sempre aberta às revisões das leituras com as quais se compraz a história literária, subsistindo, porém, fora dessas leituras. Entre seu sentido e sua existência não há medida comum, permanecendo o enigma do lado de sua produção sempre apensa a um *savoir-faire* que não se interpreta. Poderia pastichar Lacan e dizer: "Que se escreva fica esquecido atrás do que se escreve [...]"[12]. É o mesmo que dizer que as leituras da obra como mensagem nada dizem, nem da colocação em ação do *savoir-faire* que a produz, nem de seus efeitos. "Joyce, o Sintoma" não é uma interpretação da obra joyciana, é um diagnóstico original daquilo que Lacan chama, como o próprio Joyce diz,

---

[11] SOLER, C. *L'Aventure littéraire, ou la psychose inspirée — Rousseau, Joyce, Pessoa*. Paris: Éditions du Champ lacanien, 2001.

[12] Ao falar sobre a análise, Lacan disse: "Que se diga fica esquecido atrás do que se diz no que se ouve", distinguindo assim o que se diz, a verdade dos ditos, seu sentido, e o ato de proferi-los.

de "o artífice". O diagnóstico de uma unicidade, o contrário de um padrão, portanto. Diagnóstico de uma "diferença absoluta[13]," o único digno de um psicanalista.

No seminário dedicado a Joyce, o leitor, sem dúvida, aprenderá muito de Lacan, mas proponho-me a questionar também outra coisa: o que Lacan aprendeu de Joyce na leitura que fez dele.

---

[13] LACAN, J. (1964-65). *O seminário, livro 11: Os quatro conceitos fundamentais da psicanálise*. Rio de Janeiro: Jorge Zahar Ed., 1988, p. 260.

1
Sintoma, *Sinthoma*

É difícil entrar na leitura do seminário "Joyce, o Sintoma" sem algumas considerações prévias, pois Lacan lê Joyce em função de suas elaborações do momento. O termo sintoma, por exemplo, para o qual Lacan havia dado uma nova definição no ano anterior, em *R.S.I.*, ele renovou de tal forma o seu uso, que sob sua pena o mesmo mudou de sentido.

Coloco, de início, a coisa em perspectiva com relação a Freud. Sabe-se que Lacan se voltou contra o que haviam se tornado os analistas de sua época, reclamou muito disso, e até mesmo se autorizou por isso, mas também se afastou e os corrigiu muito. Este é o caso principalmente com relação ao Édipo, que ele levou em consideração, mas também criticou rapidamente, às vezes de forma virulenta, e ao qual ele faz objeção, não com o espelho de um anti-Édipo, mas com um "mais além do Édipo", do qual a primeira figura, não o esqueçamos, é... a mulher, enquanto "não toda" no Édipo[1].

---

[1] SOLER, C. *O que Lacan dizia das mulheres*. Rio de Janeiro: Jorge Zahar Ed., 2005, p. 16 e segs.

O romance de Freud

No início da psicanálise havia — permito-me dizê-lo assim —, o "romance de Freud"[2]. Ora, é próprio do romance contar histórias. Freud debruçou-se sobre aquelas contadas por seus analisandos. Aliás, para todos, o sonho também se conta como uma história, muitas vezes bizarra. Mas há igualmente nosso sonho acordado, aquele que Freud chamou precisamente de "romance familiar do neurótico"[3]. É sempre o romance da infância infeliz, cujos desejos mais ardentes permaneceram insatisfeitos. Ele assombra as subjetividades dos adultos que, na maior parte das vezes, permanecem a criança que foram[4], até o ponto em que se possa falar da "criança generalizada"[5]. No cerne dessa história rememorada, às vezes mitificada, da qual cada um carrega traços, Freud, por meio da decifração dos sintomas, reconheceu, entretanto, a presença de um núcleo ignorado, a fixidez de uma espécie de roteiro que habita cada falante, que se conta por todos os seus intentos e todos os seus atos, e que, entretanto, o próprio sujeito ignora, até que uma análise o revele para ele, eventualmente. Ela se chama, segundo o próprio Freud, fantasia [*fantasme*]. Lacan diz fantasia [*fantasme*] fundamental. Uma espécie de romance no romance, uma invariante da memória histórica, que arrima os deslizes dialéticos do sentido. Digamos que a fantasia é "sentido único" [*sens unique*[6]] que sustenta o desejo

---

[2] LACAN, J. (1974). "Nota italiana". In: *Outros escritos*. Rio de Janeiro: Jorge Zahar Ed., 2003, p. 313.
[3] FREUD, S. (1909 [1908]). "Romances familiares". In: *Edição standard brasileira das obras psicológicas completas de Sigmund Freud — Versão digital*. Rio de Janeiro: Imago, s/d, v. IX.
[4] SOLER, C. *O que resta da infância*. São Paulo: Escuta, 2018.
[5] LACAN, J. (1967). "Alocução sobre as psicoses da criança". In: *Outros escritos*. Rio de Janeiro: Jorge Zahar Ed., 2003, p. 367.
[6] Nota do tradutor: Em francês, *sens* pode significar "sentido", mas também o que nós, em português, chamamos de "mão", isto é, a direção em que devem trafegar os carros numa pista, por exemplo.

e regula todas as relações de um sujeito com os outros e com o Outro do discurso. Sentido único/mão única, mas que dá voltas como na história cômica de Raymond Devos[7]. Coube a Freud afirmar que, para cada um, no final, há apenas um desejo inconsciente, indestrutível, a ser interpretado, principalmente nos sonhos. Mas, curiosamente, ele acrescenta que um único sonho totalmente interpretado daria sozinho o sentido que orienta uma vida inteira. Lacan pôde dizer que esse romance da fantasia era real em seu seminário *A lógica da fantasia*, pois sua constância o subtrai da dialética do relato linguajeiro e o coloca, por isso, em posição de postulado, o qual não varia, ponto de ancoragem de todas as histórias que cada um conta sobre si mesmo e sobre sua própria vida.

E Deus sabe o quanto contamos histórias. Primeiro às crianças, pequenas e grandes, contos de fadas, histórias de terror, todas as histórias de Papai Noel, que não existe. Sabe-se a ressonância emocional desse momento da infância em que uma criança aceita que "o Papai Noel não existe". Raiva por ter sido ludibriada pela mentira dos pais, recusa em acreditar neles, lamento pelo sonho perdido e, às vezes, artimanha de um espertinho que finge ainda acreditar para poupar pais que gostariam muito que ainda o fizesse. O problema é que, para o falante, todas as histórias mentem sobre o real do qual ele está separado pelo imaginário e pelo simbólico. Na melhor das hipóteses, elas dirão algumas verdades, algumas "varidades" [*varités*], diz Lacan, condensando "variedade" [*variété*] e "verdade" [*vérité*], mas a verdade mente, ela tem estrutura de ficção. Todavia, trata-se de uma mentira sem mentiroso de

---

[7] Nota do tradutor: Referência ao *sketch* do comediante francês Raymond Devos, em que ele brinca com o significado da palavra "sens" em francês. *Cf. Plaisir des sens — Raymond Devos* https://www.youtube.com/watch?v=OKxVw08W5aA (Acesso: 25 abr. 2018).

certa forma, um destino que nos é feito pelo imaginário e pelo simbólico na medida em que separados do real, o qual, por sua vez, está fora do simbólico e fora do sentido. Recorre-se, portanto, à verdade que se diz na estrutura de linguagem como a um par(a)eal [*par(e)éel*], e justamente para evitar [*parer*] a angústia do real.

Isso se verifica hoje, em nossa atualidade: quanto mais as consequências da ciência produzem "adventos de real", tanto no nível econômico quanto militar e biológico na organização capitalista do mundo, adventos que angustiam, mais as histórias são chamadas como se fossem antídotos. Mesmo as histórias de terror — que, ao inventar desastres inéditos, levariam a pensar que o pior fascina — são, ainda assim, barreiras à iminência das catástrofes reais. Nossa época as leva ao extremo, acreditando que elas são mais verdadeiras — mas, erro, elas também mentem. É o caso de todas, individuais ou coletivas, das mais obscuras que se possa imaginar, assim como aquelas que acreditamos não imaginar, a saber, a da grande história de nosso mundo que, por mais que esteja apoiada em fatos, não escapa, contudo, dos limites do relato. O enfrentamento atual das diversas memórias históricas seria a prova disso, se precisássemos de uma. Joyce desprezava justamente essa história, e a via até mesmo como uma história de pesadelo. Lacan escreve *hystoire* [historia] com y, como em *hystérie* [histeria], para falar em invenção, ficção.

Curiosamente, hoje existe a suspeita, percebe-se que o pensamento da história não é ciência, que ele não atinge o real. Talvez porque, mais do que qualquer outro, o século passado foi acordado de seu pensamento utópico com um sobressalto, chocando-se com o pesadelo bem real do impensável dos totalitarismos exterminadores. Quanto ao século que começa, suas chamadas crises incontroláveis poderiam ensinar-lhe também os limites do verbo político. Sem dúvida, isso se deve ao fato de que o apelo às histórias tenha atingido seu apogeu. Para que queremos que elas sirvam? Para compreender o mundo, dizemos. Eis um grande tema atual: "Os cidadãos, deveria eu dizer os eleitores, não compreendem, é preciso explicar para eles". Chama-se *Telling Story* de comunicação, fabricar uma história correta, o relato correto, mas isso não funciona tão bem assim, pois em toda parte suspeita-se da mentira e, além disso, e sobretudo, não é a ficção que permite realmente tratar o real.

Quanto ao Freud teórico, ele também nos contou uma história, seu romance dos romances familiares, como diríamos, o catálogo dos catálogos que, como sabemos desde Bertrand Russell, não deixa de implicar alguns paradoxos lógicos. Seu romance dos romances é seu Édipo, a ficção das ficções de toda essa progênie de Édipo, de Antígona a Hamlet, ao... analisante *lambda*. Esse romance, que se conta em historietas, é o fruto, diz Lacan, de "seus amores com a verdade"[8], a verdade que, esta também, fala e até mesmo só faz isso. De seu romance do Édipo ele certamente tomou emprestado o modelo do teatro antigo, mas é porque acreditava ouvi-lo da boca de suas histéricas, depois de tê-lo detectado em si mesmo em sua dita autoanálise, e este lhe parecia estar em todos os tempos. Como ignorar que essa evidência sofreu hoje, em 2014, um golpe?

Lacan, por sua vez, de início reverberou gentilmente a tese, escrevendo-a com sua famosa metáfora paterna. Em seguida, falou em "mito", mais nobre que a metáfora romanesca, pois o mito visa dizer um real que o simbólico fracassa em abordar. Isso já era uma retificação. Por fim, à medida que avançava,

---

[8] LACAN, J. (1974). "Nota italiana". In: *Outros escritos*. Rio de Janeiro: Zahar, 2003, p. 313.

ele recusou esse Édipo, e às vezes de forma insistente e virulenta, especialmente no seminário *A angústia*, em que martela, sucessivamente, dizendo é um engodo, um teatro, de nada serve na análise, é secundário. E depois, finalmente, ele a interpretou como... um sintoma, e até mesmo em *Totem e Tabu*, um sintoma produzido pela neurose de Freud. Cabia a ele, Lacan, conceber novamente a função do Pai, cuja presença na própria experiência de toda a nossa tradição não pode ser apagada, mesmo se hoje ela não consegue mais "manter-se em cartaz"[9] como ele diz. De fato, ele tentou repensá-la como uma função... não edípica, real, ao mesmo tempo lógica e existencial. Voltarei a isso.

Há, então, uma pergunta: será que o sintoma mente? Houve um tempo em que Lacan formulava que tinha a verdade como causa[10]. Isso é apenas uma meia verdade, e ele teve que acrescentar: o sintoma vem do real.

Aquilo que não mente

Na medicina, o sintoma é um sinal, sinal de uma doença ou de uma disfunção que se visa reduzir. Na acepção comum, o sintoma é mais da ordem do que fracassou, daquilo que impede que as coisas corram bem. É uma manifestação inoportuna, anômala que se impõe e que também queremos reduzir. Hoje ele costuma ser chamado, sobretudo na esfera anglo-saxã, por outros termos tais como "desordem" ou "transtorno", que acentuam seu caráter de anormalidade. De início, para Freud, herdeiro das classificações psiquiátricas da época, os sintomas, que eram imputados às "doenças nervosas", foram

---

[9] LACAN, J. (1960). "Subversão do sujeito e dialética do desejo". In: *Escritos*. Rio de Janeiro: Zahar, 1998, p. 827.
[10] *Idem*, p. 884-885.

pensados como sinais da neurose, sinais de um recalque das pulsões que retornavam por vias dolorosas. Em todo caso, embora de formas diferentes, o sintoma é então pensado como um problema a ser resolvido, portanto, e, para a psicanálise, um problema que é conivente com a sexualidade em razão da implicação das pulsões. E conhecemos a tese *princeps* de Freud sobre os sintomas da neurose: eles são substitutos de um gozo sexual.

Um século de psicanálise e a contribuição de Lacan produziram uma virada espetacular, propícia a todos os mal-entendidos se não acompanharmos sua construção. Em suma, o que chamamos de sintoma no sentido clínico, aquele que se apresenta ao analista como o que não cessa de se impor ao sujeito, sob forma de um "não conseguir" parar de pensar, fazer, sentir em seu corpo, ser invadido por afetos etc., todas as coisas que perturbam as relações com os outros, sejam elas subjetivas ou corporais, este sintoma impeditivo que causa problemas para o sujeito é... uma solução.

Solução de outro problema que não é próprio da neurose, que é genérico, característico desses seres afetados por um inconsciente que fala, que são os humanos. Ele é enunciado desde que Lacan propôs sua fórmula, a partir da descoberta "do dito do inconsciente"[11] por Freud: "Não há relação sexual", subentendido que pode ser inscrita pela linguagem. Há, entretanto, pulsões, essas pulsões parciais que Freud evidenciou, cuja ancoragem nas zonas erógenas e os objetivos são programados pela operação do dizer. A um dizer do Outro original que pede, por exemplo, que a boca se abra para a comida, o corpo responde. Ele faz eco por meio da erogenização da

---

[11] LACAN, J. (1972). "O aturdito". In: *Outros escritos*. Rio de Janeiro: Zahar, 2003, p. 453.

boca que, a partir daí, nenhuma comida poderá mais preencher. É assim que são engendradas as pulsões, mas, a despeito de todos os discursos sobre o amor, não há dizer para indicar o parceiro sexuado ao qual o corpo faria eco. Não há pulsão genital, diz Lacan, que aqui repete Freud, o qual, desde 1915, em uma nota acrescentada aos *Três ensaios sobre a sexualidade*[12], ressaltava que a heterossexualidade era um problema que precisava ser esclarecido.

"Não há relação sexual": o que isso quer dizer? Decerto há significantes conjugados na linguagem, significantes do sexo, homem, mulher, e da geração, pai, mãe, e também todos aqueles que erigem ideais correspondentes à virilidade ou à feminilidade, da maternidade ou da paternidade. Os discursos certamente tentam emparelhar esses significantes, mas esse emparelhamento, para o sexo, não vai além de um parecer [*paraître*], para-ser [*pare*-être], pois são apenas semblantes que projetam todas as manifestações da diferença entre os sexos no registro do teatro, quiçá da comédia. O que não impede que os corpos biologicamente sexuados entrem no corpo a corpo — isso é um fato. Essa também é uma questão: o que preside a essa aproximação dos corpos heterossexuais a partir do momento em que a linguagem não inscreve nenhum par de significantes que correspondesse aos gozos tomados no coito sexual, mas um único — o falo. Suposto escândalo da descoberta freudiana! As pulsões certamente estão em jogo — elas que nunca hesitam sobre o objeto — sejam elas orais, anais, escópicas ou invocantes; seu objeto, porém, não é o parceiro do sexo, somente esse objeto que a teoria designou inicialmente como "parcial", peça destacada do corpo, seio, excremento, olhar ou voz. Pelo contrário, no nível da relação

---

[12] Nota 13 da primeira parte.

entre os corpos, não há pulsão genital para designar o objeto que responderia à falta de gozo sexual do falante, pois, cito, "o parceiro do gozo (subentendido aí sexual) é inabordável na linguagem"[13]. Se o sentido sexual está em toda parte, segundo Freud, é porque a relação sexual não está em lugar algum. Daí a questão de saber o que essa carência inscrita na estrutura corrige e que torna possíveis as relações eletivas que existem entre os seres sexuados.

No fim de seu ensino, Lacan responde: é esse produto do inconsciente que é o sintoma. Ele tampona a hiância do "não há", portanto a carência da relação sexual, por meio da ereção de um "há". O Outro, o parceiro padrão do gozo sexual falta, mas o sintoma próprio de cada um faz suplência, promove, graças à linguagem, um elemento singular que condensa o gozo substitutivo na relação entre os corpos. Uma primeira consequência dessa estrutura se impõe: não há sujeito sem sintoma. Na ausência da relação que pode ser inscrita, há somente o sintoma produzido do inconsciente que possa fixar o modo privilegiado, para cada um, daquilo que faz seu gozo sexual substancial, ao passo que, como sujeito, ele está, aliás, submetido à grande lei da falta a ser. O sintoma é, pois, justamente uma função — função lógica — de exceção em relação à deriva metonímica infinita das pulsões parciais: ele ancora, fixa gozo, "fixão" diz Lacan, enquanto que a cifração inconsciente não cessa de deslocá-lo na série de seus signos.

Não justifico a tese nem a ilustro, por enquanto apenas a enuncio. Mas, a partir desse passo, pode-se evidentemente perguntar: de que modo Lacan passou das primeiras afirmações de Freud sobre a função do sintoma como "substituto

---

[13] LACAN, J. (1971-72). *O seminário, livro 19: ...ou pior*. Rio de Janeiro: Zahar, 2012, p. 42.

de uma satisfação sexual" às fórmulas que acabo de relembrar resumidamente?

Nos termos de Freud, a própria noção de "formação de compromisso" e de sobredeterminação do sintoma faz dele um retorno mascarado de um gozo reprimido. Assim, ele é ao mesmo tempo gozo atual e memorial linguajeiro das experiências pulsionais. Por isso, ele é transformável pelo trabalho da fala analítica, como Freud demonstrou logo de início. O inconsciente em jogo na técnica freudiana de decifração está, portanto, bem "estruturado como uma linguagem" e, a partir daí, tem-se a certeza de que a lógica da linguagem opera na redução terapêutica dos sintomas, bem longe de ser aí ignorada. Entretanto, essa redução deixa subsistir uma parte irredutível. Ela é percebida, por exemplo, no grande caso do "Homem dos ratos", que Freud apresentou: curado de sua obsessão, não somente ele não está curado de sua neurose, mas o rato, esse termo condensador de gozo, presente em seu inconsciente desde sua juventude, ainda está ali. Lacan tentou dar conta do que o sintoma comporta de inamovível, para além dos remanejamentos possíveis daquilo que ele chamava de seu "envelope formal", a saber, o envelope dos significantes associados. No que tange ao rato de seu caso, Freud propôs a série notável: o excremento, o dinheiro, a criança etc., mas o rato, por sua vez, é inamovível. De fato, desde o aspecto do fenômeno, a fixidez dos sintomas contrasta com as formações efêmeras do inconsciente que são o sonho, o lapso, o ato falho, ao que se deve acrescentar o chiste. Ele também contrasta com o que é próprio da linguagem, a saber, a substituição metonímica dos signos, sempre possível, sem termo, e de onde o sentido surge. Não seria por que, no sintoma, o significante é casado, se assim posso dizer, com algo diferente, precisamente aquilo que Lacan chama de gozo em sua diferença com o simples prazer, que o próprio significante se encontra transformado? O gozo, para investir um termo, um elemento do inconsciente, um de seus significantes, o subtrai assim da cadeia das incessantes substituições da cifração. Ele o transforma em "letra", elemento de linguagem fora de sentido, real, o único suscetível a fixar sempre o mesmo ser de gozo. No sintoma, portanto, o significante fez-se letra, a única letra "idêntica a si mesma"[14], ali onde o significante sempre é, por estrutura, diferencial. Portanto, a letra é ponto de parada da combinatória, e até mesmo do espelhamento do que Lacan chamou, durante um tempo, de "cristal linguístico". Tal era a definição do sintoma em *R.S.I.*, em janeiro de 1975, em contraste com o sintoma que ele havia definido em "A instância da letra no inconsciente" como metáfora do trauma, aquela que explicava o motivo do envelope formal por meio da substituição significante que ela comporta. Era uma etapa decisiva das últimas elaborações de Lacan sobre essa questão do sintoma. Ela já permite apreender que, quando Lacan formula "Joyce, o Sintoma", ele dá nome não a uma patologia, mas a uma solução.

O inconsciente como efeito de linguagem faz objeção à relação sexual; com ele "há Um" e nada mais, mas, por outro lado, ele produz o que aí faz suplência: o parceiro sintoma. Não "há relação sexual", a experiência atesta isso, pelo menos no fato de que não é qualquer mulher que convém a qualquer homem, e vice-versa – grande evidência! Não há programa prévio. Mas para cada sujeito a eleição do parceiro obedece a condições que lhe são próprias e às quais seu inconsciente preside. Donde se justifica a expressão parceiro-sintoma para

---

[14] Sobre esse ponto, ver LACAN, J. (1974-75). *Le séminaire, livre 22: R.S.I.*, inédito (Aula de 21 de janeiro de 1975).

dizer que esse parceiro, encontrado ao acaso dos acidentes da vida e que é condição de gozo, está ele mesmo condicionado por algum traço do inconsciente. Assim, Lacan pode dizer que uma mulher, para um homem, é um sintoma[15]. Por isso, ademais, o que classicamente se chamava de escolhas de objeto são analisáveis, bem como as outras fixões de gozo-sintoma, tais como obsessão, conversão, fobia etc. Freud havia percebido isso muito bem. Entretanto, todas as suas tentativas de dar conta das singularidades da vida amorosa convocam o Édipo e, assim sendo, já estava colocada a questão de saber para que se supõe que esse pai do Édipo serve precisamente.

O Pai do nó

Retomo a foraclusão mais radical, genérica, devida à linguagem, a da relação sexual — dito nos termos utilizados por Lacan no início: não há pulsão genital, como disse. Pulsões parciais, sim — oral, anal, escópica, invocante —, mas não há pulsão que leve ao ato sexual, nada no inconsciente permite pensar que o ser sexuado do homem e da mulher são feitos um para o outro e para unir seus gozos. Com o *Eros* freudiano, sonhava-se em fazer um, aspirava-se à fusão, mas há um furo na linguagem que Lacan chamou, belamente, de *"troumatisme"*[16], uma "carência central", como ele diz também. Consequentemente, com efeito, as relações sexuadas entre os corpos pedem uma explicação. Segundo o próprio Freud — que, no entanto, não se expressava nesses termos — era o sintoma dito edípico que, por meio das identificações com o pai ou a mãe, supostamente presidia à posição sexuada de cada um e

---

[15] *Idem, ibidem.*
[16] Nota do tradutor: *trou*, em francês, é furo. Lacan, em uma palavra, fala do furo na linguagem associando-o ao trauma, criando o neologismo *troumatisme*

assinava sua inscrição na Lei. Desse modo, ele postulava que a realidade sexual dependia da realidade psíquica.

Com anos de distância e dando um grande salto teórico, Lacan chama finalmente esse sintoma de *"père-version"* [pai-versão], escrito em duas palavras, a versão pai do sintoma, de um pai, portanto, cujo desejo e o dizer inscrevem um modelo de relação com uma mulher que compensa a não relação sexual[17]. Ele é um exemplo de uma resolução específica das relações entre os sexos e as gerações, em que um casal heterossexual, um homem e sua mulher, assume uma descendência.

Em 1975, em *R.S.I.*, Lacan formula explicitamente que o Pai é um sintoma. A tese supõe evidentemente que "Não há relação sexual" tenha sido formulado anteriormente, pois é essa falta que permitia conceber que a modalidade de gozo de um pai fosse sintoma de suplência, como ele dizia na aula que acabo de citar. Ela também supunha, e isso é menos aparente, que a função do dizer na sexuação tenha sido formalizada. Foi em "O aturdito", em 1972. Não entro na complexidade da tese, mas observo simplesmente que essas duas dimensões, do gozo e do dizer, são conjuntas para Lacan na noção de... *sinthoma*, introduzida logo após *R.S.I.* com relação a Joyce, e desde as primeiras frases do seminário *O sinthoma*. Depois de tatear um pouco, Lacan define aí o *sinthoma* como o dizer que permite enodar as três consistências do simbólico, do imaginário e do real, e o pai é *sinthoma* na medida em que, por seu dizer, ele nomeia, especialmente sua descendência. Lacan diz: cuidado paterno. Se o pai não é apenas um tipo de sintoma de gozo, mas também um dizer *sinthoma*, ele opera ao mesmo

---

[17] LACAN, J. (1974-75). *Le séminaire, livre 22: R.S.I.*, inédito (Aula de 21 de janeiro de 1975)

tempo em outros níveis, diferentes do sexo, principalmente o de uma certa transmissão.

É o que já implicava a metáfora edípica que devia permitir a um sujeito assentar o primeiro estrato de sua base identitária graças ao significante do falo, e resolver assim o que Lacan chamava de "enigma" de sua "inefável e estúpida existência"[18], assim como de "seu ser de vivente"[19] inscrevendo-o em uma linhagem de desejos, ainda que reduzida. Evidentemente, não se pode ignorar que essa resolução padrão, a qual distraidamente identificam com a estrutura da família conjugal, é hoje questionada em nossa cultura. Permaneciam em suspenso, portanto, as questões de saber de que modo, na falta dessa resolução, um sujeito pode assumir sua base identitária, e com que parceiro ele pode se arranjar, e até mesmo se sustentar. Clinicamente, pode-se seguir essa problemática e a resposta trazida a ela pelo delírio no caso Schreber de Freud, tal como retomado na "Questão preliminar a todo tratamento possível da psicose", muito antes das fórmulas de 1975.

Além da metáfora, com essa tese do parceiro sintoma e do pai como sintoma de suplência, apreende-se que a foraclusão generalizada da relação entre os sexos pode ou ser compensada nas vias que foram clássicas, a da *père-version*, ou, ao contrário, ser duplicada pelos efeitos da falha desse sintoma-pai, ou, terceira possibilidade, ao menos que uma outra solução sintoma de suplência intervenha.

Se insisto sobre a ordem das proposições de Lacan é porque sua sequência é inseparável de sua inteligibilidade. Isso não é algo raro a partir do momento em que uma obra avança

---

[18] LACAN, J. (1958). "De uma questão preliminar a todo tratamento possível da psicose". In: *Escritos*. Rio de Janeiro: Zahar, 1998, p. 555.
[19] *Idem*, p. 559.

autenticamente em um *work in progress* como faz Lacan, mas sua particularidade, e até mesmo sua dificuldade, tem a ver com sua didática. Deveria dizer com uma aparente ausência de preocupação didática, pelo menos na época de seu ensino, e ainda mais curiosa porque ela contrasta com os repetidos apelos dirigidos a seu auditório para receber o eco daquilo, principalmente no ano de *O sinthoma*. Ora, a partir dos anos 1970, a questão fica ainda mais complexa com o novo esquematismo do nó borromeano e as exposições e comentários que ele dedica a ele. Fica a cargo do leitor seguir o fio ou os fios, nunca marcados em vermelho, muitas vezes até mesmo torcidos, de um texto em que se misturam asserções, elipses, questões, argumentações, repetições, insistência... e cuja enunciação, sem chegar ao enigma, convoca à explicitação. O próprio Lacan, já na abertura de seus *Escritos*, dizia querer "levar o leitor a uma consequência em que ele precise colocar algo de si"[20]. É justamente o mínimo que ele poderia dizer.

Não podemos considerar banal o fato de que seja sobre Joyce que Lacan tenha usado essa antiga grafia de sintoma, *sinthoma*, ainda que a ênfase sobre o pai que nomeia date de *R.S.I.*, o seminário precedente. Lembro somente em linhas gerais esses passos sucessivos de Lacan e sem explicitá-los mais, apenas para introduzir a esse diagnóstico bem particular – Joyce, o Sintoma.

Sinthoma é a primeira palavra da primeira lição do seminário dedicado a James Joyce, pronunciado em 18 de novembro de 1975. Contudo, em sua conferência publicada em 1979, quatro anos depois, e que parece de fato ter sido redigida depois do seminário, Lacan abre sua proposta de um "Joyce, o Sintoma". E aqueles que acompanharam ao longo do

---

[20] LACAN, J. (1966). "Abertura". In: *Escritos*. Rio de Janeiro: Zahar, 1998, p. 11.

seminário puderam ouvi-lo fazer a alternância das duas pronúncias. Donde a questão: trata-se de uma coisa só, e nesse caso poderemos escolher uma ou outra ortografia, ou será que às duas ortografias correspondem duas definições visando duas funções? A questão pode parecer abstrata, mas seu desafio não o é: não é nada menos do que aquilo que Lacan chamou episodicamente em *R.S.I.* de sujeito real, não o simples suposto ao significante, mas aquele de um corpo para gozar, e para o qual se coloca a própria possibilidade do laço social. Hoje esses laços parecem tão precários que a chamada questão do "viver junto" está em toda parte. Lacan havia abordado primeiro esse problema com a construção de seus quatro discursos, e ele tenta aí situá-lo a partir do nó borromeano. É porque o gozo em si mesmo não é algo que liga, mas, antes, parente de *Tânatos*, como Freud havia percebido. Quem só tem a lei da fixão de gozo-sintoma pode ficar de fora do laço. Daí a questão sobre o possível enodamento entre, de um lado, "o gozo próprio do sintoma. Gozo opaco de excluir o sentido"[21], que é, pois, real separado do imaginário, do qual Joyce atesta em muitos traços; e, de outro, o sentido que, por sua vez, se produz entre o imaginário e o simbólico, e ao qual a psicanálise recorre para "resolver" o do sintoma fora de sentido. Assim, encontra-se colocada, com o nó borromeano, a questão de saber quando, como, em que condições e com que efeitos essas três dimensões podem se manter juntas. E se é o dizer *sinthoma* que os enoda, não será possível evitar distingui-los do sintoma de gozo fora de sentido.

Desde o fim de *R.S.I.*, Lacan concluíra que esse enodamento dos três — real, simbólico e imaginário — supunha um quarto, que ele chama justamente de *sinthoma* no ano

---

[21] AUBERT, J. (dir.). *Joyce avec Lacan*. Paris: Navarin, 1987, p. 36.

seguinte. O que é isso? Aqui também me eximo da explanação, pois no fim das contas, como disse, é a diz-mensão[22] do dizer, e especificamente do dizer que nomeia. Donde a ideia do Pai-*sinthoma*, o que não quer dizer que o Pai seja a única ocorrência disso. Assim, quando o nó está feito, cada uma das três dimensões se encontra como que inspecionada pelas duas outras. A partir daí, a diz-mensão do sentido, produzida entre simbólico e imaginário, diz-mensão tão essencial aos falantes, encontra-se enodada ao real que, por sua vez, está fora de sentido por definição. A partir daí também, o sentido é limitado pelo real, sem o que a associação livre produtora de sentido usada pela psicanálise seria demasiado livre para ser fecunda.

Clinicamente, o que Lacan inicialmente colocou em evidência, pois ele entrou na psicanálise por meio da consideração da psicose, com seu caso Aimé, são fenômenos inversos. Ele não falava, então, em termos de desenodamento, mas em termos de rupturas da cadeia da linguagem e da fala ou de falha do ponto de estofo. Ele fazia disso o que é próprio da psicose, como efeito da foraclusão do Nome-do-Pai. O que vai da alucinação verbal até o conformismo "como se" do discurso holofrásico, das frases interrompidas até a logorreia maníaca. Tantas manifestações do que ele já chamava de significante no real, ou seja, fora da cadeia. Correlativamente, constata-se aí o que posso chamar de uma liberação do sentido que, por conseguinte, emancipado da cadeia da linguagem, surge de toda parte, com a realidade mais neutra começando a fazer sentido na interpretação delirante. É a prova, por seu contrário, da necessidade do enodamento.

---

[22] Nota do tradutor: *dit-mension* (diz-mensão)/*dit-mansion* (diz-mansão), homofonia com mansão, onde habita um dito.

O que equivale a dizer que a associação livre que a psicanálise utiliza não é, justamente, de forma alguma livre, o que todo analisando experimenta por si. Ela só traz frutos porque gira em círculos, digamos o círculo da fantasia no qual a articulação simbólica, o cenário imaginário e o real do gozo estão enodados. Sua eficácia em relação à associação livre está, portanto, condicionada pelo *sinthoma* que enoda, e se o Pai é um tipo de dizer *sinthoma* que enoda, pode-se dizer que a psicanálise está apensa ao *sinthoma* pai, "enganada pelo pai"[23]. Nada a ver com a historinha do Édipo, à qual voltarei. É importante ver de que modo o gozo é concernido no nó das três consistências. Todo gozo é configurado, se assim posso dizer, pelo "aparelho" da linguagem[24], mas o nó aloja gozos distintos: gozo fálico, "gozo-sentido" [*joui-sens*], e gozo da letra sintoma são aí solidários. É em "Televisão", em 1973, que Lacan escreve *joui-sens*, mas a noção já estava prestes a nascer na primeira definição do sintoma como metáfora do trauma[25]. Nos três casos estamos diante do "modo como cada um goza com seu inconsciente"[26]. Assim, havendo um *sinthoma* que enoda ou não, as modalidades de gozo serão diferentes. Quando o nó está feito, o metabolismo do gozo é borromeano, sendo os três gozos solidários. Na falta disso, o gozo das letras fora de sentido, entre simbólico e real, e o *joui-sens* da cadeia da linguagem entre simbólico e imaginário, poderão desempenhar seus papéis separadamente[27]. Será então ou a doença do real,

---

[23] AUBERT, J. (dir.). *Joyce avec Lacan*. Paris: Navarin, 1987, p. 36.
[24] LACAN, J. (1972-73). *O seminário, livro 20: Mais, ainda*. Rio de Janeiro: Zahar, 1985, p. 75.
[25] LACAN, J. (1957). "A instância da letra no inconsciente". In: *Escritos*. Rio de Janeiro: Zahar, 1998, p. 522.
[26] LACAN, J. (1974-75). *Le séminaire, livre 22: R.S.I.*, inédito (Aula de *R.S.I.*, 18 de fevereiro de 1975).
[27] SOLER, C. *Lacan, O inconsciente reinventado*. São Paulo: Cia de Freud, 2012, p. 141 e s.

do gozo do simbólico tornado novamente real da letra, ignorando qualquer outro parceiro e que foraclui a verdade, ou, ao contrário, a "doença da mentalidade", como Lacan a diagnosticou, doença do sentido que flutua em um imaginário livre, sem corpo, não sustentado por um real.

O di(zer)scurso

Lacan levou certo tempo, praticamente todo o seminário *R.S.I.*, naquilo em que eu havia insistido em *A querela dos diagnósticos*[28], para fazer do *sinthoma* quarto um dizer, e especificamente um dizer que nomeia, e até mesmo um outro nome daquele que nomeia. Por conseguinte, pode haver outros *sinthomas* além do *sinthoma*-Pai, pois o *sinthoma* é o pai do nome. O tempo que Lacan precisou não era tanto para concluir pela necessidade do quarto, quanto para reconhecer nele um dizer que não é necessariamente o do pai edípico. Em *R.S.I.* Lacan dizia: "Para que se enodem três, é preciso necessariamente um a mais, cuja consistência deveria se referir à função do Pai? O nó borromeano demonstra o contrário"[29]. E ele acrescentou, em seu seminário interrompido, *Os Nomes do Pai*, que com esse plural ele já tinha a ideia de uma suplência possível a esse dizer paterno como quarta consistência borromeana. Joyce justamente o comprova, pois, ao renomear a si mesmo por seu dizer, rivaliza com o pai borromeano. Voltarei a isso.

"Especificamos o dizer de ser aquilo que faz nó", diz Lacan, enquanto a fala desliza. No nível da manipulação prática, ou da fabricação material de um nó borromeano, é possível ter um enodamento borromeano apenas com três círculos ou três

---

[28] SOLER, C. *A querela dos diagnósticos*. São Paulo: Ed. Blucher, 2018.
[29] LACAN, J. (1974-75). *Le séminaire, livre 22: R.S.I.*, inédito (Aula de R.S.I., 11 de fevereiro de 1975).

quadrados sob condição de serem formas fechadas, mesmo que fosse na forma de uma reta infinita. Entretanto, no nível clínico, o dizer quarto se impõe indiscutivelmente. Com efeito, o nó borromeano é convocado na psicanálise para dar conta dos efeitos de uma experiência de fala, e a fala, ainda é preciso que ela seja emitida, que haja dizer. O "saber falado" do inconsciente vem certamente de *lalíngua*, mas supõe que dessa *lalíngua* tenha havido dizer. Aliás, quando digo que no nível da fabricação material do nó borromeano é possível ter um nó de três, não está errado, mas "é preciso fazer" esse nó, diz Lacan, e isso não é um truísmo. É preciso fazer o nó, pelo dizer quando se trata do falasser, pelo fazer quando se trata de enodar as rodinhas de barbante. O caminho seguido por Lacan foi o de prospectar os nós e também as cadeias borromeanas que se pode fazer na realidade, com as mãos, e também desenhar, para esclarecer aqueles que se constroem a partir do dizer.

Não penso que tenha sido Joyce quem deu a sugestão a Lacan dessa função do dizer; pelo contrário, é porque dispunha dela desde "O aturdito" que ele pôde propor uma interpretação da especificidade joyciana. Mas o dizer não deve ser confundido com a voz, "o dizer é um ato"[30]. Existencial, ele é emergência, escolha absoluta na ocasião. No início havia o dizer, donde Lacan passa ao *deuzer* [*dieure*], o dizer faz *deuzer* [*dieure*], o criador. É preciso refazer o catecismo. O que é Deus? Deus é dizer, o verbo supõe o dizer e é apenas segundo. O significante é *ex-nihilo*, decerto, e coloca o problema da existência dado que é possível sempre falar daquilo que não existe, mas ainda é preciso que ele seja emitido, e é o dizer que dá testemunho da existência. Que se faça a luz é texto, mas

---

[30] *Idem*, Aula de 18 de maio de 1975.

é preciso seu dizer para passar a "e fez-se a luz". Em outras palavras, no nó de três, o dizer "fica esquecido"[31]. É o quarto que retém de modo invisível as três consistências carregadas pela fala. O dizer não é a fala, é sua emissão, sua jaculação, também diz Lacan, e sem o dizer, não há ditos pelos quais os três possam ser enodados. Diz-se correntemente que nunca há dois sem três, e com os nós, é nunca há três sem quatro, sendo três o mínimo. Assim como o três da série de números inteiros supõe um quarto segundo Frege, que soube demonstrar que o zero é um incondicionado da série de números.

Logo, no que diz respeito ao analisante, o que se fez ou não pelo dizer primordial pode ser desfeito ou refeito pelo dizer analítico. Uma criança, decerto, é inicialmente um corpo, que é o produto de dois organismos, reprodução dos corpos, ainda que seja pela cópula fora do corpo, do espermatozoide e do óvulo. Mas o falasser, por sua vez, é efeito de *lalíngua* no corpo somente porque é filho do dizer familiar, ou melhor, do modo como ele recebeu esse dizer, que se reparte no duo das falas do casal, seja ele discordante ele ou não. Com relação a isso, é preciso corrigir a parcialidade de certas leituras da "Conferência de Genebra" que, ao ressaltar exclusivamente o impacto de *lalíngua* no corpo, esquecem que a função da *lalíngua* materna em si depende do ato do dizer, da forma como esse dizer a mobilizou em um discurso em que a criança lerá o modo como foi adotada, diz Lacan; em outras palavras, ela lerá o desejo que a acolheu além de tê-la gerado. Esse nó do dizer — por que não dizer *dizejo* [*diresir*] para condensar dizer [*dire*] e desejo [*désir*]? — está, com o real de *lalíngua* e o real do gozo, no princípio mesmo daquilo que Lacan evoca como

---

[31] LACAN, J. (1972). "O aturdito". In: *Outros escritos*. Rio de Janeiro: Zahar, 2003, p. 448.

"coalescência da *materialidade*"[32] do inconsciente e do gozo. Lacan insiste fortemente sobre isso em 24 de novembro de 1975 nas conferências na Yale University. Só há linguagem estruturada porque há dizer, isto é, sujeitos que usam *lalíngua*. Cito: "O que cria a estrutura é a maneira como a linguagem emerge, no início, no ser humano". Ora, ainda que também haja condições de corpo, a linguagem não emerge sem o dizer dos antecedentes, e principalmente daquele ou daquela que transmite a *lalíngua* materna, aquela que é emitida paralelamente aos cuidados com o corpo. Os laços sociais que são os próprios discursos estabelecidos dependem disso, pois o semblante que funciona como agente em cada discurso supõe um dizer que tenha cavado o lugar de onde vem esse semblante. De modo mais geral, como comentei muitas vezes, Lacan conecta o aparecimento de cada um dos quatro discursos a um nome próprio, o nome portador do dizer. Licurgo, Carlos Magno, Freud. Sem o dizer de Freud não haveria objeto causa do desejo no lugar do semblante e, portanto, não haveria discurso analítico. Um discurso faz laço social, eventualmente sem palavras, mas não sem o dizer fundador. Assim, o dizer enoda não somente as três consistências, mas, ao mesmo tempo, os falasseres entre si. O discurso analítico é o exemplo redobrado disso, dado que um dizer tem aí efeito sobre um outro dizer, o do analista sobre o do analisante. Um outro exemplo, a relação entre as gerações: ali também o dizer dos pais é a condição lógica de todos os ditos que podem marcar a descendência. O próprio poder de nomear é o poder de um dizer que inscreve, por exemplo, um ser em uma linhagem de desejos, a qual é estranha ao registro dos legados de bens,

---

[32] Nota do tradutor: neologismo formado a partir da condensação dos termos *mot* (palavra) e *matérialité* (materialidade). Por não haver um termo equivalente em português, é comumente traduzido também por "materialidade da palavra".

e só tem uma existência simbólica. Outro exemplo ainda, da política, em que a violência nunca é a violência bruta, mas sempre ordenada em discurso. Em cada mudança de discurso um novo amor, dizia Lacan em *Mais, ainda*. Sim, pois em cada mudança de discurso há um novo dizer, que faz uma nova promessa. O poder do dizer existencial é uma contingência diferente da do gozo como acontecimento traumático de corpo. E, com essa dupla contingência, pois bem, nada está garantido, qualquer previsão é frustrada, mas também nada é excluído. Abre-se o campo dos possíveis.

Ora, a contingência do dizer-*sinthoma* tem uma superioridade sobre a simples contingência do gozo. Com efeito, o "acontecimento de corpo" que é o sintoma não faz laço social, no máximo ele empenha uma vontade de possessão do outro corpo. Mas o *sinthoma*, enquanto dizer, que não é um simples acontecimento de corpo, ainda que dê ao gozo sua modalidade borromeana, tem outra dimensão.

2
O herético[1]

À luz dos pressupostos que acabo de lembrar, Lacan aborda o caso e a obra de Joyce. Com relação a ele, entretanto, ele não somente reatualizou a antiga escrita do termo sintoma, mas qualificou-a como herética, e começo por aí. Herética de qual via canônica: a dos padres da Igreja, a da Irlanda independentista, e até mesmo das duas, ou herética do Édipo freudiano? Seguindo o desenvolvimento da primeira aula do seminário e da segunda conferência, vê-se que ele é... *sinthoma* herético. A introdução da nova ortografia não é simples fantasia, diversão, coqueteria erudita; ela é, antes, um progresso conceitual. Olhei de perto para apreender o que a justifica, assim como sua particularidade – ainda mais porque, na conferência publicada em 1979, quatro anos depois, ele apresenta sua proposta de um "Joyce, o Sintoma", que mantém a ortografia antiga.

Lacan indica que é em função "das duas vertentes que se oferecem à arte de Joyce" que ele nomeou seu "*sinthoma* com o nome que lhe convém, deslocando a ortografia". E ele

---

[1] Retomada em forma escrita de uma apresentação oral de meu Seminário de leitura de textos do Collège clinique du Champ lacanien em Paris, de 2011-2012.

precisa, depois de um traço, "— as duas ortografias dizem respeito a ele"[2]. Esse esclarecimento indica que, pelo menos naquele momento, ele não atribuía o mesmo sentido ao termo sintoma corretamente ortografado. Ora, esse inciso "as duas ortografias dizem respeito a ele" — que se encontrava na primeira publicação do Seminário *O sinthoma*, que saiu na revista *Ornicar?*, em 1976, bem como no volume *Joyce com Lacan*, editado por Jacques Aubert, onde são republicadas em 1987, dez anos depois, as duas primeiras lições do seminário, na versão do Seuil, de 2005 —, ele desapareceu. Uma razão a mais para nos interessarmos por ele, pois sua omissão em 2005 não poderia ser acidental e, sem dúvida, exige uma opção teórica. Por outro lado, pude verificar que, nas estenotipias do seminário que não são suspeitas de pré-concepções, o inciso está ali. Dispomos, portanto, de três versões das primeiras lições de *O sinthoma*, todas igualmente estabelecidas por Jacques-Alain Miller, e, quando há diferenças entre essas três versões, a que tem minha preferência é a de *Ornicar?*, pois ela foi publicada imediatamente, de forma progressiva, e, portanto, com Lacan ainda vivo.

Sinthoma, portanto. Essa escrita é rica em equívocos. Ouve-se aí ressoar, em francês, o santo [*saint*] e o homem [*homme*], o santo homem ao qual Lacan ousou comparar o psicanalista, como ele lembra. A partir daí, ainda por homofonia, ele passa para São Tomás de Aquino, "que escrevo '*masdiaquino*'", como quiserem, depois de "*sinthoma*"[3]. O *sinthoma masdiaquino*, portanto. Por que esses jogos verbais? É que ao jogar com a grafia — ou, antes, com a desortografia —, esses jogos fazem aparecer a multiplicidade dos equívocos do que se ouve

---

[2] AUBERT, J. (dir.). *Joyce avec Lacan*. Paris: Navarin, 1987, p. 40.
[3] *Idem, ibidem.*

sonoramente, multiplicidade de que o inconsciente, "saber falado", é indissociável. Entretanto, de maneira geral, todos esses artifícios de escrita em que Lacan pasticha — "podresticha" [*pourstiche*[4]] — Joyce, não o igualam, fracassam na polissignificância a que chega *Finnegans Wake*. A riqueza do jogo de escrita pode justamente evocar o santo [*saint*], o *sin* de pecado em inglês e o *sinn* do sentido em alemão, sem falar em São Tomás, o da *Suma*, e por que não, da *somme* [soneca, sesta] da qual se espera que *Finnegans Wake* nos desperte, e mesmo o *Thom's Directory*, a lista telefônica de Dublin, que Joyce usou bastante para escrever *Ulisses*, de acordo com Jacques Aubert. Em todo caso, contudo, o equívoco permanece cativo da intenção demonstrativa em Lacan. O mesmo ocorre em cada caso, por exemplo, quando ele escreve UOM [LOM], "hescabelo" [*hessecabeau*] ou "helessecrêbelo" [*hissecroibeau*]. O fato de reconhecermos na escrita, na ordem, o homem, com o "h" de "homem", o *esse* de "ser", o *casbeau* [*belocaso*] ou o *cabot* [cão], que se ergue [*hisse*], que se crê e se faz belo etc., o sentido é convergente com a tese e limita o único gozo da letra, contrariamente ao que se passa no fim em Joyce, em que é a letra que comanda ao fulgor dos sentidos possíveis, ou seja, por fim, a um sentido reduzido ao enigma. Do mesmo modo, é a homofonia que faz com que se passe de *sinthoma* a São Tomás de Aquino [*saint Thomas d'Aquin*], ainda que esse deslize tenha outras razões além da homofonia. Com efeito, esse santo era um campeão do que Lacan chamou de "instância da letra", que ele volta a evocar na primeira lição do seminário. Um, mais que outro, teve importância para o

---

[4] AUBERT, J. (dir.). *Joyce avec Lacan*. Paris: Navarin, 1987, p. 22. [Nota do tradutor: *pourstiche* é um trocadilho com as palavras *pourri* (podre) e *pastiche* (pastichar, fazer pastiche).]

jovem Stephen que "babava por esse sant'homem"[5] diz Lacan, especialmente sobre o que ele chamava de *claritas*. Com sua *Suma*, um mais que o outro, teria predicado sobre o saber divino — saber esse que os significantes da verdade meio-dita do sujeito chamam e fracassam. Ao fim, no entanto, como eu já disse, São Tomás assinou com sua *"sicut palea"*, antecipando a *letter/litter*, a carta/dejeto, ressaltada por Joyce.

A outra via

Os *pun* [trocadilhos] produzidos por Lacan, à porfia de Joyce, todas essas liberdades tomadas com *lalíngua* e com a ortografia permanecem limitadas pela orientação do dizer, eles nunca provêm do sem razão. Assim é com o jogo entre o *y* e o *i* na nova escrita de *symptôme* [sintoma]. Muitas vezes *Santomasdaquino* [*Sinthomaquin*] é transcrito com um *i*, como em *sinthoma* [*sinthome*], e faz assim surgir — não digo ouvir, não o ouvimos, mas ele é visto nessa grafia — o *sin* que, em inglês, designa o pecado, sempre pecado original de gozo e ao qual São Tomás de Aquino, justamente, se dedicou a reconciliar com a ética bem temperada de Aristóteles. Todavia, em um parágrafo em que se trata para Lacan de qualificar a especificidade pessoal de Joyce, Miller, na versão de *Ornicar?*, o escreve com o "y" da palavra *symptôme* [sintoma] em francês: *synthomadaquin*, com um *y*, que ele irá suprimir nas versões seguintes. Pois bem, eu não teria contestado esse *y*, pois ele estava em conformidade com o que Lacan desenvolve nesse parágrafo com a questão de saber se Joyce está na linha canônica do bom São Tomás, em outras palavras, se Joyce era um santo, mas ele conclui com uma negativa. Não apenas ele não

---

[5] AUBERT, J. (dir.). *Joyce avec Lacan*. Paris: Navarin, 1987, p. 40.

era um santo homem, como Lacan demonstra em sua segunda conferência, aliás, mas ele fazia, antes, "decair" o *masdaquinismo* de São Tomás, substituindo-o por outra via. Ora, o *y* colocado em *symptôme* [sintoma] era propício para marcar essa particularidade sintomática de Joyce.

Essa outra via pela qual ele se afasta de São Tomás é a que Lacan escreve "*sint'homme rule*"[6], sem *y*. Mais um equívoco de escrita que, dessa vez, nos leva para o *sinthoma* herético de Joyce. O *rule* inglês faz um ouvinte francês ouvir *ce qui roule* [o que rola], e, de fato, Lacan joga com essa homofonia translinguística ao falar um pouco do sintoma com rodinhas [à roulettes]. *Rule* é, *grosso modo*, a regra que orienta, o governo. *King rule*, governo feito pelo rei. Mas a escrita, com a apóstrofe, isola no *sinthoma* não mais o homem, mas o "*home*" — em francês, "casa". *Home rule* era a palavra de ordem da grande reivindicação irlandesa por autonomia, e por um governo local. Joyce inclusive deu uma conferência intitulada "O cometa do 'Home rule'"[7]. O *sint'home rule*, ou sintoma com rodinhas, é aquele que o comanda propriamente, que permite a ele ao mesmo tempo se sustentar como autônomo e se sustentar no mundo. Ele não recebeu esse *sinthoma* como herança, nem de seu pai [*père*], nem dos padres [*pères*] da Igreja, nem mesmo de sua pátria: longe de inscrevê-lo em alguma ordem, alguma regra prévia, ele inscreve sua singularidade. Um *sinthome rule*, em suma, que não é o do santo homem e tampouco o do "*home rule*" da Irlanda, que o "fazia

---

[6] *Idem, ibidem*. Ver nota 9 de LACAN, J. (1975-76). *O seminário, livro 23: Joyce o sinthoma*. Rio de Janeiro: Zahar, 2007, p. 15. "Transcrito tal como no original, trata-se de uma junção de *sint* (parte do termo '*sinthoma*') com *home rule*, expressão que, em inglês, significa 'governo próprio', 'autonomia', mas que também pode aludir, por se tratar de Joyce, à luta pela independência da Irlanda frente ao domínio inglês".

[7] JOYCE, J. *Œuvres* 1, 1901-1915. Paris: Gallimard, 1982, p. 1057.

ranger os dentes", segundo Lacan. Um *sint'home rule* singular que faz dele um herético, duplamente herético — da Igreja e da Irlanda. É próprio do herege não se contentar em seguir, em receber; ele opta. "Ele é um feito que escolhe", diz Lacan, e é nisso que é um "herético como eu", acrescenta.

Esse é o desenlace do primeiro desenvolvimento de Lacan sobre essa nova ortografia: o *sinthoma*-Joyce carrega uma escolha herética. Escolha tripla, como veremos — heresia edípica, religiosa e política.

Seria preciso, com efeito, com essa ortografia do *sinthoma* [*sinthome*] com um *i*, marcar a diferença com o *sintoma* [*symptôme*] na escrita corriqueira do termo, com um *y*, que designa uma modalidade de gozo. Seja gozo da letra ou de letras do inconsciente, ou gozo-sentido [*joui-sens*], ele engaja o corpo excitável. Esse sintoma está longe de faltar em Joyce, mas não se poderia dizer que o escolhemos, mas, antes, o contrário: ele determina o ser de gozo até o ponto em que não se possa erradicá-lo e que, uma vez fixado seu núcleo real "não cessa mais de se escrever". Por outro lado, no nível do dizer-*sinthoma*, há a opção possível, pois o dizer, se tem consequências na estrutura — não há ditos sem dizer — não é um fato de estrutura, ele é existencial, contingente, consequentemente. "Acontecimento" que tem efeitos sobre o metabolismo do desejo e do gozo, mas que não é estrutura.

Aliás, no esquematismo do nó borromeano de três, onde é possível situar uma escolha? Certamente não no nível das três consistências. Se o inconsciente é "um saber na medida em que é falado" e se "o homem fala com seu corpo"[8], ele implica necessariamente o simbólico dos significantes vindos de *lalíngua*,

---

[8] AUBERT, J. (dir.). *Joyce avec Lacan*. Paris: Navarin, 1987, p. 32.

o imaginário das representações de corpos que a ele se reúnem, mas também, ao mesmo tempo, o fora de sentido do real daquilo que resiste a um e ao outro. Não há escolha. A escolha não pode estar senão no nível do próprio enodamento, mas é preciso uma quarta consistência, que é, por essência.... o dizer, o ato do dizer-*sinthoma*, tão essencial que sua escolha pode ser dita... imprudente. Joyce disse "Bloom, o prudente", mas, para Joyce, seria mais correto dizer "Joyce, o imprudente".

> Friso (hoje) aquilo que acontece com o Nome-do-Pai no grau em que Joyce dele testemunha — do que convém chamar de *sinthoma*. É na medida em que o inconsciente se enoda ao *sinthoma*, que é o que há de singular em cada indivíduo, que se pode dizer que Joyce, como está escrito em algum lugar, se identifica com o *individual*. Ele é aquele que tem o privilégio [...] de ter reduzido a si mesmo a uma estrutura que á aquela do *uom* [*lom*], si me permitem escrevê-lo simplesmente *u.o.m* [*l.o.m*].[9]

Uom, portanto, cuja grafia faz Um com o três de suas letras. No fundo é o sujeito real, o que às vezes chamo de nó borromeano.

O Nego

Coloca-se, então, a questão de saber a que Joyce foi conduzido pela heresia de seu "*sinthoma* com rodinhas". A heresia é uma escolha e, antes de tudo, segundo Lacan, a escolha da "via por onde tomar a verdade"[10]. Qual foi a de Joyce ? Há duas vertentes de sua arte, como dizia Lacan[11]. Ao ler *Finnegans*

---

[9] *Idem.*, p. 28.
[10] *Idem.*, p. 41.
[11] Ver acima.

Wake, a última obra, vê-se logo que ele toma a verdade por aquilo que a difrata, aquilo que a torna derrisória também, a saber, pela letra pura, fora de sentido, que deve ser oposta, paradoxalmente, à "instância da letra tal como esboçada até o presente", diz Lacan, aquela que nutre o sintoma de sentido e cuja eficácia, cito, "não fará nada melhor do que deslocar o *sinthoma*[12], ou mesmo multiplicá-lo"[13]. Portanto, oposição entre a instância da letra conhecida desde 1955, ou seja, a instância da linguagem portadora justamente de sentido e de verdade, e a letra sintoma que apenas se goza. Voltarei a isso.

Por ora, questiono inicialmente as primeiras obras que interrogam a verdade, e entre elas as obras ditas autobiográficas. A relação com o Outro do discurso já estabelecida ali é notável. A posição de Joyce nesse sentido é sem ambiguidades: ele não quer isso. Qualifiquei essa posição como "negacionista"[14] para ressaltar sua dimensão de determinação assumida, com a certeza de uma rejeição quase visceral. Ele próprio, em sua primeira versão de *Retrato do artista quando jovem*, datada de 1904, fala de seu *Nego*[15]. *Nego* é a "primeira pessoa de um singular performativo" tomado do latim de igreja, segundo a expressão de Jacques Aubert[16]. Pode-se detectar sem esforço essa opção de negação performativa, na verdade, essa rejeição

---

[12] Mantive a ortografia das transcrições da primeira aula do seminário, *sinthoma* — que Lacan havia acabado de introduzir —, e não sintoma. Entretanto, observo que "a instância da letra", tal como Lacan a produziu, ou seja, o jogo entre metáfora e metonímia, pode justamente disseminar o gozo do sintoma no significante, e, portanto, deslocá-lo e até mesmo multiplicá-lo, mas ela não é da ordem do dizer-*sinthoma*.
[13] AUBERT, J. (dir.). *Joyce avec Lacan*. Paris: Navarin, 1987, p. 52.
[14] SOLER, C. *L'aventure littéraire ou la psychose inspirée — Rousseau, Joyce, Pessoa*. Paris: Champ Lacanien, 2001.
[15] JOYCE, J. Œuvres 1, 1901-1915. Paris: Gallimard, 1982, p. 320.
[16] AUBERT, J. Préface. In: JOYCE, J. *Portrait de l'artiste en jeune homme*. Paris: Gallimard, 2012, p. 17.

ativa, na parte legível da obra, quer dizer, aquela em que Joyce procurou decifrar seu próprio enigma, essencialmente *Stephen Herói*[17] e *Retrato do artista quando jovem*[18]. Não me embaraço aqui com a distância entre o personagem e o autor, nem com a questão do caráter mais ou menos autobiográfico da obra. O personagem pode justamente se chamar Stephen, como o sujeito suposto na narração, nesse itinerário de uma criança de Dublin (e aliás do século também); teria ele outro nome além de James? James não é Joyce? Talvez. James tem mais de uma faceta em seu retrato? Certamente, mas uma delas está representada ali. Poderíamos afirmar isso, mesmo sem dispor de nenhum dos recortes que a correspondência e as testemunhas permitem estabelecer com a biografia pois, a partir do momento em que um texto é legível – e este é –, ele representa um sujeito, isto é, um desejo e um modo de gozo. A posição de sujeito que se desenvolve de 1904 a 1915, ao longo desses dois textos – aos quais é preciso, aliás, acrescentar os outros testemunhos que são as obras contemporâneas, bem como uma parte de sua correspondência –, essa posição carrega a marca de mais do que um julgamento, de uma verdadeira paixão negativa relativamente ao Outro. Sua relação com a cidade de Roma, por exemplo, é o paradigma disso.

O desdenhador de Roma

É divertido constatar que bastaram alguns meses para que Sigmund Freud e James Joyce não se cruzassem em Roma no início do século: Joyce partiu dali em 7 de março de 1907, e Freud chegou em setembro. Para "Jim" foi uma fuga, depois

---

[17] JOYCE, J. *Stephen herói*. São Paulo: Hedra, 2012.
[18] JOYCE, J. *Retrato do artista quando jovem*. Rio de Janeiro: Ediouro, 1987.

de oito meses de tribulações em uma cidade abominada; para Sigmund, uma semana de encantamento, pois Roma, para ele, sempre fora mágica.

Joyce tem vinte e quatro anos quando chega a Roma, em julho de 1906, com Nora e seu filho, Giorgio, com um ano de idade. É uma meia-escolha. Dois anos antes, em 8 de outubro de 1904, ele havia fugido da Irlanda com Nora e, via Paris, depois Pola, havia chegado em Trieste para dar aulas na Escola Berlitz. Tendo perdido seu posto, ele se candidatou a um emprego em um escritório bancário de Roma. Roma, que ele detestou de imediato, com violência. É pelas cartas que ele manda a seu irmão Stanislaus, que ficou em Trieste, que é possível acompanhar, quase dia a dia, o desenvolvimento dessa estranha execração. Que coisa estranha não gostar de Roma quando se foi nutrido de cultura clássica pelos jesuítas e que a arte seja sua única paixão! Essa paixão invertida é um caso raro, talvez único na literatura, com exceção de Julien Gracq e suas Sete colinas[19]. E se Freud não se recusou a admitir que seu amor por Roma fazia apelo a uma interpretação, deve ocorrer o mesmo com relação ao ódio de Joyce.

Em Roma, onde Joyce chega em 31 de julho de 1906, nada a seus olhos tem graça. Sua reação é imediata. Sua primeira mensagem, de seis linhas, datada desse dia, termina com: "o Tibre me assusta (muito largo)"! Em 2 de agosto, ainda com poucas linhas, mas o suficiente para que se possa observar: "Os romanos têm uma cortesia esmagadora". Em 7 de agosto, começa o balanço. Ele viu São Pedro, o Píncio, o Fórum, o Coliseu — que ele escreve Colisseu. Pois bem, "São Pedro não é muito

---

[19] Nota da editora: referência ao pseudônimo de Louis Poirier (1910-2007), escritor francês e autor de *Autour des sept collines*, coletânea de ensaios e notas de leitura cujos temas giram em torno da cidade Roma.

maior do que São Paulo em Roma. Visto do interior, o domo não produz a mesma impressão de altura. [...] São Pedro está enterrado no centro da basílica". Ele esperava "uma música soberba, mas não foi grande coisa", "os acessos do Coliseu se parecem com um cemitério velho [...], e os comerciantes, os guias, as jovens americanas importunam! Ainda assim, ele reconhece que o Píncio é um jardim magnífico. Um pouco depois, em 25 de setembro, ele escreve: "Devo ser insensível. Ontem fui ver o Fórum. [...] Estava tão emocionado que adormeci [...]. Para mim, Roma evoca um homem que ganha a vida mostrando aos turistas o cadáver de sua avó!".

Esse tom mordaz não cessará durante toda a estadia, chegando ao sarcasmo, e às vezes à diatribe injuriosa, quando não se tratar mais dos monumentos "estúpidos", mas dos próprios italianos. Uma apreciação de 3 de dezembro: "Vi agora muitos romanos [...]. Até onde sei, sua principal preocupação na vida é o estado (a julgar por suas palavras) deteriorado, inchado etc. de seus *coglioni* [culhões], e seus passatempos e diversões principais, os gases que soltam pelo traseiro". Seguem-se os qualificativos: obscenos, vulgares, de mau gosto, comuns, pueris, sem delicadeza nem virilidade etc. Consequentemente, ele se arrepende de "ter sido inutilmente duro" com a pobre Irlanda, tão cândida, tão hospitaleira, tão bela e, por fim, ele acha que... "os irlandeses são os seres mais civilizados da Europa"! Em 7 de dezembro, ele escreve: "Tenho horror em pensar que os italianos jamais tenham feito algo artístico". Acrescentando logo na margem: "Que fizeram eles além de ilustrar uma ou duas páginas do Novo Testamento!". Quando se pensa no entusiasmo de Freud, que acha tudo maravilhoso, até mesmo o barulho, a agitação e também... a feiura das mulheres. Pois, ele diz em uma carta de 22 de setembro para sua família: "Coisa estranha, mesmo quando são feias, mas é pouco frequente, as mulheres romanas ainda assim são belas".

Joyce, por sua vez, não tardara a ficar fora de si: "Estou tão cheio da Itália, do italiano, e dos italianos; ultrajadamente, ilogicamente, cheio".

Ilogicamente? Talvez. Os afetos têm sua lógica.

Nada vai bem, é verdade, na vida de Joyce no momento em que ele chega e fica em Roma. Ele, que acredita desde sempre, com uma convicção desmesurada, na singularidade de sua vocação de artista, que admite como única obrigação a que ele crê dever à sua natureza excepcional, que zomba daqueles que imaginam que "o dever de um homem é pagar suas dívidas", que proclama seu ódio pelas virtudes convencionais, que advertiu Nora, desde o início da relação entre eles, que jamais se casaria com ela e que rejeitava com toda sua alma a ideia de família, ele, portanto, o artista para os séculos vindouros, vê-se responsável por uma família, burocrata em um banco, trabalhando às vezes doze horas por dia com aulas extras, e apesar disso... sempre dramaticamente com pouco dinheiro. Ao tédio e à rotina da vida de empregado acrescentam-se ainda os revezes com seus editores que, na verdade, de vida de artista, só deixam para ele a precariedade e a penúria.

Não se passa uma semana sem que ele pressione Stanislaus para que este lhe envie urgentemente algum dinheiro, indicando inclusive como ele próprio podia emprestar. E sem deixar de fazer a conta das liras que lhe restam, do número de dias em que poderão se alimentar, do que comeram e comerão, das últimas e próximas despesas de aluguel, roupas, remédios. Evidentemente, há aí um segredo de polichinelo, nunca evocado em suas cartas, mas que Stanislaus, pelo excesso de assédio e já instruído pela experiência de Trieste, conhece: trata-se das incessantes bebedeiras noturnas de Joyce, tão custosas em dinheiro, cansaço e... recriminações. Não é de surpreender que ele tenha que suportar, além disso, as queixas de Nora, os protestos dos proprietários dos imóveis em que mora, e, às vezes, seu despejo. Uma ocasião para ele, depois de um domingo inteiro batendo em vão às portas para alojar sua (santa) família, de se comparar ao pobre José! E em seguida, Nora está novamente grávida...

Joyce ostenta essa vida precária com um estilo preciso e acerbo, pseudo-objetivo, e ainda mais facilmente porque ele mendiga com uma naturalidade, com uma consciência de sua retidão, notáveis. Ele escreveu a Nora, inclusive, em agosto de 1904, antes de partir da Irlanda: "As atuais dificuldades de minha existência são incríveis, mas as desprezo". Desde então, as coisas ficaram ainda piores, digo as que realmente são importantes para ele, a saber, o destino de sua arte: suas tentativas de publicar *Dublinenses* fracassaram (o livro só será publicado em junho de 1914), ele tem a ideia para *Ulisses*, mas ainda não escreveu nenhuma linha e suas possibilidades de criar lhe parecem estar em perigo.

No ano anterior, em setembro de 1905, dois meses depois do nascimento de Giorgio, enquanto ele ainda estava em Trieste, ele escreveu a Stanislaus: "Tenho uma natureza de artista e para mim é impossível estar feliz de tanto que a recalco [...]. Tenho o hábito (incômodo, para mim, parece-me) de agir segundo minhas convicções. Se estou convencido de que este tipo de vida é um suicídio para minha alma, afastarei tudo e todos de meu caminho, como já o fiz". Em dezembro de 1905, ele informa sua tia Joséphine de que ele pensa em deixar Nora. Em 18 de outubro de 1906, a questão ainda está ali: "É possível que eu alie o exercício de minha arte e uma vida moderadamente feliz?". Quando, em 14 de fevereiro, sem mais nem menos, Joyce anuncia a Stanislaus sua súbita demissão do banco, ele reconhecerá de bom grado que fez uma *coglioneria* [besteira], mas sem acreditar nisso realmente, pois acrescenta em seguida: "Temo que minha barca espiritual tenha encalhado. Tenho certeza de que há um elemento de bom senso em minha última iniciativa louca".

Daí a pensar que sua rejeição de Roma não é nada além do que um efeito de seu mau humor, uma espécie de ab-reação de suas contradições interiores, bastaria um passo. Richard Ellman, seu principal biógrafo, não está longe dessa hipótese, que chega a falar em "depressão" e que observa que, durante esses meses, Joyce expressa tanto uma repulsa quase sistemática por qualquer coisa e especialmente por aquilo que ele ocasionalmente lê de literatura inglesa. É verdade que ao final de sua estadia, Joyce se vê insultado pelas recusas de seus editores, transtornado por estar ausente das polêmicas teatrais de Dublin, extremamente irritado pelas críticas de Nora, assustado com a nova gravidez. Mas, se assim o fosse, Joyce também teria odiado Trieste, onde as condições objetivas de seu destino não foram nada melhores — exceto no trabalho, é verdade. Em Roma, ele o considera "mais dissipador que a dissipação", e afirma que não quer isso. No entanto, e isso é um fato, sua vituperação contra "a mais idiota e merda de cidade em que já viveu" não esperou os longos dias de burocrata, nem o acúmulo de decepções. Também não é uma pose de autor. Joyce é realmente... afetado por Roma, chegando até a ter pesadelos. Quinze dias depois de sua chegada, ele escreve: "Sou atormentado, todas as noites, por sonhos horríveis e aterrorizantes: morte, cadáveres, assassinatos [...]". Seria dizer pouco ao evocar a sombra da morte. Não, as contingências de sua vida dão, sem dúvida, o contexto, mas não o fundamento da rejeição imediata, e em seguida de sua vituperação contínua contra Roma. Essa virulência tem algo de mais visceralmente íntimo. Ela tem a ver com o ser.

O amor de Freud por Roma não é menos homogêneo a tudo que se sabe sobre ele. Não é de surpreender que o explorador do passado subjetivo, tão curioso pelas civilizações de outrora, que o colecionador de antiguidades, se encante com a cidade das origens. Mas então, porque a execração de Joyce é como a face negativa do entusiasmo exaltado de Freud, uma interpretação inversa não seria indicada?

Com relação a Freud, a interpretação é dele mesmo. Apesar da discrição elíptica com a qual ele sempre decifrou seu próprio caso, as poucas observações de sua correspondência nas quais ele menciona o obstáculo interior que se opunha à sua viagem a Roma e o efeito subjetivo da resolução desse impedimento, a euforia que essa cidade sempre lhe inspirara, e principalmente a referência a Aníbal, não deixam nenhuma dúvida: compreende-se que, *mutatis mutandis*, sua interpretação de "Um distúrbio de memória na Acrópole", por meio do desejo de transgressão do filho, também se aplicaria a Roma. Então, para Joyce, seria preciso, uma vez mais, usar a interpretação *ready-made* com relação ao pai?

Não nos faltariam justificativas. Joyce, alguns meses antes, em 29 de agosto de 1904, não tinha feito sua profissão de fé junto a Nora? Há seis anos, ele lhe dizia: "Saí da Igreja católica, que odeio do fundo do coração [...]. Agora estou abertamente em guerra com ela por meio de meus escritos, minhas palavras e atos". Como teria ele, por conseguinte, amado a cidade de nosso Santo Pai? Ele admite, inclusive, que a Roma antiga devia ter sido bela. É a "Roma papal" que ele denigre e rebaixa à categoria de "um bairro qualquer, pouco importante, de uma bela metrópole". Aliás, ele pensa no Papa: em um momento em que não tem um minuto para si mesmo, em 13 de novembro, ele está na Biblioteca Vittorio Emanuele, e encontra tempo para ler... o relatório sobre o Concílio do Vaticano de 1870, que proclamou a infalibilidade do Papa. E eis que ele o resume: "O Papa havia perguntado: 'Como vão, senhores?' Todos disseram: '*Placet*', mas dois exclamaram '*non placet*'. Ao que o Papa, então, replica: 'Vão se foder! Beijem minha bunda! Sou infalível!'". Resumindo, isso daria uma bela tese que diria que Roma herdou a relação do filho com o Pai: cabe a Freud a emulação respeitosa pela qual o filho é ultrapassado e a Joyce a rejeição insolente que "manda às favas [*verwerfe*] a baleia da impostura"[20]. Além disso, não esqueçamos, até que ponto Bloom encarna a derrisão do pai. O inconveniente dessa leitura é que deveríamos acrescentar também que, com essa rejeição... o filho não estaria menos ultrapassado quanto em Freud. Causas diferentes, mesmo efeito? Seria curioso.

Sua greve

É decerto sensível que há uma espécie de nota de sacrilégio provocador na reação de Joyce. A Roma, à bela intocável da história da arte ocidental, Joyce opõe ostensivamente um desprezo... de lesa-majestade. De resto, ao se identificar com o artista — artigo definido —, ele pretende que seus gostos estejam à altura da tradição. Na carta citada há pouco, ele opõe, sem pestanejar, "os impulsos de (sua) natureza" aos preceitos seculares da Igreja. Um Joyce contestador, então?

Talvez ele mesmo não tivesse dito não, escrevendo a Nora: "Minha alma rejeita todo o aparelho social atual e o cristianismo: lar, virtudes reconhecidas, classes sociais, doutrinas religiosas [...]". Só que ele não responsabiliza apenas o aparelho das instituições de seu tempo. Ele denuncia, com a mesma

---

[20] LACAN, J. (1958). "De uma questão preliminar a todo tratamento possível da psicose". In: *Escritos*. Rio de Janeiro: Zahar, 1998, p. 588.

força, os sentimentos acordados, as significações partilhadas, desde sua chegada a Roma ele zomba das emoções prescritas, e ironiza o jovem casal "olhando gravemente à sua volta por dever". Sozinho, Joyce pretende fazer sua revolução cultural, ainda que por vias que curto-circuitam Marx — ele não o havia lido além da primeira fase de *O capital* aparentemente. Sua contestação não é um protesto reformador banal, que sonha com uma nova ordem. Ele é visto com seu suposto socialismo. Ele o reivindica para si por um tempo, justamente no início de sua estadia em Roma, mas para ele nunca foi uma opção de política concreta, e ele admite sem custo que o chamem de inconsistente, não por inconsequência, mas porque seu socialismo era, de fato, o nome provisório de sua "greve intelectual" — expressão dele mesmo em sua carta de 6 de novembro de 1906. De nada serve recorrer ao seu suposto mau humor para compreender que sua greve também visa à literatura de seus contemporâneos. Ele zomba de suas frases vazias, seus personagens convencionais, os pobres procedimentos pelos quais eles continuamente "fazem rodeios", em suma, sua impotência em abordar o real por meio da literatura. Ele não pode, como diz por fim, "ter uma etiqueta de socialista, anarquista ou revolucionário", pois são todas as prescrições das instituições que o indispõem.

Joyce não é um filho pródigo: é, antes, um Davi franzino — teria ele falado suficientemente de sua fragilidade? — sozinho diante do Golias que é o edifício inteiro do discurso. O Pai só está ali para ele como um fantoche entre outros. Desdenhador da mentira dos semblantes enquanto tais — se designarmos com isso o edifício das representações que, em cada cultura, o simbólico oferece à credulidade e à adoração dos homens, ele coloca em xeque todas as obras da civilização que ordenam e orientam a realidade subjetiva.

Mas não é apenas por um ódio visceral que o jovem "artista" rejeita o discurso de sua família, da Igreja, da Universidade e da Irlanda, com os valores que ele carrega e que soam vazios a seus ouvidos. Seu *Nego* é um ato, sustentado e assumido, uma ruptura, e que vai além do simples ressentimento [*ressentiment*], pois o ressentido [*ressenti*]... mente [*ment*]. O *Nego* de Joyce não mente, ele volta a língua latina contra ela mesma, como diz Jacques Aubert, e esse retorno inverte o ressentimento em um ato ético. Pode-se medir por aí o quanto é pertinente a observação de Lacan ao dizer que cada um escolhe *lalíngua* que fala, ainda que fale o mesmo idioma que os outros. Mais que isso, nós a criamos. "Criamos uma língua na medida em que a todo instante damos um sentido, uma mãozinha, sem isso a língua não seria viva"[21]. Certamente, ele exalta a arte como o "discurso curto-corrente" [*court-courant*], mas a despeito dos diversos cumprimentos a Ibsen e a Yeats, sua arte é algo que ainda está por vir. É o mesmo que dizer que para aquele que não queria "servir"[22], o ato já estava lá, o qual despojava e cortava as duas raízes de origem que para ele foram a Igreja e a Irlanda. Que ele fosse enraizado, não há dúvida. Ele mesmo explicita isso, inclusive: "É uma coisa extraordinária, curiosa, digo-te eu — observou Cranly sem a menor paixão —, como o teu espírito está supersaturado com essa religião em que dizes não acreditar"[23]. Sim, mas ele disse: "Deixei a Igreja". Quanto à sua raça, ele a denuncia com violência — ao longo de todo o *Retrato...* é uma explosão —, mas ele não a renega: "Foi esta

---

[21] LACAN, J. (1975-76). *O seminário, livro 23: O sinthoma*. Rio de Janeiro: Zahar, 2007, p. 129.
[22] AUBERT, J. "Préface". In: JOYCE, J. *Portrait de l'artiste en jeune homme*. Paris: Gallimard, 2012, p. 353.
[23] JOYCE, J. *O retrato do artista quando jovem*. Rio de Janeiro: Ediouro, 1987, p. 166.

raça, foi este país, foi esta vida que me produziram"[24]. Ao que evoca "seus ancestrais" — aqueles que renegaram sua língua e aceitaram a ocupação — antes de colocar, numa "afirmação de certeza antecipada", que irá "moldar na forja da [sua] alma a consciência incriada de (sua) raça". Grande ilusão, diz Lacan, a de acreditar na consciência incriada de sua raça. Decerto, mas o que importa aqui é a conjugação do ato de ruptura pelo qual ele se separa da raça de origem de seus ancestrais, e a promessa de restituição por meio do filho.

Essa negação impõe evidentemente deveres que dizem respeito ao próprio tratamento de *lalíngua*. Que nos fiemos aqui nos propósitos que ele atribui a *Stephen Herói*, seu porta-voz quanto à sua vocação literária. "Ele estava decidido a proibir a si mesmo, com toda sua energia de corpo e de alma, a menor adesão possível àquilo que ele considerava agora o inferno dos infernos — em outros termos, a região onde qualquer coisa aparece como evidente [...]". Eis, portanto, o pior pesadelo de Joyce: o monumento das evidências comuns, das significações partilhadas, as da Igreja católica, da Irlanda autonomista, mas, e não menos, o essencial da literatura inglesa; em resumo, o grande ventre do senso comum do qual ele será, no fim das contas, o coveiro literário. Como poderia ele amar Roma, a cidade dos semblantes por excelência? Ele proferiu, antes, seu veredicto da nova era: "Deixemos apodrecer as ruínas".

Evidentemente, mais do que em suas declarações, das quais um espírito fundador poderia depois de tudo simplesmente se gabar, o aspecto sério dessa postura deve ser julgado por seu saber-fazer artístico, assim como pela lógica de sua vida. Voltarei a isso. Em todo caso, não é a veia inspirada, estigmatizante e reformadora de um Rousseau, mas um trabalho

---

[24] *Idem.*, p. 141.

corrosivo que começa com esse *Nego* decidido. Estando em Roma, justamente, Joyce se lembra de que sua mãe o chamava de "zombeteiro". Ela provavelmente havia percebido, sem saber, as primeiras manifestações dessa ironia pela qual se tornou mestre da "cidade do discurso", pelo menos o bastante para conseguir fazer se dobrar a seus desejos a mais inexpugnável das instituições, a do gosto da época. O termo negativismo, cujo uso psiquiátrico é conhecido, parece-me descritivamente correto, mas tem o inconveniente de elidir a opção do *Nego*, o que em Joyce foi uma posição progressivamente adotada, passo a passo, consciente, assumida e com progressos constantes. Evoquei sua rejeição das evidências, "o inferno dos infernos", sua busca de um além epifânico. Mas este o situa menos do lado da revelação mística do que do da busca do novo, do lugar em que o artista possa fundar uma escrita em ruptura. Voltarei a isso. Ele descreve, ao falar de Stephen, claro, um sujeito que se coloca fora de influência e sem estados de espírito: "Egoisticamente, ele havia decidido que nada de material [...], nenhum dos laços criados pela afinidade, pelo sentimento ou pela tradição, o impediriam de decifrar o enigma de sua própria posição".

Seguem-se informações extras sobre seu pai, nefasto, e sua mãe, inútil. Nada a ver com a posição de um sujeito simplesmente revoltado para quem, a despeito de seus protestos ou rebeliões, o Outro (seus amigos, o pai, a mãe, a tradição) sempre é suposto saber, e até mesmo causa dos enigmas do sujeito. Trata-se aqui de um sujeito emancipado, separado das injunções do Outro, que rejeita veementemente a voz que comanda e a norma que orienta. As citações seriam numerosas: pouco antes,

> ouvia à sua volta as vozes constantes de seu pai e de seus mestres, concitando-o a ser um cavalheiro acima de todas as coisas,

concitando-o a ser, acima de tudo, um católico. Verdade era que essas vozes soavam falso, agora, em seus ouvidos. Quando o ginásio fora aberto ouvira uma outra voz concitá-lo a ser forte, varonil e sadio, e quando o movimento de renascimento nacional começara a se sentir no colégio, ainda outra voz o tinha conclamado a ser sincero para o seu país e a ajudar a levantar sua língua e sua tradição. No mundo profano, como previra, uma voz mundana conclamá-lo-ia a soerguer a condição decaída do pai mercê de seus labores; e, nesse ínterim, a voz dos seus condiscípulos concitava-o a ser um aluno distinto [...].[25]

Essa sensibilidade à heteronímia das vozes do Outro, essa rejeição fundamental que inverte a submissão do débil, atinge a rejeição assumida do homem livre "cujo destino [é] de eludir as ordens sociais e religiosas". Ele faz, inclusive, com que se diga a um companheiro: "Ele, sim, é o único homem que eu vejo nesta instituição que tem um espírito individual"[26]. Lacan deu a ele reconhecimento nesse ponto. Com efeito, o jovem se identifica com o *individual*, colocando-se como a exceção que diz não a todos os significados do Outro e até mesmo... à sua língua. Sobre isso, deve-se ler no *Retrato*... a impagável conversa com o deão — aliás, já citada mais brevemente em *Stephen Herói* — sobre as palavras deter, gargalo e funil. Ela culmina no extremismo das seguintes observações: "A sua linguagem que estamos falando é dele antes de ser minha. [...] A sua linguagem, tão familiar e tão estrangeira ao mesmo tempo, será sempre para mim uma língua adquirida. Nem fiz nem aceitei as suas palavras. Minha voz segura-as entre talas. A minha alma gasta-se na sombra da sua linguagem"[27].

---

[25] *Idem*, p. 65.
[26] *Idem*, p. 140.
[27] *Idem*, p. 133.

Por um tempo, é verdade, a sugestão parece ter funcionado para o jovem Stephen, por um breve momento, durante o retiro religioso, depois do sermão sobre o inferno. A chave desse momento particular, desse instante de falha, de abertura ao Outro divino, nos é indicada na ideia do abandono da alma a Deus. O termo utilizado por Joyce para mencionar o casamento da alma com seu mestre, *surrender* — que é mais que o abandono, é a rendição — em suas conotações ao mesmo tempo militares e sexuais, não deixa de evocar uma tentação mística efêmera. Mas, evidentemente, não é sua via, e para ele o misticismo sequer fora uma veleidade. Se ele fora exceção, não é pelo consentimento, mas pela rejeição sustentada, que não se confunde com a revolta crítica do adolescente, tradicionalmente admitida como uma passagem obrigatória. Essa última recusa às vezes também a realidade dos pais [*pères*] e mais geralmente a de todos os antecedentes, mas em nome dos próprios ideais que eles transmitiram e que são sempre precisamente do Outro — Lacan escreve o seguinte: I(A), ideal do Outro. Também não se trata da escolha metódica de um Descartes que, também alimentado nas melhores Escolas, coloca em suspenso todos os saberes que lhe foram transmitidos para encontrar uma via de certeza, a de seu *cogito*. Este só comprometia o pensamento, pois, no que se diz respeito à conduta, ele retornou razoavelmente ao conformismo de sua moral "provisória", e, por seu pensamento, na garantia do sujeito suposto saber, seu deus não enganador. Este radicalismo é, entretanto, apenas um aspecto da opção de Joyce. Segundo Lacan, ele também seguiu a via da lógica correta.

A lógica correta

Essa forma de abordar a verdade, tão pouco crédula, tão irônica, que só quer guardar da verdade sua mais extrema singularidade, não esgota, contudo, a escolha herética de Joyce. Ele não se contenta em reduzir a verdade por meio da ironia ou da letra em sua escrita: segundo Lacan, ele a toma também pela... lógica, e é por isso que ele pode ser chamado "Joyce, o Sintoma". Essa parte da tese de Lacan leitor de Joyce, formulada na lição de 18 de novembro de 1975 e retomada na segunda conferência[28] pede uma explicação, contrariamente ao que chamei de seu negativismo, o qual, por sua vez, se espalha explicitamente. Com efeito, onde se pode ler esse traço de lógica correta, na medida em que Joyce de forma alguma se reivindica como lógico?

Observo que Lacan credita a heresia a si mesmo pela lógica correta e não sem razão, pois ele também serviu de exemplo: no campo da fala e da linguagem, em que a psicanálise opera, atinge-se o real por meio da lógica. Durante anos ele usou a lógica inerente à linguagem e a abordagem lógica para esvaziar as evidências enganadoras e para abordar, por meio do matema e pela demonstração, aquilo que há de mais real na linguagem da verdade, a saber, o meio-dizer ao qual a estrutura da linguagem a condena, no cerne da própria mentira de sua impotência em se ir ao encontro do real fora do simbólico. Ele também fora levado, no fim das contas, a uma espécie de *pseudocogito* analítico: penso, penso não sem os significantes que me representam; penso, portanto "há Um" [*y a d'l'Un*], não o dois da relação sexual, e o penso se... goza.

Para Joyce, apreende-se facilmente que a seriedade de sua escolha passa ao ato em seu exílio. Pois não nos esqueçamos de que o *Retrato...* é a história de uma extração que, ao culminar no momento da partida, inscreve a posição do sujeito no real e na lógica de sua vida. Ora, não se trata do exílio transitório

---

[28] AUBERT, J. (dir.). *Joyce avec Lacan*. Paris: Navarin, 1987, p. 34 e 40.

do filho de uma pessoa rica que parte com a passagem de volta no bolso, mas aquele, definitivo, de um filho "despossuído" tanto material quanto simbolicamente. Como não fazer a junção aqui do personagem com o autor e não ressaltar que, além de todo receio, com a única certeza de seu destino, o próprio Joyce assinou com o exílio a seriedade de sua opção. Poderia quase falar em exílio imotivado — fazendo eco a uma expressão mais conhecida —, enfatizando que seus motivos dificilmente eram fundados em razões de contexto. Nem Dublin, nem sua família, nem seus amigos rejeitavam esse jovem. Tampouco se vê que a Arte, mesmo com uma maiúscula, tenha exigido um outro solo. Não foi nem a necessidade, como foi o caso para tantos de seus compatriotas, nem o chamado do desconhecido que o fizeram dizer "Vou partir": é, para além disso, o trabalho de rejeição dos semelhantes. Assim Joyce se torna esse "desenraizado" tão voluntário, e sempre fora das fronteiras.

Entretanto, se a racionalidade dessa escolha sinaliza, sem dúvidas, a coerência de sua posição, esta não basta para fazer a lógica correta: soma-se a ela o fator tempo, o que Lacan nomeava, em 1945, o "tempo lógico"[29]. É a isso que ele se refere ao mencionar que a função da pressa é manifesta em Joyce. Na pressa, para o sujeito convocado a uma decisão, a "certeza" do ato antecipa o "momento de concluir" que o "tempo para compreender" prepara. Em Joyce, com efeito, trata-se de uma "certeza antecipada" que faz com que ele se precipite em ato, em nome de seu destino de artista por vir, das "loucas" decisões diante da realidade — e não falo apenas de seu exílio. Ele mesmo não ignora isso, e, por exemplo, quando ele se demite de seu trabalho em Roma, comenta,

---

[29] LACAN, J. (1945). "O tempo lógico e a asserção de certeza antecipada". In: *Escritos*. Rio de Janeiro: Zahar, 1998, pp. 197-213.

como já disse: "Estou certo de que há um elemento de bom senso em minha última louca iniciativa". Mas a pressa não basta, pois é pela queda conclusiva que ela fazia antecipar que se julga a lógica correta. Na pressa, desde sua juventude, Joyce se colocou como o artista, com artigo definido, e só há um. Nessa pressa, ele pode justamente não perceber "a lógica que ela determina", o que não impede que "ele tem ainda mais mérito em desenhá-la conforme ser feita apenas de sua arte"[30], diz Lacan. É que a lógica não exige ser declarada contanto que ela inscreva uma conclusão. É com *Ulisses* que essa conclusão fica garantida, pelo saber-fazer que funda, enfim, a certeza de seu ser *sinthoma*. Essa é a tese proposta aqui por Lacan. Não bastava, portanto, produzir todos os textos que precederam, era preciso que ele colocasse um "olbe jetodarte [*eaube jeddard*], como Ulisses", ou seja, "um jato d'arte na belob cena [*eaube scène*] da própria lógica"[31]. Mais uma vez, se não nos deixarmos intimidar pelo jogo dos equívocos, compreendemos que Lacan atribui a *Ulisses* uma função mais que simplesmente literária, uma função lógica, que institui Joyce não apenas como o artista que ele pretendia ser, mas como "o filho necessário, que não cessa de se escrever pelo fato de que ele se conceba"[32]. Digamos o artista sem pai e também incriado que é, segundo o próprio Joyce, "a consciência incriada de [sua] raça"[33]. Com *Ulisses,* James Joyce eleva-se ao status de exceção. Ora, o leitor de Lacan sabe que, ao Édipo freudiano que ele recusou, ele substituiu a função de exceção como condição lógica de qualquer funcionamento de discurso. Sua arte,

---

[30] AUBERT, J. (dir.). *Joyce avec Lacan.* Paris: Navarin, 1987, p. 34.
[31] *Idem, ibidem.* [Nota da editora: há, aqui, jogos de difícil tradução com as palavras *objet* (objeto), *eau* (água), *aube* (aurora), *scène* (cena), *obscène* (obscena).]
[32] *Idem, ibidem.*
[33] JOYCE, J. *Œuvres* 1, 1901-1915, Paris: Gallimard, 1982, p. 781.

portanto, teria justamente conduzido Joyce pelas vias da lógica correta, a mesma que permitiu que ele se sustentasse, e até mais, se impusesse como mestre na cidade do discurso.

Em suma, a heresia de Joyce teria consistido, portanto, em tomar a verdade por uma via dupla: a do *Nego*, conjugada à da lógica correta. E, passado o tempo, não para compreender, mas para realizar *Ulisses*, essa segunda via, finalmente, terá permitido a ele conter esse *Nego*. É o que veremos. Teremos compreendido que se o artista excepcional supre a carência do pai, também falta a ele o caráter incondicionado, instituindo em seu lugar o dizer *sinthoma* de Joyce. Se Joyce se sentiu chamado a uma missão, esta não seria a do redentor. Joyce só salva a si mesmo, e sem recorrer à "histoeriazinha" [*hystoriette*] de Hamlet, muito mais tagarela e de forma alguma herético. É sem "histoeria" [*hystoire*] e mesmo sem a de *Ulisses* de Homero, que se realiza, em contra-Édipo, se assim posso dizer, a heresia instituinte de Joyce.

3
Um diagnóstico original

"Joyce, o Sintoma, a ser ouvido como Jésus, a codorna [*Jésus la Caille*]: é seu nome"[1]. No entanto, trata-se de um nome que o distingue de Jesus, a codorna, e, de forma mais ampla, do resto indistinto. *Jésus la Caille* é o nome de um personagem de Francis Carco de 1914, o qual dá nome ao título[2]. Os *jésus*, no fim do século XIX em Paris, designavam os homens que se prostituíam, e eles se chamavam entre si por diversos nomes femininos, donde "Jesus, a codorna", escolhido por Francis Carco. Ele também é assim nomeado por seu sintoma de gozo. É que o nome próprio, o verdadeiro, que só vale para um e um só, o que não tem homônimos, e que, portanto, deve ser distinguido do simples patronímico, só pode ser de fato o nome de uma singularidade, seja ela de desejo ou de gozo, em outras palavras, o nome de sintoma. Assim, diz-se "O Homem dos ratos" e "O homem dos lobos" para os casos de Freud, mas também "M., o maldito", "Zorro, o justiceiro" etc. Vê-se a diferença com relação a Joyce: o sintoma é seu nome, mas um nome que não diz o nome de sua singularidade de gozo, ou seja, do sintoma que ele tem. Lacan não disse, por exemplo,

---

[1] AUBERT, J. (dir.). *Joyce avec Lacan*. Paris: Navarin, 1987, p. 31.
[2] CARCO, F. *Jésus la Caille*. Paris: Albin Michel, 2008.

"Joyce, *l'élangues*"³, segundo uma expressão de Philippe Sollers que ele cita no início de seu seminário. No entanto, não há dúvida de que Joyce faça de *lalíngua* um uso de gozo bastante singular e que não está longe de evocar a elação da mania. Ele é sintoma — Lacan diz até mesmo, *sinthoma*, quiçá sintomatologia — e, além disso, herético, como disse. É um diagnóstico de estrutura. Ele se distingue claramente de tudo o que seria um diagnóstico de neurose, mas seria, contudo, um diagnóstico de psicose? A coisa é mais complexa do que muitas vezes se diz, quer se responda afirmativamente, como é frequentemente o caso entre os lacanianos, ou *a priori* negativamente, como sugeria Michel Foucault para quem uma obra, por si só, excluía o diagnóstico. Lacan certamente colocou a questão de saber "se Joyce era louco ou não"[4], mas ao reler o seminário a ele dedicado, *O sinthoma*, verifica-se que ele se abstém de resolver com um "sim" ou "não" esse epíteto, depois, aliás, de ter ressaltado que "os epítetos, por sua vez, impelem ao *sim ou ao não*"[5].

O *sinthoma*, não o delírio

O que Lacan propõe — e ele mesmo formula — é que se aborde "o caso Joyce como respondendo a um modo de suprir um desenodamento do nó"[6]. Ora, no esquematismo do nó borromeano que Lacan utiliza nessa época e no qual ele retraduz as antigas categorias da clínica, neurose e psicose são abordadas em termos de enodamento e desenodamento. O que equivale

---

[3] Nota do tradutor: neologismo que equivaleria ao plural de *lalangue*, isto é, *leslangues*, que pode ser escrito *l'élangues* (homófonos, apesar da grafia diferente).
[4] LACAN, J. (1975-76). *O seminário, livro 23: O sinthoma*. Rio de Janeiro: Zahar, 2007, p. 85.
[5] *Idem*, p. 117.
[6] *Idem*, p. 85.

a dizer que, ao falarem suplência, Lacan exclui a resposta binária por *sim* ou *não* e introduz a ideia de um enodamento diferente daquele assegurado pelo Pai-*sinthoma*. Decerto ele postula que aquilo que chamou de condição maior da psicose já estava ali, ou seja, a carência — é termo que ele emprega — do *sinthoma*-Pai, mas que uma suplência foi produzida, forjada pelo *savoir-faire* de artista. Por isso me vi no direito de formular anteriormente que Joyce ilustra, de forma precisa, a fórmula de Lacan ao dizer, no fim de *O sinthoma*, que é possível "prescindir [do pai] com a condição de nos servirmos dele"[7].

Além disso, Lacan não emprega o termo "psicose" nesse seminário. Ele somente se perguntou se Joyce era louco, mas o louco e o psicótico não são uma coisa só. Em 1946, em seu "Formulações sobre a causalidade psíquica", em que ele situa a imago inconsciente em posição de causa, e em que ele aborda a loucura por meio do fenômeno imaginário da crença, Lacan define o louco como aquele que "acredita ser", assim como o janota de boa família. Ele acrescenta que "convém assinalar que, se um homem que se acredita rei é louco, não menos o é um rei que se acredita rei"[8]. De fato, o caso comum é, antes, que se acredita, como o louco, portanto, mas de forma mais comum se acredita mais... no Outro. "Acreditar" no Outro não é menos delirante do que "acreditar ser"; trata-se, de fato, de dois casos de dominância das contrafações imaginário-simbólicas sobre o real; mas, assim como o Outro da linguagem é inerente à nossa realidade, pode-se desconhecê-lo. Lacan diz, no fim, "todo mundo delira", e ele, que havia dito "não é louco quem quer" — no sentido da psicose — precisa, quando questiona se Joyce era louco, que isso não seria

---

[7] *Idem.*, p. 132.
[8] LACAN, J. (1946). "Formulações sobre a causalidade psíquica". In: *Escritos*. Rio de Janeiro: Zahar, 1998, p. 171.

um privilégio. Louco aqui é, portanto, o delirante, e se todo mundo delira, compreende-se que a questão não é diagnóstica, mas incide sobre seu imaginário. Ele precisa, aliás, sua questão endereçada a Jacques Aubert: teria ele acreditado ser um redentor? Não é fácil dizer, evidentemente, quando não se tem a palavra do sujeito, mas apenas a escrita, pois "quando se escreve, pode-se muito bem tocar o real, mas não o verdadeiro"[9]. Ora, o que temos nós da palavra de Joyce? Nada de direto. Decerto muitos testemunhos foram recolhidos sobre sua pessoa – e Ellman os usou muito –, mas, no que diz respeito a ele, apenas a palavra escrita e muito meditada de *Stephen* ao *Retrato*, com aproximadamente dez anos de diferença. Além disso, há também as cartas.

Por que, então, essa interrogação sobre um possível "Joyce, o delírio", no momento em que Lacan já havia proposto sua tese de um "Joyce, o Sintoma", que é outra coisa? Seria porque o delírio de redenção, ao colocar a céu aberto, mais que qualquer outro, a questão do pai, parece responder à foraclusão em uma tentativa de salvar o Pai, mas imaginariamente, ao passo que o *sinthoma*, por sua vez, vem do real? Sem dúvida, pois, com relação à carência do Pai, Lacan não tem dúvida nem questões, e ele afirma isso, sem nuances. É um ponto a se questionar, sem dúvida, tendo em vista o que se sabe clinicamente da figura do pai de Joyce – voltarei a isso. O que Lacan procura definir ao longo do ano – e o que ele explora aqui – é o que Joyce fez com isso e de que modo ele respondeu a isso.

Ora, Freud já havia situado o delírio como tentativa de cura, ou seja, como uma solução à verdadeira doença da psicose que, segundo ele, é libidinal, marcada pelo desapego do

---

[9] LACAN, J. (1975-76). *O seminário, livro 23: O sinthoma*. Rio de Janeiro: Jorge Zahar Ed., 2007, p. 78.

investimento dos objetos. "Eu não o amo"[10], é assim que Lacan traduz o modo como Freud conjugou aquilo que está na base das diversas formas do delírio, dos delírios cuja função seria justamente a de restaurar o laço libidinal, principalmente sob a forma da perseguição ou da erotomania. Lacan, ao comentar o caso Schreber de Freud em sua "Questão preliminar a todo tratamento possível da psicose", não dizia que não, situando o delírio de Schreber como uma elaboração que permitiu a ele passar da posição de perseguido de Deus para a de mulher de Deus, graças a que a relação imaginária com o Outro e com a realidade pôde se estabilizar e voltar a ser tolerável. É, portanto, o delírio que no início foi pensado como uma resposta de solução para a falha da foraclusão, mas se sente justamente que, da tentativa de cura por meio da elucubração e pelo sentido à suplência por meio da lógica do sintoma, há mais do que um passo.

Aliás, o comentário de Lacan sobre o Schreber de Freud é inteiramente construído sobre um pressuposto que o nó borromeano exclui. É o pressuposto da subordinação do imaginário ao simbólico e dos efeitos de indução do significante sobre o imaginário. Indução é o termo dele. Eles lhe permitiam dizer, por exemplo, que, sem o Outro, o sujeito não pode sequer se sustentar na posição de Narciso, e situar o significante do falo como efeito da metáfora do pai, e concluir, para Schreber, que "a determinação simbólica se demonstra na forma como a estrutura imaginária vem a se restabelecer"[11]. Com o nó borromeano, ao contrário, Lacan não cessa de repetir, e, sem dúvida, porque ele havia dito muitas vezes o contrário antes,

---

[10] LACAN, J. (1973). "Televisão". In: *Outros escritos*. Rio de Janeiro: Zahar, 2003, p. 515.
[11] LACAN, J. (1958). "De uma questão preliminar a todo tratamento possível da psicose". In: *Escritos*. Rio de Janeiro: Zahar, 1998, p. 575.

que as três consistências são autônomas e equivalentes — não há subordinação, portanto — e que é somente por meio de seu enodamento que elas podem ter uma incidência umas em relação às outras. Seria preciso seguir passo a passo todas as teses mais conhecidas de Lacan que se encontram, e devem se encontrar, modificadas. Lacan se encarregou de ajustar a tese que diz respeito ao delírio com seu "todo mundo delira" e, portanto, não se trata de um privilégio. Com efeito, cada um, louco ou não, está armado com uma pequena ficção particular, seja ela invenção própria [*de son cru*] ou emprestada, conforme o caso, que ele a garanta com seu ser inscrevendo-a em um significante e dando-lhe uma cara. Mas essa elucubração linguageira mente sobre o real, e para todos. Se considerarmos o fato de que a questão "Joyce era louco?" é formulada na aula de 10 de fevereiro de 1976, ao passo mesmo que a tese Joyce o sintoma já havia sido proposta, pode-se concluir que, ao se perguntar se Joyce era louco, Lacan questionava não o fato de sua suplência, mas seu imaginário, sobre o qual ele volta, aliás, em sua última lição, e talvez até mesmo sobre os efeitos de sua suplência *sinthoma* sobre seu imaginário, esse imaginário que nele estava meio livre demais, livre das redes do nó — o que não significa que o imaginário faltava a ele. Questão, pois, sobre a natureza e amplitude das consequências de sua suplência — vou voltar a isso.

Podemos, inclusive, recordar aqui que, desde 1967, em seu texto "O engano do sujeito suposto saber", Lacan havia situado James Joyce ao lado de Moisés e de Mestre Eckhart, no trio dos Pais, não da Igreja, mas daquilo que ele chamava então de "Dio-logia"[12], que deve ser distinguida da relação

---

[12] Nota do tradutor: no original, *Dio-logie*, ou seja, fusão do substantivo *dieu* (deus) e do sufixo *-logie* (logia).

com os deuses aos quais se crê, o deus dos filósofos, o sujeito suposto saber latente em toda teoria, de Descartes até a teologia, ou o deus dos profetas, deus de palavra e de vontade que fala por suas bocas. É que para Lacan, contrariamente a Freud, Deus não é uma ilusão produzida pela fraqueza humana, Deus ex-siste, creia-se nele ou não, ele se faz necessário pela estrutura de linguagem. Ele não depende da fé, mas da lógica da linguagem e do discurso. Daí as fórmulas sucessivas de Lacan quer ele se refira à linguagem ou ao discurso. "Deus é inconsciente", furo na linguagem, ele é *Urverdrängung*, o abismo do recalque primordial em pessoa, ou "faz pessoa", como ele se expressa. Mas, também, ele é o dizer que ex-siste à linguagem, o *deuzer*-Pai[13], já que o "dito (em forma de linguagem) não vai sem o dizer"[14]. Compreende-se que Moisés seja colocado nessa lógica do *deuzer*-pai, por ter transmitido, além das tábuas da lei, a famosa fórmula, cuja tradução é, aliás tão controversa: "Sou o que sou". Um furo, se houver um, segundo Lacan. Mestre Eckart, por sua vez, se coloca aí, sem dúvida, por sua teologia negativa, que faz de Deus o impredicável por excelência, mais um furo. Quanto a Joyce, em 1967 a razão permanecia aparentemente em suspenso, e ela só foi especificamente explicitada em seus textos de 1975. Mas Lacan já indicava que Freud havia marcado o lugar da Dio-logia, a de Deus-Pai, que o próprio Lacan chamou de Nome-do-Pai antes de dizer o *Deuzer*-pai — o que muda tudo. Já estávamos bem longe de um simples diagnóstico de psicose de Joyce. Em 1975, Lacan substitui *dialogia* por sintomatologia, e a coisa pode ser entendida,

---

[13] Nota do tradutor: em francês, *dieure*. Neologismo introduzido por Lacan a partir de deus (*dieu*) e dizer (*dire*).
[14] LACAN, J. (1972). "O aturdito". In: *Outros escritos*. Rio de Janeiro: Zahar, 2003, p. 451.

pois, nesse meio tempo, ele formulou que o pai é uma solução sintomática. Assim, se vê confirmado que Joyce não acreditou tanto em si para não se fazer "artífice" [*artificier*]. Na verdade, por outro lado, pouco importa em que ele pôde acreditar: o artífice terá feito suplência, de alguma forma, àquilo que se supõe ser o artesão supremo, o próprio deus. Esta é toda a distância do crer ao fazer, do imaginário ao real.

Joyce é um caso de *self-made man* bem particular. Em geral, os falantes estão ancorados em suas infâncias. A presença da criança no adulto no nível estrutural procede do fato de que o que se inscreveu de forma contingente se torna necessidade, não cessando mais de se escrever. Esse é o caso da repetição do trauma bem como da *fixão*-sintoma de gozo real, indelével, e não é culpa de ninguém, mas daquilo que a linguagem programa de impossível, *troumatisme*[15] como diz Lacan. Como fica o dizer de nomeação, o dizer que *nhomeia* [*nouehomme*[16]], se posso pastichar Lacan, que pastichou Joyce. Quando recebemos um analisando, em geral o nó já está ali, "ele já está feito" segundo a expressão de Lacan. Portanto, ele também data da infância e se prolonga no adulto. Daí a ideia de que, no melhor dos casos, por meio do manejo significante na análise, poderemos corrigir, fazer algumas "suturas", "empalmes"[17]. Vemos por aí que, se suturas e empalmes

---

[15] Nota do tradutor: o *troumatisme* é o furo (*trou*) operado na estrutura da linguagem, na medida em que o sujeito se confrontou com o fato de ser atravessado por *lalíngua*.

[16] Nota do tradutor: no original, *nouehomme*, neologismo que condensa o verbo *nommer* (nomear), *homme* (homem) e *nouer* (enodar), introduzido por Lacan no seminário *O ato psicanalítico* (Aula de 20 de março de 1968) e retomado em *R.S.I.* (Aula de 18 de março de 1975).

[17] Nota do tradutor: em francês, épissure. Trata-se de um termo marítimo para uma montagem de duas cordas ou dois cabos colocados pelo entrelaçamento de seus fios. Em engenharia civil, *empalme* é o entalhe ou união de duas peças para que fiquem em prolongamento, daí a escolha, na tradução, desta palavra.

são os alvos da operação analítica, o analista não é um pai, nem um substituto do pai, nem um *deuzer*. Seu dizer apofântico, oracular, não produz o *sinthoma*; contrariamente ao que se ouve às vezes, ele já estava ali.

Em Joyce, por outro lado, manifestamente, o nó não vem da origem, ele não estava ali — "carência" diz Lacan. Mas a carência pode ser corrigida. O *sinthoma* que nomeia é um incondicionado, mas se essa condição não estiver ali, ela pode ser suprida e, no caso de Joyce, ela é. Ela é, segundo Lacan, como disse, por um Joyce que se faz "filho necessário", filho sem genealogia. Mas, ainda assim, vemos o paradoxo: esse "sem genealogia" se nomeia com um termo genealógico — filho —, mas um filho tão incriado quanto é, segundo Joyce, "o espírito de sua raça". Esta, sim, é uma verdadeira invenção, para a qual, aparentemente, foi preciso tempo, que a cristalizou no decorrer de sua adolescência e cuja explicação se lê em *O retrato do artista*, e não se pode ignorar o quanto Joyce fazia questão de expor isso, ao passo que *Ulisses* confirma sua certeza antecipada. Joyce, portanto, prescindiu do pai, renomeando a si mesmo sem um pai, por meio de um dizer-Pai, com hífen, um *deuzer*, toda a questão sendo a de saber até onde esse dizer de substituição faz tanto quanto o dizer do pai.

Que carência?

Como disse, no caso de Joyce, Lacan não afirma a psicose, mas afirma, de modo bastante categórico, aquilo que ele mesmo propôs como principal condição da psicose, a carência do pai. Não seria preciso mais do que isso para saltarmos aturdi(t)amente [étourdi(t)ment] para a conclusão de psicose. Mas, vejamos de mais perto: o que justifica essa certeza sobre a carência do pai de Joyce? E, antes de tudo, o que é uma carência paterna? O termo está ali e não pode ser considerado evidente se lembrarmos que aquele que o profere é o mesmo que, depois de ter reformulado o Édipo freudiano com a metáfora paterna, passou para uma crítica insistente, repetida e muitas vezes virulenta, desse mesmo Édipo, e que afirma, além disso, poder fundar o discurso analítico sem recorrer ao Nome-do-Pai[18]. Carência, então, de acordo, mas qual, e como sabemos disso?

Poderia ela ser lida no nível da história familiar? Poderíamos acreditar nisso, pois Lacan não hesita em convocar a biografia, e ele caracteriza John Joyce, o pai de James, em termos mais que vigorosos. "Bêbado de carteirinha e mais ou menos *feniano*"[19]. Feniano [*Fénian*] era o nome de um movimento insurgente irlandês ao qual Joyce dedicou um artigo intitulado "Fenianismo: O último feniano"[20]. Jacques Aubert comenta sobre o pai de Joyce: ele era mais preguiçoso [*feignant*] do que Fenian. O verbo homofônico *feindre* [fingir, simular] introduz claramente uma suspeita sobre a seriedade do militantismo de John Joyce a favor de Parnell[21]. Ele elide, ademais, outra homofonia entre *fénian* et *fainéant* [indolente, preguiçoso], o que John Joyce era, certamente. Lacan ainda prossegue: "Seu pai [que] se distingue por ser — ah — o que

---

[18] Resposta à questão IV de "Radiofonia".
[19] LACAN, J. (1975-76) *O seminário, livro 23: O sinthoma*. Rio de Janeiro: Zahar, 2007, p. 16. [Nota do tradutor: Em francês, *fénian* (feniano) soa homofonicamente como *feignant* (preguiçoso), derivado do verbo *feindre*, donde o comentário subsequente da autora.]
[20] JOYCE, J. (1907). "Fenianism: The Last Fenian", publicado no *Il Piccolo della Sera*, jornal de Trieste, em 22 de março de 1930. [Nota do tradutor: Fenian foi um termo genérico utilizado para designar a Fenian Brotherhood (Irmandade Feniana) e a Irish Republican Brotherhood (Irmandade Republicana Irlandesa), organizações fraternas dedicadas ao estabelecimento de uma República Irlandesa independente nos séculos XIX e XX.]
[21] Nota do tradutor: Charles Stewart Parnell (1846-1891) foi um político nacionalista irlandês e uma das figuras mais poderosas da House of Commons (Câmara dos Comuns) britânica na década de 1880.

podemos chamar de um pai indigno, um pai carente [...]"[22]. Lacan evoca, ainda, o fato de que "seu pai jamais foi um pai para ele", "não apenas nada lhe ensinou, como foi negligente em quase tudo, exceto em confiá-lo aos bons padres jesuítas, a Igreja diplomática"[23]. E menciona uma "demissão paterna".

São propostas estarrecedoras se as confrontarmos com outras sustentadas pelo próprio Lacan, ao longo de vinte anos, entre "A questão preliminar" e o seminário *R.S.I.*, no que diz respeito à relação entre os pais e a foraclusão para os filhos. Aquele que fala assim é, no entanto, o mesmo que, no *post-scriptum* de "A questão preliminar a todo tratamento possível da psicose" denunciou o pai excessivamente educador e que, sobretudo, tinha prazer em zombar dos que pretendiam diagnosticar a foraclusão por meio de uma carência da pessoa ou da conduta do pai. Com efeito, Lacan ironizava, então, a "carência paterna" sobre a qual, segundo ele, "ninguém se privou de escrever horrores"[24] e cuja "distribuição entre o pai tonitruante, o pai indulgente, o pai onipotente, o pai humilhado, o pai acabrunhado, o pai derrisório, o pai caseiro ou o pai passeador não deixa de inquietar"[25]. Em resumo, ele estigmatiza todos os retratos de pais supostamente indignos remetendo-os ao registro de um imaginário, concebido como não causal, ao passo que a instância do Nome-do-Pai, puramente simbólica, é causal. Vejam que contraste com relação àquilo que se lê em *O sinthoma* e que acabo de lembrar. Se isso não é uma contradição, há aqui uma virada a elucidar.

---

[22] LACAN, J. (1975-76) *O seminário, livro 23: O sinthoma*. Rio de Janeiro: Jorge Zahar Ed., 2007, p. 67.
[23] *Idem*, p. 86.
[24] LACAN, J. (1958). "De uma questão preliminar a todo tratamento possível da psicose". In: *Escritos*. Rio de Janeiro: Zahar, 1998, p. 583.
[25] *Idem*, p. 585.

Com a metáfora paterna, já poderíamos ter dito sobre o Nome-do-Pai o que mais tarde ele diz de Deus: ele é o inconsciente. Em todo caso, não é um fenômeno diretamente observável. Ele estaria supostamente condicionado pela *Bejahung* de que Freud fala, uma espécie de assentimento primordial instituinte do significante, cuja presença ou falha só se manifestam, em seguida, por suas consequências. A partir daí, a foraclusão deveria dar conta da estrutura dos fenômenos de linguagem e de seus correlatos no campo do real dos quais Lacan já dizia "ser o domínio do que subsiste fora da simbolização"[26]. A condição foraclusiva inferia-se daí. É o mesmo que dizer que não é por meio da submissão às normas familiares conjugais, e tampouco pelas características pessoais dos pais (ou das mães), que se podia diagnosticar uma carência, que não era carência do pai, mas "carência do próprio significante"[27]. Eis o que justificava a ironia do momento. Entretanto, de modo sutil, criticando o descritivo das carências, Lacan não excluía os "efeitos devastadores da figura paterna"[28] — ele mesmo fazia um retrato sobre o pai de Schreber. Nada de imaginário determinava esses efeitos devastadores, mas apenas a relação de um pai com a Lei, que Lacan escreve então com maiúscula, para distinguir, assim, das leis no sentido comum. Daí o risco que evocava de um pai, ao se fazer de legislador — modelo de um ideal, magistério educativo ou político —, de se encontrar em posição demérita ou de fraude com relação ao significante da Lei. O argumento era consistente. Entretanto, ele dificilmente se aplica à figura do pai de Joyce, o qual, com

---

[26] LACAN, J. (1954). "Resposta ao comentário de Jean Hyppolite sobre a '*Verneinung*' de Freud". In: *Escritos*. Rio de Janeiro: Zahar, 1998, p. 390.
[27] LACAN, J. (1958). "De uma questão preliminar a todo tratamento possível da psicose". In: *Escritos*. Rio de Janeiro: Zahar, 1998, p. 563.
[28] *Idem*, p. 586.

os magistrados, não se importava. Aliás, o que Lacan diz sobre isso em *O sinthoma*, em 1976, não é desse registro. Bêbado de carteirinha, feniano, que nada ensinou a seu filho, tantas expressões que evocam mais a falta das normas burguesas, como se de um pai digno desse nome se esperasse a sobriedade, o gosto pelo trabalho e até mesmo as virtudes de transmissão educativas. Estranho por parte de Lacan.

De todo modo, se nos voltarmos um instante para a história descritiva, contudo, a trajetória de vida de John Joyce é a de um inexorável declínio – financeiro, social e pessoal – que carregou ele e a família em sua queda. Acompanhando Richard Ellman, o biógrafo de James Joyce, não hesitaríamos em qualificá-lo como irresponsável que conduziu sua própria família à ruína e à indigência. Em treze anos (1881-1893), dez filhos, dos quais o mais velho, antes de James, não sobreviveu, e três abortos, o que não era raro na época; mas o que era ainda mais raro é que para cada filho uma propriedade era vendida, de forma que, ao final, não restou nenhuma[29]. Um fanfarrão, emotivo, *bon vivant*, que amava ruidosamente as brincadeiras, a bebida, estar acompanhado, preocupado com a opinião, vaidosíssimo, com o ego inflado, tirânico mas inconsistente, é assim que seu filho James o descreve, e ele impôs a toda a família suas paixões sociais, seu militantismo político, assim como seu gosto e talento pela música, canto e teatro. Mas como não evocar também aquilo que *Stephen herói*[30] descreve, suas paixões mais íntimas com, passados os primeiros momentos, esse ódio por sua mulher e por toda a família dela, ódio tão vigoroso que invadia cotidiana e perigosamente as

---

[29] ELLMAN, R. *James Joyce*. New York: Oxford University Press, First Revision of the 1950 Classic, 1982, p. 21.
[30] JOYCE, J. *Stephen herói*. São Paulo: Hedra, 2012.

noites da casa. Como não reconhecer nesse retrato do pai do artista o avesso das virtudes burguesas clássicas. Mas, nem Lacan, nem a psicanálise convidam a fazer de "trabalho, família, pátria" as virtudes paternas por excelência. Então, qual foi o seu erro? Já não é o de ter faltado com amor nem com consideração por seu filho James, o segundo, que o consolou pela perda do primeiro filho perdido e que foi, incontestavelmente, seu preferido. Muito cedo, ele formou a mais alta opinião sobre James e quis dar a ele a melhor educação, confiando-o aos Jesuítas — sem dúvida o que ele fez de melhor. Aliás, Stanislaus Joyce, em *My brother's keeper*, atesta isso. Na família, James foi sempre o mais apegado a seu pai e o mais conciliador em relação a ele. Ele explica isso para si mesmo, ele que odiava seu pai conscientemente, pelo fato de que o pequeno James, até os seis anos, idade de sua partida para os Jesuítas, só havia conhecido em seus primeiros anos cruciais da vida o período fausto da família, a concórdia, a facilidade, a notoriedade, o teatro e a música. Não teria ele participado, aliás, com apenas seis anos, de um concerto de canto com seus dois pais? Então, o que faltou?

Se nos voltarmos para as elaborações de Lacan segundo a metáfora paterna, vemos que em seu ensino tudo já havia mudado no peso respectivo do Nome e dos pais, a partir do momento em que os Nomes do Pai aparecem no plural. Se, com efeito, há vários, como evitar ter que definir a função no singular, independentemente de seus nomes, e, correlativamente, de questionar sob que condição um pai, um pai qualquer, pode ou não ser suporte da função. Observo, aliás, que é no fim do seminário *A angústia*, antes do verão de 1963, portanto antes de programar o seminário que ficou inacabado, *Os Nomes do Pai*, que nas últimas lições, pela primeira vez se não me engano, e depois de críticas virulentas ao Édipo freudiano, Lacan faz considerações sobre a função que o desejo *de um* pai tem. Dez anos mais tarde, na aula de 21 de janeiro de 1975 de *R.S.I.*, ele continua na mesma temática e define um pai "modelo da função".

Assim sendo, por que eu não confrontaria a figura do pai de Joyce com o pai "modelo da função" que Lacan descreve nessa aula? Ele enuncia aí que, para que um pai seja modelo, digamos suporte, da função, em outras palavras, para que não haja efeito foraclusivo, são necessárias duas condições: uma condição de sintoma de gozo e uma condição de dizer. A primeira condição é necessária, para todos, aliás, pela ausência de nenhuma relação sexual enunciável na palavra ou que possa ser inscrita na linguagem do inconsciente. É a essa ausência, a esse "ab-sexo" [*ab-sexe*], que o sintoma faz suplência, como eu já disse. Por esse motivo, para que um pai seja modelo da função, é preciso que ele tenha o sintoma da *père-version* [pai--versão], da versão pai do sintoma, que, para fazer suplência à relação, instaura um laço específico com uma mulher.

"Pouco importa que ele tenha sintomas, se ele acrescentar a eles o da *père-version* paterna, isto é, que a causa [de seu desejo] seja uma mulher que ele adquiriu para lhe fazer filhos [...]"[31]. Eis uma fórmula que parece conotar bem algo como um desejo infantil, ou um desejo de paternidade. Ao que Lacan acrescenta: "e que com estes, queira ou não, ele tenha um cuidado paterno"[32]. Sem consideração, portanto, por aquilo que lhe é mais ou menos reconhecido. "Cuidado paterno", a noção é nova na boca de Lacan. Só se pode supor que ele se distinga do cuidado materno, mais conhecido — que também não se confunda com o que chamo de virtude burguesa do pai

---

[31] LACAN, J. *Le séminaire, livre 22: R.S.I.*, inédito (Aula de 21 de janeiro de 1975).
[32] *Idem, ibidem.*

de família. Propus a hipótese, aproximando diversas explanações de Lacan, de que o cuidado paterno só possa ser a nomeação constituinte da linhagem, já que, na mesma época, Lacan falava conjuntamente do pai que é o pai do nome[33].

A segunda condição enunciada por Lacan é mais difícil de elucidar e poderia levar a mal-entendidos. Ela diz respeito à palavra do pai que, segundo ele, deve permanecer no meio-dizer. Esse meio-dizer intervém junto às crianças, e cito "– excepcionalmente, nos bons casos — para manter na repressão, no justo semideus [*mi-dieu*], a versão que lhe é própria de sua pai-versão"[34]. Com o termo "repressão" o que se evoca é um véu jogado sobre o gozo-sintoma do pai. Trata-se de um tema frequentemente abordado por Lacan, principalmente quando ele ressaltava o peso dos pecados do pai sobre a descendência. E haveria outros pecados além do gozo? O verdadeiro erro do pai, segundo essa tese, pois, seria, antes, sua eventual obscenidade, um gozo excessivamente à flor da palavra. No entanto, Lacan insiste: "A normalidade não é a virtude paterna por excelência, mas somente o justo semideus [*mi-dieu*] [...] o justo não dizer". Concluo: um pai não deve ser um *deuzer* [*dieure*], ele só tem um dever: ser um meio-*deuzer* [*mi-dieure*]. E Lacan encadeia curiosamente sobre o que ele já havia proferido com relação ao caso Schreber, que acabo de lembrar e que parece não ter nada a ver com o meio-dizer: "Nada pior que o pai que profere a lei sobre tudo. Nada de pai educador, mas, antes, alijado de todos os magistérios"[35]. Não é um agente da ordem, portanto, um colaborador do policial guardião do andar em círculos da ordem social. Mas por

---

[33] Cf. SOLER, C. *L'Aventure littéraire, ou la psychose inspirée — Rousseau, Joyce, Pessoa*. Paris: Champ Lacanien, 2001.
[34] LACAN, J. *Le séminaire, livre 22: R.S.I.*, inédito (Aula de 21 de janeiro de 1975).
[35] *Idem, ibidem*.

quê? Qual a relação disso com o meio-dizer? Seria porque, como Michel Foucault havia percebido muito bem, aquilo que designa os gozos proscritos e que, às vezes, até mesmo os acossa, abre-lhes as vias pelo viés da transgressão? É preciso haver a Lei para que se seja imensamente pecador – Lacan repetiu isso muitas vezes depois de Lutero. Ambiguidade dos "mandamentos da palavra", ambiguidade dos interditos que, ao detalhar as faltas, atiçam as tentações as quais, ao serem nomeadas, indicam ao mesmo tempo as vias do pecado. Mas então, se é assim, vê-se bem a ligação disso com o dever do meio-dizer? É que um pai, se ele for um educador diligente, pecaria ao designar as faltas contra esse dever... de meio-dizer que Lacan liga à sua função.

Em todo caso, vê-se aqui que um pai digno desse nome, suporte da função, é definido sem nenhuma referência à normalidade social. Embora... a primeira condição, eleger uma mulher para lhe fazer filhos, se pareça, com muita proximidade, com o que promete a família conjugal heterossexual, e isso poderia ser escabroso para os tempos atuais, em que as famílias não são mais necessariamente heterossexuais. Essa objeção, contudo, não se sustentaria, pois Lacan não faz norma do sintoma-Pai; ele procura apenas apreender de que modo aqueles que têm esse sintoma operam sobre sua descendência.

À luz do meio-dizer, o que pensar do pai de James Joyce? A discrição quanto a seus gozos certamente não era seu forte, se acreditarmos tanto em Stanislaus quanto no próprio James, que o descrevem como um gozador com um ego que transbordava de obscenidade satisfeita, cujos gostos e as paixões se estendiam complacentemente no cotidiano da vida familiar e social, ao passo que ele se mostrava, por outro lado, inconsistente em qualquer coisa e nunca se considerava responsável por nada. Todavia, essa obscenidade não diz respeito à sua *père-version* [pai-versão]. A questão seria a de saber se esta comportava uma mulher que ele adquiriu para lhe fazer filhos e com... Há todas as aparências, mas não mais do que isso, talvez, pois não se trata de uma questão de realidade, mas de desejo. Em todo caso, na realidade, se acreditamos em Ellman, sua família o casou para atenuar as desordens de sua juventude. E, pode-se supor, justamente, que o ódio por sua mulher e por toda sua linhagem, certamente não meio-dito, mas, ao contrário, tão ruidoso, tão vigoroso, quase paranoico, nunca em repouso, quase nunca era propício para nomear no meio-dizer um desejo paterno. Carência, portanto.

Mas, com isso, avançamos muito pouco. Podemos, decerto, fazer um retrato de pai negligente, carente, mas daí, desse desenho de um pai sem o sintoma-pai, qualquer dedução quanto aos efeitos sobre o filho seria mais que arriscada. A relação de transmissão, seja ela paterna ou outra, nunca é uma relação unívoca de causa e efeito. Sobretudo porque o Pai é substituível, tanto como significante quanto como portador de nomeação e que, para permanecer no registro apenas biográfico, os bons padres jesuítas eram muito recomendados, por menos que Joyce tenha tido aptidões ao consentimento. Eles mesmos parecem ter acreditado nele um instante, ao lhe proporem a via do sacerdócio.

"Foraclusão de fato"

Felizmente, com relação a esse imbróglio da transmissão paterna, acredito que Lacan tenha proposto outra coisa, e, sem dúvida, bastante discretamente. Ele fala de uma... "*Verwerfung* de fato". Foraclusão de fato. A expressão surpreende: o que é? Abri essa questão há pouco em meu seminário no hospital Sainte-Anne, que a dra. Françoise Gorog quis acolher e sustentar em seu serviço, e desde essa época, levantei o problema, e até mesmo promovi uma apresentação de participantes sobre esse tema, mas a questão permaneceu não resolvida para mim. Com efeito, em uma primeira abordagem, há duas formas de compreender essa expressão. Ou se toma o "fato" no sentido banal daquilo que se constata, mas então se está longe da estrutura da experiência, e a expressão nos leva de volta unicamente à biografia descritiva, da qual denunciava há pouco a insuficiência, pois se são os fatos da biografia do pai, seria preciso poder especificar como eles induziram o ser do filho; e se são aqueles atestados pela própria biografia do filho, como saber o que eles devem ao pai que ele teve? Ou, ao contrário, tomamos essa expressão como uma simples redundância com relação à própria definição da foraclusão. É a ausência de um significante, mas, então, esta é sempre de fato: há ou não há e, nesse caso, "foraclusão de fato" não traria nada de novo.

Essa expressão, tal como a compreendo hoje, não pode ser separada das considerações que Lacan faz paralelamente, nas mesmas páginas desse seminário, sobre aquilo que se chama "fato". Não há fato além "de ser dito", ele reafirma. Com todo rigor, isso se aplica, pois, à foraclusão de fato: o fato da foraclusão só é assegurado por ser dito. E, por quem, senão por aquele que "se enuncia de fato" "permanece suspenso ao enigma da enunciação"[36]. Lacan já não tinha enunciado isso: "Que se diga permanece esquecido no que se diz [...]". Frase assassina para qualquer veleidade de ontologia, pois àquele que estaria tentado a dizer "o ser é", sempre poderíamos responder: "você o disse"[37], fórmula mínima da interpretação

---

[36] LACAN, J. (1975-76). *O seminário, livro 23: O sinthoma*. Rio de Janeiro: Jorge Zahar Ed., 2007, p. 20.
[37] LACAN, J. (1972). "O aturdito". In: *Outros escritos*. Rio de Janeiro: Zahar, 2003, p. 494.

analítica que deve visar o "que se diga", pois aquilo que deve ser lido na fala, não é o "o que ela diz", mas... que ela o diga[38]. O que equivale a dizer que é no texto de Joyce, pelo dizer do filho, que uma foraclusão de fato pode ser diagnosticada. A "demissão" de um pai, enquanto causal, e quaisquer que sejam os traços desse pai, ademais, essa demissão nada mais é do que o que se diz dessa demissão e que não ocorre sem a enunciação do filho. Aliás, isso é lógico se não perdermos de vista que nenhum significante, e até mesmo nenhum nome, pode se sustentar sem um "assentimento". Joyce emprega esse termo, inclusive. E eis o que confere todo o peso a uma noção que muitas vezes parece bem difícil de manejar, embora inevitável na clínica, a de uma "insondável decisão do ser", que Lacan situava na origem das estruturas clínicas. Ela é evocada às vezes, mas sem medir seu verdadeiro alcance, sem conseguir usá-la. Ficamos então reduzidos a nos darmos por vencidos e isso, sem dúvida, por não nos descolarmos suficientemente das primeiras formulações de Lacan. Estas faziam do Nome-do-Pai um significante no Outro, uma espécie de Outro do Outro, dando a Lei do Outro, ou faltando[39]. Consequentemente, a maior parte da teoria lacaniana da psicose se orientou segundo essas indicações para a ideia não somente de que sua causalidade vinha do Outro, mas do Outro na medida em que é suportado pelas figuras dos pequenos outros que são os pais. Teríamos esquecido que o Outro, escrito por Lacan com maiúscula, não é nenhuma pessoa, mas um lugar, uma outra cena, como dizia Freud, que é tanto o "êxtimo" do sujeito quanto desses outros? O sujeito decerto se forma no

---

[38] LACAN, J. (1972). "Posfácio ao *Seminário 11*". In: *Outros escritos*. Rio de Janeiro: Zahar, 2003, p. 503.
[39] Ver sobre isso o post-scriptum de "Questão preliminar".

lugar do Outro, mas a heteronímia da linguagem não o alija de sua responsabilidade, ou seja, de sua resposta. A foraclusão é muitas vezes pensada como sofrida, como algo que foi simplesmente passado ao sujeito através das gerações. Alguns anglo-saxões, o doutor Cooper por exemplo, afirmaram até mesmo que era preciso duas gerações para produzir em uma terceira geração uma psicose. Mas a foraclusão de fato, se o fato é suspenso ao dito que não existe sem o dizer, é uma foraclusão enunciativa, em ato. Uma foraclusão que não deve ser inferida a partir de seus efeitos, como estava dizendo, do Nome-do-Pai, pois ela é, por assim dizer... decidida — como se diz desejo decidido. Para dizer isso de uma forma um pouco forçada, não é por causa do pai, mas por causa do filho. E aí é necessário distinguir precisamente as condições biográficas, que são mais ou menos favoráveis, com efeito, do conceito de causalidade propriamente dita. Também sobre esse ponto, Joyce oferece uma presença clínica excepcional à insondável opção subjetiva. Permito-me enunciá-lo da seguinte forma: é o "sujeito suposto" ao dizer[40].

O que no texto de Joyce, então, assinala essa foraclusão enunciativa? Vários traços. De alguns, ele deu testemunho em sua tentativa de "decifrar seu próprio enigma", e outros podem ser lidos em seu saber-fazer de artista.

Pela figura de Stephen Dedalus, ele dá testemunho de ter se sentido "chamado"[41], diz Lacan. O termo tem ressonâncias religiosas, mas convém, é sensível, em *O retrato do artista*. Chamado a compensar... a sua própria asserção de rejeição ao pai, que vai muito além da pessoa de seu pai. Joyce está

---

[40] Faço alusão a "O aturdito", sobre o qual voltarei.
[41] LACAN, J. (1975-76). *O seminário, livro 23: O sinthoma*. Rio de Janeiro: Jorge Zahar Ed., 2007, p. 86.

"sobrecarregado de pai", e se dá a missão de "sustentá-lo para que ele subsista"[42]. É tentador fazer referência a essas afirmações sobre o pai o qual ele conheceu em um estado de queda inexorável, e cuja longa descida rumo à indigência, sem dúvida, não deixa de ter relação com o tema da queda que se encontra ao longo de *Finnegans Wake*. Aliás, *O retrato do artista* termina com a invocação do Nome: "*Old Father, old artificer, stand me stand me now and ever in good stead*" [Velho pai, velho artífice, mantém-me, agora e sempre, em boa forma], mas, Lacan também acrescenta, o *artificer*, o artesão do saber-fazer, é ele. Acrescento que não se trata de um "saia daí que eu quero sentar". O lugar estava decerto vago, mas não sem que ele já não estivesse ali, por ele mesmo tê-lo esvaziado, não sem que daí seu dizer tenha cavado "espaço". Aliás, é notável que o tema do pai seja onipresente, escancarado, em seu texto, e principalmente em *Ulisses*. Ele busca ali um pai, diz Lacan, "de várias formas sem encontrá-lo em qualquer grau"[43]. Ele não está ali. No entanto, há um pai, Bloom, feito da mesma matéria que ele, e que busca um filho, mas, a esse pai, "Stephen opõe um *muito pouco para mim*"[44]. John Joyce também buscava um filho, aliás, e tal que suas próprias falhas teriam tido consequências menores. "*Ulisses* testemunha que Joyce permanece enraizado em seu pai, ainda que o renegando"[45]. Um renegado do pai. Não se trata de uma posição qualquer. Evoquei sua rejeição decidida do discurso do Outro, sua aspiração não menos decidida a uma linguagem e a um dizer menos bobo, que sejam próprias a ele. A opção subjetiva "de fato" está bem evidente ali, não há dúvida de que ela seja

---

[42] *Idem, ibidem.*
[43] *Idem.*, p. 67.
[44] *Idem, ibidem.*
[45] *Idem*, p. 68.

coerente com essa rejeição primordial com relação ao pai. Em Joyce, essa recusa do assentimento, que faz dele um não tolo voluntário e decidido, é perfeitamente apreensível, durante todo o caminho. Mas por sua arte, no lugar assim desobstruído, ele produz o *sinthoma* de suplência que é ele mesmo. Lacan o nomeia "o filho necessário", o que ilustra, mais do que sua família, o que ele chama de *"my country,* ou melhor, *a consciência incriada de minha raça"*[46]. Estranha herança criacionista do patriotismo irlandês de John Joyce, que, por sua vez, estava excessivamente inoperante para não ser irrisória. Assim ele terá demonstrado, sem saber, mas com uma lógica correta, a necessidade da função de exceção para que um discurso tenha lugar. Portanto, há solidariedade entre o ato do dizer que vou chamar de *Nego* do pai, e aquele que sua arte carrega e por meio do qual ele se faz *sinthoma*. Da foraclusão de fato à suplência que também é de fato no sentido em que disse, como veremos, há a mesma opção subjetiva. Lacan deu-lhe o nome *"The individual"*, como disse. Volto-me, então, para as diversas singularidades que Lacan reconhece nele.

4
Sintomas

Insisto, a conjunção dessa "foraclusão de fato" e desse *sinthoma* que não é o da versão-pai do *sinthoma*, e que, juntos, constituem *the individual*, distingue Joyce da psicose, mas não menos, é preciso dizer, da neurose. De que modo, aliás, essa "constituição subjetiva"[1] singular não teria repercutido nos diversos outros sintomas, em sua relação com seu corpo, com sua parceira, e com sua descendência que, todas, encetam uma configuração de desejo e de gozo. Lacan deu um destino particular a dois dentre eles: a relação específica com Nora, sua mulher, à qual Joyce está ligado sem a versão pai da perversão generalizada, e sobretudo a relação com seu próprio corpo, de onde Lacan diagnostica, no fim do seminário o "lapso do nó"[2] por desenodamento do imaginário.

Sem o corpo

No fim do seminário, Lacan propõe sua tese de um "lapso do nó" que deixaria o imaginário joyciano desenodado do

---

[1] LACAN, J. (1967). "Nota sobre a criança". In: *Outros escritos*. Rio de Janeiro: Zahar, 2003, p. 369.
[2] LACAN, J. (1975-76). *O seminário, livro 23: O sinthoma*. Rio de Janeiro: Zahar, 2007, p. 217.

simbólico e do real, livre de certa forma. É o que mostra o nó da página 148 do seminário no qual o imaginário "não está enodado borromeanamente ao que faz cadeia como real e o inconsciente"[3]. Um imaginário excessivamente livre, portanto. Evidentemente, falar de um lapso do nó é duplicar novamente a tese da foraclusão, dado que a função Pai no esquema dos nós borromeanos está situada como uma função que enoda.

É preciso, pois, se perguntar o que funda essa tese de Lacan. Já havia estabelecido isso, ela se apoia em dois dados: de um lado, a relação de Joyce com seu próprio corpo e, de outro, seu tipo de escrita. Dois gêneros de fenômenos aparentemente bastante heterogêneos, mas que, no entanto, são sinais convergentes e têm valor de sintomas no sentido comum do termo.

O imaginário em falta

O que Lacan chama de imaginário, uma das três consistências do nó borromeano, não é a imaginação, nem tampouco se reduz ao gosto pelas imagens ou até mesmo pela relação com os semelhantes, que, aliás, não faltam em Joyce. Lacan repetiu muitas vezes que o imaginário é o corpo. Lembramos do famoso estádio do espelho no qual se revela que a imagem, a forma do próprio corpo é o primeiro objeto do investimento libidinal, e o primeiro que se presta à identificação, com o pequeno sujeito reconhecendo-se aí pela primeira vez. Todavia, não a última, dado que o falante permanece "enfatuado" de sua imagem, segundo a expressão de Lacan. Para cada um, ela é a expressão de seu ego. São testemunhos disso os afetos muito violentos que acompanham os ataques a essa forma, sejam eles originais ou acidentais, assim como o mal-estar que geram

---

[3] *Idem*, p. 148.

as malformações no semelhante. De modo mais geral, essa ancoragem corporal do ego explica o motivo de muitas paixões serem qualificadas, por isso, como imaginárias. E quem não sabe que, se pisarmos em seus pés, o falante fica afetado, com raiva, indignado ou prostrado, pouco importa, ele não fica indiferente como se, ao tocar seu corpo, é nele mesmo que se está tocando. E, com efeito, é seu corpo que ele engaja nas paixões mais comuns, nas conquistas do amor, nas competições da ambição, assim como nas lutas do ódio. Isso não significa que os afetos venham do corpo, eles vêm, antes, do inconsciente linguagem incorporado, mas não existem sem o corpo.

Ora, Lacan valorizou um fenômeno que Joyce testemunhou, com relação a Stephen, um fenômeno muito tênue aparentemente, que ele considera como muito raro, mas que não é secundário aos olhos daquilo que a experiência analítica proporciona. Trata-se do episódio da surra recebida pelo personagem de *O retrato do artista quando jovem*. Aqui é inútil convocar as considerações da crítica literária padrão sobre a distinção entre o autor e seu personagem, pois de onde teria o autor tirado esse fenômeno, senão dele mesmo, a partir do momento em que ele não é nada comum e que ele não é imaginado, justamente. O relato nos diz que o menino, que foi espancado por seus companheiros por não ter cedido sobre uma controvérsia literária, percebeu, após o episódio, que sua raiva se esvaía em vez de ferver como teria sido normal para qualquer um que amasse seu corpo como a si mesmo. É que, diz Lacan "a ideia de si como um corpo tem um peso. É precisamente o que chamamos de ego"[4]. Assim, "*deixar cair* a relação com o corpo próprio é totalmente suspeita para um analista"[5].

---

[4] *Idem*, p. 146.
[5] *Idem, ibidem*.

Na relação com o corpo, a norma é que há algo "que se afeta, que reage, que não é destacado"[6]. Destacado de que, senão do sujeito afetado? Joyce, ao contrário, observa "alguma coisa que se destaca como uma casca"[7]. É preciso ser Lacan, sem dúvida, para extrair esse traço, o qual, decerto é muito afirmado, mas tão discretamente que só se limita a algumas linhas. Todavia, uma vez identificado esse traço, muitas outras indicações vêm confirmar o que ele designa como um "lapso do nó", ou seja, um imaginário desenodado do real e do simbólico:

1. Nó do imaginário desenodado

O próprio Joyce, aliás, foi explícito quanto à deficiência mais geral nele do registro passional, daquilo que Kant chamaria de registro do patológico, e ele se surpreendia com isso. Ao evocar a ausência de vindicta depois do episódio, ele acrescenta, cito:

> Perguntava a si mesmo por que agora não continuava com ódio, agora, desses que o haviam atormentado. Não havia esquecido nenhum detalhe sequer da covardia e crueldade

---

[6] *Idem, ibidem.*
[7] *Idem, ibidem.*

deles, mas recordar isso não lhe causava mais nenhuma raiva. Todas as descrições de amor feroz e de ódio que tinha encontrado nos livros, pareciam-lhe doravante inventadas. Mesmo aquela noite em que voltara para casa cambaleando pela estrada Jone's, tinha sentido que certa força o houvera despojado dessa súbita onda de raiva tão facilmente como um fruto é despojado de sua mole casca madura.[8]

Esse mesmo traço de evanescência da vindicta narcísica, indício de uma certa particularidade da relação com o corpo próprio como núcleo do ego, ainda pode ser encontrada quando ele faz o relato, não de uma derrota, mas de um sucesso no teatro. Ele, que notou com relação a Stephen "o quanto era diferente dos outros", ele, que testemunhou que no momento de entrar em cena para uma representação teatral: "Era como se outra natureza lhe tivesse sido emprestada [...] Por um momento raro, sentiu-se como que revestido pelo traje real da infância"[9]. Pois bem, ele mesmo atesta no instante seguinte: "Uma força semelhante à que muitas vezes fizera a raiva ou o ressentimento cair dele, acabou dando sossego aos seus passos"[10].

A evanescência de sua raiva no momento da surra dada por seus camaradas, assim como a inconsistência de sua vaidade na ocasião de seu sucesso teatral, pode talvez ser relacionada com uma outra afirmação muito insistente: a indiferença em relação a seus semelhantes. Com efeito, o narcisismo do ego, que é princípio de muitas lutas, todavia caminha junto com seu contrário, a possível empatia imaginária pelos semelhantes.

---

[8] JOYCE, J. *Retrato do artista quando jovem*. Rio de Janeiro: Ediouro, 1987, p. 64-66.
[9] *Idem*, p. 66.
[10] *Idem*, p. 67.

Ao contrário, para Stephen, Joyce testemunha um desapego estranho: um "egoísmo não desenraizável que ele qualificaria depois como redentor" e que chega ao "ódio contra os que o cercam". Ele mesmo acentua a raridade disso, dizendo que seu personagem está separado por um "abismo"[11] dos próprios membros da família.

> Vida alguma, e nem mesmo mocidade tumultuava dentro dele como tumultuara dentro deles. Nem havia conhecido o prazer da camaradagem com outros nem o vigor duma saúde masculina rude; nem mesmo amor filial. Nada tumultuava dentro de sua alma a não ser uma cobiça fria, cruel e sem amor.[12]

Não é de surpreender que, no momento da grande partida, ele atribua a sua mãe a seguinte interpretação: ela "está rogando agora, diz ela, para que eu possa aprender na minha vida própria, e fora do lar e dos amigos, o que o coração é e o que ele sente. Amém. Assim seja"[13].

Essa ironia feroz nos fala de um ser fechado para a piedade, que, no entanto, é a primeira das paixões imaginárias, tanto quanto para a simpatia ou a compaixão, um ser que ignora assim o contágio dos afetos de grupo. Não seria esse o retrato de um espírito estranho a qualquer participação imaginária a seus semelhantes, cujo espírito "brilhava glacialmente sobre as disputas, venturas e saudades deles como uma lua sobre uma terra mais jovem"[14].

Um espírito ao abrigo das paixões especulares, e que, no total, faz cair sobre o mundo um olhar que classificaria como...

---

[11] *Idem*, p. 73.
[12] *Idem, ibidem*.
[13] *Idem*, p. 175.
[14] *Idem*, p. 73.

de entomologista. Confirmação indireta: ele anota com cuidado como uma coisa rara que, em duas ocasiões, Stephen esteve sensível a um fato banalmente humano. Uma vez, ele teve a satisfação de sentir uma pontinha de piedade de seu amigo, e, em outra circunstância, depois de sua famosa conferência, sobre uma proposta de um amigo, ele percebeu em si mesmo um leve afeto de esperança, tão excepcional a seus olhos, que foi anotado com cuidado.

Ter um corpo

Esse lapso do nó, se assim admitirmos, impõe um questionamento sobre Joyce no que geralmente chamamos de narcisismo, esse amor por si tão suscetível e com uma afirmação muitas vezes combatente. É claro que ele não falta a Joyce. Não teria ele evocado uma orgulhosa e "impassível" certeza que sempre o "fizera considerar-se um ser à parte em todas as ordens", a vislumbrar "os atos e pensamentos de seu microcosmos como convergentes para sua pessoa", a fazer-se o "anunciador" de uma arte onde hospedar, sem dúvida, a virulência das pulsões que a frieza de seu espírito não excluía? Como, então, isso que se destacou – incrédulo, além do mais, como eu disse –, isso que não consente ao Outro, como não estaria ele inclinado a manejar a morgue e a ironia, a medir com desprezo tudo o que se deixa conduzir pelas paixões comuns, tudo o que se curva aos semblantes da família, da religião, da política e do próprio casal? Restavam, portanto, "silêncio, exílio e sutileza"[15]. O contrário do militante sem dúvida, mas não o contrário do... "narcisismo", ou seja, de um narcisismo que não constitui uma causa a não ser de si mesmo, como me expressei. Nesse sentido, Lacan tem razão, Joyce não era

---

[15] *Idem*, p. 170.

um santo, ele tem muito *orgulharte* [*art-gueil*] de sua arte[16]. A partir daí, deve-se questionar sua arte, como Lacan faz em sua segunda conferência e, se for preciso, cito "sustentar que o homem tenha um corpo, ou seja, que ele fala com seu corpo"[17], perguntar se Joyce faz sua arte falar com seu corpo ou não.

"UOM tem um corpo"[18]. Ele tem, ele não é um corpo. Mas o que é ter um corpo? Lacan pôde dizer que alguns falantes não têm um corpo. Este é seu novo diagnóstico daquilo que ele chamou de "doença da mentalidade". Compreende-se que a expressão não deve ser tomada no sentido do realismo simplista, em que o corpo é a imagem, a forma do organismo, aquela que pode ser fotografada. Com relação a Joyce, temos fotos: ele não era nem um fantasma, nem um puro de espírito. O homem ter um corpo quer dizer que ele pode utilizá-lo, "poder fazer algo com ele"[19], mas, do mesmo modo, suspender esse poder. Quando ele o usa como um instrumento de que dispõe, é com ele que poderá fazer um escabelo e, por exemplo, promover seu nome nos jogos olímpicos... do corpo, a não ser que, outra configuração possível, ele faça "cuidar" desse corpo, que ele obrigue "todos os outros a pagarem o dízimo"[20], tal como os frades mendicantes e... alguns outros, principalmente do lado das mulheres e do uso erótico. Diremos, portanto, que é sem corpo aquele que nada faz com seu corpo, ou seja, que não o investe nas empreitadas das sublimações narcisistas. De forma inversa, aquele que o investe, investirá aí mais que a imagem, o real de seu sintoma de gozo como "acontecimento de corpo", que nada deve à verdade da palavra e

---

[16] AUBERT, J. (dir.). *Joyce avec Lacan*. Paris: Navarin, 1987, p. 33.
[17] *Idem*, p. 32.
[18] *Idem, ibidem*.
[19] *Idem, ibidem*.
[20] *Idem*, p. 33.

que mostra, às vezes, até mesmo sua "antinomia com qualquer verossimilhança"[21], para esse ser "falasser", feito de palavras, mas que *tem* seu corpo.

Segundo Lacan, Joyce fez de seu corpo algo "muito barato"[22]. Outra expressão para colocar na conta de um deixar cair do corpo próprio. Ao contrário, quando o vendemos caro, quando não o liquidamos, são múltiplos seus usos no laço social, de manutenção, de erotismo e de promoção, os quais, todos, confirmam o quanto a imagem libidinalizada do corpo é constituinte do ego. Esse corpo, portanto, não se reduz à imagem especular, nem sequer ao saco que ele é, pois é um saco com furos libidinalizados pela operação do simbólico, desde que imaginário e simbólico sejam enodados – zonas erógenas, como se diz. Mas, consequentemente, esse corpo que ele tem, e insisto nesse ponto, o falasser deve também o atribuir a si mesmo. O termo evoca, por meio de um jogo, ao mesmo tempo o *a* e o tributo. O tributo – que também se chama castração – que deve ser pago para se apropriar de seu corpo próprio, a fim de poder usá-lo como um instrumento no laço social. Pois bem, Joyce, antes, suspendeu esse poder, deixou-o de lado.

Para esclarecer sua singularidade, Lacan deu-se o trabalho de redefinir dois outros usos possíveis do corpo, esses usos eróticos que são os sintomas mulher e o sintoma histérico no nível do par sexual. Dois tipos de "acontecimentos de corpo" distintos. Compreende-se o que requer essa referência à mulher. Lacan postulou no início o efeito de empuxo-à-mulher produzido pela foraclusão que o caso Schreber de Freud

---

[21] LACAN, J. (1976). "Prefácio à edição inglesa do *Seminário 11*". In: *Outros escritos*. Rio de Janeiro: Zahar, 2003, p. 569.
[22] AUBERT, Jacques (org.). *Joyce avec Lacan*. Paris: Navarin, 1987, p. 33.

ilustrava perfeitamente. Depois de se perguntar se Joyce tomou a si mesmo por redentor, ele também pode questionar uma eventual feminização de Joyce. Um corpo pode, com efeito, ser sintoma de um outro corpo, ou seja, acontecimento de gozo para esse outro corpo e, no nível sexual, é o caso de *uma* mulher, segundo Lacan. Acrescento, uma mulher que não deve ser entendida apenas segundo a anatomia, mas uma mulher que tem, digamos, o sintoma mulher, isto é, que, na relação entre os sexos, se presta a *ser* sintoma, corpo sintoma, acontecimento de gozo para um outro corpo. Ela é sintoma e isso não diz sobre os outros sintomas que ela tem. Não é o caso de uma ou de um histérico, pois a histeria, ao contrário, faz "a greve do corpo", ela delega a função sintoma de gozo a um corpo diferente do seu, donde o trio em que a histeria se situa como terceiro, terceiro que não coloca seu corpo ali, mas que se interessa por aquilo que ocorre de gozo entre um corpo e o corpo de seu parceiro sintoma. Deixo de lado os exemplos clínicos, que não faltariam.

Joyce não é histérico, nem mulher, pois ele não utiliza seu corpo, nem para oferecê-lo, nem para fazer-se desejar subtraindo-o. Ele queria outra coisa. Ele "nada queria ter, exceto o escabelo do dizer magistral"[23], diz Lacan, e ele só tem em comum com *uma* mulher, então, o fato de "se consumar enquanto sintoma"[24]. Consumar-se: o termo conota a aplicação, e até mesmo o esforço; *consumar-se* já é mais que *ser* sintoma, consiste em querer sê-lo, mas não se trata de sintoma empuxo-à-mulher. Joyce não oferece seu corpo, não é com ele que ele faz um *sinthoma*-escabelo para si. Tampouco, aliás, com outro corpo, pois essa não foi a função de sua Nora.

[23] *Idem, ibidem.*
[24] *Idem*, p. 35.

Não foi utilizando seu corpo que Joyce tratou o lapso do nó. Pode-se discernir alguns outros sinais discretos desse afastamento. Por exemplo, sua descrição de Stephen no *Retrato*. Ela é chocante com relação a esse ponto — Stanislaus, aliás, ressaltou isso —, pois ela inventa um ser débil, introvertido, muitas vezes entorpecido, rebelde às brutalidades entre meninos, que evita as batalhas de corpo a corpo entre os garotos — no entanto, o jovem James aparentemente não foi assim. Pode-se, sem dúvida, pensar que a imagem romântica do artista impelia nesse sentido, mas esse *topos* não explica completamente o contraste com aquele que a família havia apelidado de *sunny James* por causa de sua alegria, e cuja resistência física e vitalidade infalíveis surpreenderam muitas testemunhas, além de seu irmão. Seria igualmente necessário, creio eu, incluir no dossiê sua forma bem real de tratar seu corpo — insônia, alcoolismo, intermináveis perambulações, incúrias diversas — que vários episódios de sua vida atestam, relatados por seu irmão ou por seu biógrafo, principalmente durante sua primeira estadia em Paris, antes de Nora, onde, tendo se recusado a recorrer ao trabalho possível, ele levou a indigência, a fome, o frio, ao extremo. Tantos sinais que confirmam que ele não é... somatologia, se ele é sintomatologia. É sem colocar o corpo ali que ele revela, que ele ilustra, em todos os sentidos do termo, a própria função do sintoma.

Sem o inconsciente

Joyce também reconduz nossa atenção à solidariedade entre corpo e linguagem, entre imaginário e simbólico, dado que é este último que faz o corpo "se incorporar nele"[25]. Daí a noção

---

[25] LACAN, J. (1970). "Radiofonia". In: *Outros escritos*. Rio de Janeiro: Zahar, 2003, p. 406.

de "corpo civilizado" que utilizei algumas vezes. Para Joyce, seu corpo sem uso de escabelo caminha junto com as particularidades de sua relação com a coisa da linguagem. Já evoquei sua sensibilidade à heteronímia do simbólico e sua recusa ao discurso do Outro, mas há mais: o caráter "insólito", o termo é dele, da relação com *lalíngua* que ele atribui ao jovem Stephen. Seu gosto pelas palavras, pelos ritmos, pela palpação da matéria linguística, testemunham o fato de que *lalíngua* é, de entrada, abordada por ele como um objeto. Um objeto separado do dizer, separado das funções de comunicação, e que afeta, independentemente daquilo que o discurso transmite em matéria de significação, ao passo que, geralmente, ao contrário, o discurso faz esquecer ou se interpõe a esse veículo que é *lalíngua*. O número de passagens que Joyce dedica a esse objeto é, em si mesmo, indicativo. Essa hipertrofia da coisa verbal, essa exclusividade reservada à *lalíngua* deve evidentemente ser relacionada com a falha da identificação narcísica pelo corpo próprio, a qual, em caso geral, preside ao que se chama de senso comum.

Com relação a isso, a singularidade de Joyce é patente. A linguagem elaborada pelo discurso suplanta, na maior parte das vezes, *lalíngua materna*; ela a recobre com sua sintaxe e suas significações. Além disso, o ato de aprendê-la é "desmaternização", pois "se aprende a ler ao se alfabestizar"[26]. A partir daí, todos são cativos do discurso que faz esquecer *lalíngua*, no entanto, constituinte do inconsciente real em que a coisa verbal se goza fora do sentido. Em Joyce, ao contrário, *lalíngua* é desnudada na medida de sua rejeição do discurso, salvo o

---

[26] LACAN, J. (1964-65). *O seminário, livro 11: Os quatro conceitos fundamentais da psicanálise*. Rio de Janeiro: Zahar, 1985, p. 264. [Nota do tradutor: no original, *s'alphabêtisant*, equívoco entre o verbo *alphabétiser* (alfabetizar) e o substantivo *bête* (besta, tolo).]

fato de que, como veremos, não é *sua lalíngua,* aquela que seria constitutiva de seu inconsciente e de seu sintoma fundamental.

Eis um sujeito, Stephen Dedalus, o personagem de *Stephen herói*, e de *Retrato do artista quando jovem*, cativado pelas palavras, que constituem um *thesaurus*, seu "tesouro" — tesouro é o termo que Lacan utiliza para designar o lugar do Outro —, que faz "provisão de palavras", que pretende "entregá-las de uma vez por todas" e que, sobretudo, lê os dicionários. Essas obras, que justamente não são feitas para serem lidas porque nada dizem, fazem o jovem se deleitar, ocupado com o recenseamento das interconexões, das derivações, das difrações infinitas do sentido que destroem o sentido. Ele se torna, assim, esse "poeta com premeditação" que quer "explorar a linguagem por sua própria conta"[27].

A essa estranha pretensão em ser o agente de sua própria linguagem, mais do que recebê-la do Outro, acrescenta-se outra. Sendo o jovem Stephen apresentado como um sujeito... à escuta, "hipnotizado pela mais banal das conversas"[28]. À escuta não das vozes alucinadas, mas das vozes da realidade que, todas, próximas ou longínquas, insignificantes ou convencidas, soam em seus ouvidos separadas de seu sentido, prestando-se a significar inefavelmente. Pois esse murmúrio, quase não captado, se epifaniza.[29]. Então, a banalidade, repentinamente tornada admirável, se metamorfoseia, "salvando" as palavras que pediam para "ser interpretadas"! Não é muito singular esse clamor das palavras, palavras bastante vivas para suspirar depois do intérprete?

Assim, suas paixões, tal como seu interesse, dirigem-se às palavras mais do que às pessoas. Esse fenômeno faz contrapeso

---

[27] JOYCE, J. *Stephen herói*. São Paulo: Hedra, 2012.
[28] *Idem*.
[29] Ver o capítulo "Retorno sobre as epifanias".

à carência das paixões imaginárias que evoquei mais acima. Nada pode afetá-lo com mais violência do que o uso da linguagem. "Desprezo devorador", "cólera desmedida", raiva, entusiasmo, amor, toda essa efervescência passional se dirige curiosamente não a seus semelhantes, mas ao modo como eles tratam a coisa verbal. Consequentemente, o uso impróprio de um termo, um emprego aproximado, uma ignorância, valem como erro capital. A "desenvoltura" quanto ao valor das palavras é, a seus olhos, uma verdadeira "degradação da vida". Podemos, sem dúvida, nos perguntar o que era imposto a ele nessa relação singular com a palavra. Por conseguinte, é difícil avaliar que é na escrita que, para ele, "a fala se decompõe ao se impor como tal"[30]. Aquele que escrutina a linguagem, "não palavra por palavra, mas letra por letra", que repete a si mesmo as expressões até que elas percam sua significação e se transformem para ele em "palavras admiráveis", este não é o mártir de uma desordem provocada "na junção mais íntima do sentimento"[31]; nem na junção mais íntima da vida, como Lacan diz para a psicose, mas na junção do "assentimento" que todo significante provoca uma vez percebido, o que lhe confere seu poder de sugestão. Joyce cita, aliás, nas páginas evocadas, a *Gramática do assentimento*, de Newman[32]. Mas, com essa recusa do assentimento, não encontraríamos novamente "a insondável decisão do ser"?

Com o título "sem inconsciente" quase estou forçando a tese de Lacan sobre Joyce que diz que ele está "desabonado

---

[30] LACAN, J. (1975-76). *O seminário, livro 23: O sinthoma*. Rio de Janeiro: Jorge Zahar Ed., 2007, p. 93.
[31] LACAN, J. (1958). "De uma questão preliminar a todo tratamento possível da psicose". In: *Escritos*. Rio de Janeiro: Zahar, 1998, p. 565.
[32] NEWMAN, J. H. *Ensaio a favor de uma Gramática do assentimento*. Lisboa: Assírio & Alvim, 2005.

[*désabonné*] do inconsciente"[33]. Estranho para esse associado [*abonné*] a pulverulência dos equívocos de *lalíngua* que o inconsciente produz. Mas em Joyce, esse especialista da letra pura, fora de sentido, seria preciso falar mais do emaranhamento das línguas com as quais ele brinca para desfazer a linguagem comum, e fazer dela *sua* linguagem. Para nós, é a ocasião de definir o estatuto do inconsciente.

O inconsciente, de qualquer forma que o definamos, se ele tem a estrutura de linguagem já que ele se decifra, é o que se lê, e até mesmo se supõe que o analisante possa aprender a ler, diz Lacan. Mas o que deve ser lido? Na psicanálise, aprendemos primeiro com Freud. A interpretação freudiana ensinou os analistas a ler na fala analisante "o que ela diz": o sentido, o sentido do desejo. Desse desejo, que Freud diz ser inconsciente e indestrutível, e que, segundo ele, é o significado único e constante das produções do inconsciente. Lê-se o desejo, mas não sem decifrar, na fala, palavra por palavra, as palavras do gozo pulsional. Lacan começou seguindo Freud com relação a esse inconsciente-sujeito antes de ir além. Primeiro, ele formulou que o inconsciente é estruturado como uma linguagem, ou seja, como uma cadeia significante que significa o desejo, decerto, mas mais que a falta do desejo... pois esses signos cifram... o gozo. Um passo além o levou a reconhecer em *lalíngua* o lugar, o sítio, do saber inconsciente, saber falado e que se goza. É diferente de significar o desejo. O inconsciente linguagem é mais *materialidade* do que cadeia significante. Sob essa luz, não sabemos dizer se, para o psicanalista, Joyce é mais um aliado do que um *alien*. Com efeito, ele só conhece a *materialidade* aparentemente, ao menos em *Finnegans Wake*. Dever-se-ia dizer, então, que ele subscreve

---

[33] AUBERT, J. (dir.). *Joyce avec Lacan*. Paris: Navarin, 1987, p. 26.

[*abonné*] *lalíngua*? Não, pois não se trata de *lalíngua*, nem a sua nem a nossa, são línguas nas quais, por meio da escrita, ele faz reluzir os equívocos, até o *ab-sens*. Não interpretável como sentido e até mesmo ilegível, então? É, antes, "não para ler", se acreditarmos em Lacan, que formula que o escrito não é para ser lido, ou, em outras palavras, não ser interpretado, e ele diz isso de seus próprios *Escritos*. Por que esse "não para ler", senão pelo fato de que as letras da escrita carregam não o sentido, mas o gozo? Elas são reais, portanto. Sobre esse "não para ler", Laca, eu cito, acrescenta: isso foi "estabelecido bem antes de meus achados, pois que depois de tudo o escrito como não a ler, é Joyce que o introduz, eu faria melhor em dizer: o intraduz, pois, ao fazer da palavra "tráfico [*traite*] para além das línguas, ele só se traduz a penas, por ser por toda parte igualmente não a ler"[34].

Feliz achado, esse "tráfico" das palavras, como se diz "tráfico negreiro", tráfico de uma língua para outra. Ele indica que *lalíngua* desnudada pelo jovem Stephen como me expressei, essa língua por meio da qual ele se desembaraçava das evidências odiosas da linguagem comum — não, todavia, sem a ajuda do enorme *corpus* de literatura que ele assimilou com paixão durante os seus primeiros anos —, essa língua desnudada também não era *a sua* no sentido de *seu* inconsciente. O inconsciente é feito de *lalíngua* materna, a que foi o banho de origem de todo recém-nascido. Mas essa língua materna já é, em si, uma retirada, se posso dizer, uma retirada operada na língua no sentido do idioma, pois cada mãe fala a *sua* língua, com suas palavras, aquelas que se encarnaram, que têm para ela, pois,

---

[34] LACAN, J. (1964-65). *O seminário, livro 11: Os quatro conceitos fundamentais da psicanálise*. Rio de Janeiro: Jorge Zahar Ed., 1985, p. 264. [Nota do tradutor: na edição da Zahar, *traite* foi traduzido por "treta"; preferimos aqui o termo "tráfico" e, por isso, substituímos na citação.]

um alcance de sentido, mas também um peso de gozo que lhes são próprios. Desse conjunto, a criança só receberá aquilo que ela própria tiver incorporado de sentido e de gozo. Uma língua é a integralidade de seus equívocos, como estava recordando, mas um inconsciente é apenas a soma das letras de gozo próprias a um falasser, ou seja, aquelas que se encarnaram para ele. O inconsciente-linguagem é, no fim das contas, letra gozada. Portanto, não é exagero dizer que cada um tem *sua lalíngua*, que é apenas outro nome de *seu* inconsciente: é aquela que marca seu corpo, que inscreve nele suas pulsões e a letra de seu sintoma fundamental. Nesse ponto, Joyce difere de qualquer outro por uma língua além das línguas, cujas letras são, para ele, manifestamente objeto de gozo, sente-se esse gozo da letra, mas esse corpo de letras gozadas, que ele fabrica com uma multiplicidade de línguas, corpos sempre em expansão, não é *lalíngua* incorporada. Por isso a extraordinária liberdade dos equívocos, dos *puns* [trocadilhos] muito singulares de Joyce, jogando com o corpo de uma *lalíngua* bem pouco carnal. A evidenciação dessa *materialidade* gozante do verbo revela, portanto, a própria essência do sintoma, mas ao preço de uma denúncia de todas as línguas concretas, particulares, a de sua família, assim como a de sua dita raça e também a dos invasores do Império britânico. "Ele é o sintoma puro do que acontece com a relação com a linguagem"[35], mas com a linguagem em geral. Assim, não é apenas do inconsciente produtor de sentido que Joyce é desabonado: ele também o é da ancoragem na *lalíngua* materna que constitui o núcleo habitual do sintoma, na medida em que o sintoma faz "ex-sistir o inconsciente" fora do simbólico, no real, diz Lacan em *R.S.I.*

---

[35] AUBERT, J. (dir.). *Joyce avec Lacan*. Paris: Navarin, 1987, p. 27.

Sem mulher

Arrisco essa fórmula muito paradoxal, sem mulher. Como dizer isso de um homem para quem Nora, a única, foi tão manifestamente essencial, para não dizer vital? Ele, decerto, não disse isso, o que deixa o "fato" em suspenso. Há várias cartas de amor, mas elas dizem outra coisa: que esse sem corpo não era, todavia, privado do gozo dito perverso, aquele que é colocado em forma de pulsões parciais, como Freud percebeu desde o início, donde a noção de perversão generalizada do gozo. Por outro lado, ele não disse que Nora tenha sido crucial para ele, mas demonstrou isso por todo o seu comportamento, e no fim, por um gesto, quando finalmente ele se casa com ela, desmentindo o programa que lhe havia proposto e que afirmava que ele jamais se casaria com ela. Diremos que dificilmente se trata de um ato, pois, com o passar dos anos, a idade, o sucesso, a razão... deixo isso de lado.

Não há dúvida, contudo, de que Nora era para ele uma mulher eleita, única, apesar de duas ou três veleidades sem importância. Lacan diz: "Para Joyce, só há uma mulher"[36]. Com efeito, e é algo mais raro, e é mais do que monogamia, e quando é ela que quer deixá-lo, é ele que a encontra e a traz de volta. Ele, então, a adquiriu, tudo indica, absolutamente, mas com que finalidade? Por fim, por meio de um acordo obscuro — diria, de inconsciente com inconsciente? —, ela nunca passou para os objetos perdidos. No entanto, há muitas formas de ser apegado a um ser, e não é no nível da realidade observável que a questão pode ser decidida. Uma mulher e filhos, o que é mais adequado? Isso nada diz, contudo, nem da heterossexualidade, nem da posição-pai efetiva de Joyce,

---

[36] LACAN, J. *O seminário, livro 23: O sinthoma*. Rio de Janeiro: Jorge Zahar Ed., 2007, p. 81.

esse não tolo estrangeiro a qualquer solução edípica. O fato de que ele *seja* sintoma deixa aberta a questão de saber qual sintoma ele *tem* como complemento de corpo, e qual é sua própria posição sexuada.

Lacan questionou isso no momento preciso de seu ensino em que sua concepção dos fundamentos da identidade sexual não era mais aquilo que ela havia sido no início, com seu retorno a Freud e ao Édipo freudiano. Poderemos medir a importância da reviravolta doutrinal que ele operou, se ressalto de entrada que ele deixou de pensar, o que ele sustentou durante anos e até "O aturdito", em 1972, a saber, que a identificação com o sexo anatômico dependia da função do pai e do par da metáfora. Esse tema causa sem dúvida polêmica entre os leitores de Lacan, e ele conduzia evidentemente, por conseguinte, uma tese sobre a sexuação do sujeito psicótico.

A a-norma(cho)lidade *[L'a-normâlité]*

O Édipo freudiano supostamente, segundo o próprio Freud, garantia a transmissão da grande Lei da proibição do incesto, a partir da qual ele produzia seus efeitos no nível das identificações sexuais, seja do tornar-se homem ou mulher da criança segundo seu sexo anatômico, nas vias da normalidade heterossexual, condicionando a reprodução. O pai edípico tinha, portanto, uma função de normatividade ao mesmo tempo social e sexuante. A metáfora paterna pela qual Lacan reescrevia o Édipo em uma versão linguística que marcava sua determinação por meio do simbólico nada mudava nessa função sexuante, e existem inúmeros textos que indicam isso sem nenhuma dúvida possível[37]. Consequentemente, na psicose, a foraclusão do Nome do Pai só podia se traduzir sexualmente

---

[37] Ver minha conclusão.

por uma carência de virilidade, e é isso o que Lacan ilustrou com o Schreber de Freud. É que, com a metáfora, a alternativa homem/mulher se formulava como alternativa fálica, seja o ter, seja o ser, e Schreber, na falta de ver atribuído para si o falo por meio da metáfora, estava condenado a sê-lo, sob forma do empuxo-à-mulher. E eis porque sua filha é muda.

Lacan, contudo, recusou suas próprias proposições — e categoricamente —, a começar pela função sexuante da metáfora. Ressalta-se muitas vezes que ele passou para o plural, os Nomes do Pai, e em seguida ao pai do Nome. Mas não são tanto essas fórmulas que recusam a metáfora, quanto uma outra, que abala até as estruturas, "não há relação [*rapport*] sexual"[38]. Mas como há, ainda assim, relações [*relations*] entre os sexos — e também no interior de cada um deles —, seria preciso dizer justamente como elas se instauram. A tese final de Lacan sobre esse ponto é a de que elas se constroem pelo viés do inconsciente, assim como os sintomas. É por isso que ele acaba dizendo que uma mulher, para um homem, é sintoma. Só que um sintoma é sempre singular, no um por um, e sintomas que fazem suplência à ausência de relação [*rapport*], capazes de fazer relação [*relation*] com um parceiro, homem ou mulher, pode haver muitos.

Essa tese de uma suplência sintoma à foraclusão da relação [*rapport*] sexual foi estabelecida por Lacan contra ele mesmo, contra sua metáfora que fazia do homem-pai o agente do discurso sexual na relação com seu outro, sua mulher-mãe, digamos, o mestre da boa ordem, senão da casa, ao menos... da cama. E contra seus próprios comentários acerca de Hans no seminário 4, *A relação de objeto*, ao passo que ele buscava

---

[38] LACAN, J. (1970). "Radiofonia". In: *Outros escritos*. Rio de Janeiro: Zahar, 2003, p. 411.

o que motivava a fobia de Hans, ele formulava cruamente que aquilo que faltou a Hans foi um pai que "foda a mãe". E por que não uma mãe que se deixasse foder? — isto estaria mais de acordo com o que se sabe da família e que ele sabia também. Essa desunião sexual dos pais de Hans é o que ele chama simplesmente, em "A instância da letra no inconsciente", de as "carências de seu círculo simbólico" no momento em que se atualiza para ele o enigma de "seu sexo e sua existência"[39]. Isso dizia categoricamente que o simbólico da metáfora ordenava o sexual. E não ouvimos dizer ainda que o pai no café da manhã evocado por Winnicott é bom porque isso leva a pensar que, durante a noite, ele estava no quarto da mãe. Lacan, por sua vez, reconsiderou. Vê-se com isso, e cito Lacan para me autorizar dele, que "o analista está tão exposto quanto qualquer outro a um preconceito relativo ao sexo, a despeito do que lhe revela o inconsciente"[40]. Em todo caso, é certo que os apelos aos corajosos que acabo de evocar estão em contradições patentes com tudo o que se segue, ao mesmo tempo teórica e praticamente, com a não relação sexual — e, além disso, com tudo aquilo que se observa nas evoluções atuais como efeito do capitalismo.

O que acontece, então, com Joyce? Não é de surpreender que Lacan tenha se perguntado se ele se considerava uma mulher, depois de ter se perguntado se ele havia se tomado pelo redentor. São perguntas que procuram situar as repercussões da "foraclusão de fato" que ele diagnosticou e que duplica a da relação sexual. Lacan concluiu pela negativa, depois de ter lembrado, para diferenciar, que uma mulher "é sintoma

---

[39] LACAN, J. (1957). "A instância da letra no inconsciente ou a razão desde Freud". In: *Escritos*. Rio e Janeiro: Zahar, 1998, p. 423.
[40] LACAN, J. (1958). "Para um Congresso sobre a sexualidade feminina". In. *Escritos*: Rio de Janeiro: Zahar, 1998, p. 740.

de um outro corpo". Ele, por sua vez, não é sintoma de um outro corpo, ele é sintoma simplesmente, e até mesmo sintomatologia, e se consuma como sintoma. Mas, para fazer isso, não bastou para ele gozar de escrever, foi preciso publicar. Ao fazer isso, ele se ofereceu como pasto, tal como uma mulher, mas, com uma diferença, ele se ofereceu ao vasto corpo sem pele da multiplicidade de seus leitores, os chamados joycianos, que fizeram dele o artista que ele queria ser. Além disso, o que ele ofereceu não foi seu corpo de carne, mas seu corpo de palavras — e de boas palavras —, o que ele chamou de *book of himself*. Desse modo, que podia ele fazer de uma mulher?

A mulher que não servia para nada

Como situar a força indubitável de sua relação com Nora? O paradoxo desse "sem mulher" que empreguei se resolve apenas se precisarmos o que é, segundo Lacan, para um homem, ter uma mulher que ele possa chamar de sua. Isso é o que revela a experiência analítica, pois Freud descreveu diversos tipos de escolha de objeto — e não uma só —, ao passo que Lacan, por sua vez, propôs que, na falta da existência de alguma relação sexual, a escolha de parceiro sexuado — e especificamente de uma mulher para um homem —, obedece a condições que lhe são próprias — condições que, em todo caso, são função de seu inconsciente. Ele definiu o parceiro-padrão do homem que procede do sintoma da pai-versão: *uma* mulher que ele considera sua — embora isso não exclua que haja outras ou que isso também não suponha o casamento — e que ele adquiriu para fazer-lhe filhos. Com Nora certamente foi diferente, assim como com o próprio Joyce é diferente.

Conhecemos, desde Freud, a relação narcísica com o parceiro. Nada semelhante com Nora. E, além disso, as pessoas mais chegadas a Joyce ficaram muito surpresas com essa escolha disparatada de uma mulher visivelmente inculta, para um homem como ele. Ela não foi conquistada por suas afinidades intelectuais. Ela também não é uma mãe segundo o esquema freudiano. Ela nunca cuidou de seu corpo, de seu conforto corporal, de suas refeições (em plena miséria, eles vão todos os dias ao restaurante) etc. Não se trata nem da escolha narcísica, nem da escolha por apoio. Poderíamos então supor que primaram tais benefícios eróticos? Aparentemente não. É até mesmo a hipótese muito afirmada de Lacan: "ele só a enluva", diz ele, "com a maior das repugnâncias"[41]. Repugnância... o termo é forte. Decerto, existem as cartas eróticas a Nora. Mas, justamente, as cartas eróticas não implicam o corpo a corpo, ao contrário da separação dos corpos — é justamente isso que deixa o campo livre à fantasia e à letra. O erotismo escatológico e masturbatório é evidente aí, ao passo que o lugar de Nora não é particularmente legível. Parece, aliás, segundo confidências de uns e outros que, depois dessas cartas ardentes, quando Joyce chegava em casa, tudo mudava. Tampouco foi para lhe fazer filhos que ele a tomou para si, pois, a cada vez, é um grande drama. Sabe-se que Giorgio só foi registrado um ano depois de seu nascimento, James Joyce tendo sido encarregado de fazê-lo. Aliás, ele tinha recebido o nome de um irmão morto... Lacan notou isso, contrariamente ao que acontece no sintoma pai, "os filhos não estavam previstos no programa". Não estavam previstos no programa do sintoma escriturário que, por outro lado, não o ligava em nada a Nora, e tampouco no laço específico que a ligava a ele. E talvez isso não deixe de ter uma obscura relação com seu destino futuro, com a esquizofrenia de Lucia e com o alcoolismo gravíssimo

---

[41] LACAN, J. (1975-76). *O seminário, livro 23: O sinthoma*. Rio de Janeiro: Jorge Zahar Ed., 2007, p. 81.

de Giorgio. Tudo indica que o nascimento deles foi um problema e que Joyce não suportou a mudança produzida em Nora, que se tornara uma mãe. Em uma carta escrita à sua tia, depois do nascimento de Giorgio, o filho mais velho, portanto, em que ele expõe essa mudança na relação deles e do abandono de que ele padece, ele diz: "Ainda assim, não sou um animal doméstico, e suponho ser um artista". Em todo caso, ele se queixa amargamente do nascimento de seus filhos, embora não os tenha abandonado. Ele tratou de promovê-los e de protegê-los. Moveu mundos e fundos para que Giorgio se tornasse um tenor, de acordo com uma tradição de família. Quanto a Lucia, ele a defendeu ferozmente contra os psiquiatras, até o fim, tanto quanto pôde.

E Nora, então? Lacan responde: ela não serve para nada. "Apenas com a maior das depreciações é que ele faz de Nora uma mulher eleita"[42]. O termo depreciação merece uma explicação. Ele parece estar em contradição seja com todas as provas que temos da estima de Joyce por Nora na realidade, seja também com o fato patente de que ele a tenha utilizado durante toda sua vida. Mas "depreciação", quando se trata de uma mulher, não designa, segundo Lacan, uma minoração narcísica das próprias qualidades da pessoa. O termo visa sua função de mulher, em uma época em que Lacan produziu a tese de uma mulher sintoma do homem, entendam aí, corpo implicado no gozo de um outro corpo, como já lembrei. E o que cada um mais aprecia não seria precisamente o sintoma que serve ao gozo pelo qual cada um está mais interessado, realmente, embora às vezes às suas custas, custas egoicas!?

O implícito na afirmação de Lacan, seu postulado, é que apreciar uma mulher consiste em elevá-la ao nível de sintoma,

---

[42] Idem, ibidem.

em outras palavras, fazê-la servir ao gozo. A tese pode parecer deslocada para uma época em que a reivindicação narcísica de reconhecimento e de paridade está em seu auge. Aqui, uma pergunta: homens e mulheres podem estar pareados em relação a muitas coisas, até mesmo a tudo, no que tange à realidade social, mas a paridade tem um sentido no nível erótico? Alguns querem acreditar nisso hoje, e militam nesse sentido, como é sabido, e sempre ao preço da negação do inconsciente. Nesse ponto, curiosamente, Lacan, que sempre esteve tão em sintonia com seu tempo, não o bajula, e mantém que uma mulher sintoma de um homem, está fundado na incomensurabilidade dos sexos em matéria de gozo, não sobre sua paridade.

Joyce, que estava além de todos os preconceitos de seu tempo, soube estimar Nora, sua simplicidade, suas boas qualidades, sua retidão, sua fantasia, sua leveza na vida, mas ele não a fez servir como sintoma de gozo, o que teria sido apreciá-la como... *uma* mulher. Seu próprio sintoma é a sua escrita, e para gozar da letra e fazer dela uma nomeação, ele não passa pelo corpo de Nora. O que não impede que, tanto para ele quanto para cada falante, haja exílio da relação [*rapport*] sexual. Ao comentar, em 13 de janeiro de 1976, o texto *Exilados*[43] (em inglês, *Exiles*), escrito, diz ele, "durante o reinado de Nora", ele afirma, cito: que é "a abordagem daquilo que é sintoma central de Joyce", "o sintoma feito da carência própria da relação sexual"[44]. É verdade que o sintoma se faz da carência sexual, e às vezes é o sintoma da *père-version* [pai-versão]. Mas, para Joyce, o Sintoma, pelo contrário, "é que não há razão alguma para que ele [Joyce] tome uma-mulher-entre-outras como

---

[43] JOYCE, J. (1914). *Exilados*. São Paulo: Iluminuras, 2003.
[44] LACAN, J. (1975-76). *O seminário, livro 23: O sinthoma*. Rio de Janeiro: Jorge Zahar Ed., 2007, p. 68.

sua mulher"[45]. E, de fato, desde o início, de imediato, ele disse a Nora que ela jamais seria sua mulher, no sentido em que ele jamais se casaria com ela, em outras palavras, ele jamais proferiria um implícito "tu és minha mulher". E como, se ele mesmo não se considera como um homem entre outros, poderia ele considerar esta mulher eleita, única, como... a sua — o que seria a solução-padrão do homem edípico?

Prótese egótica

É por isso, aliás, que Lacan pode acrescentar, de modo correlato, que ela lhe "caiu como uma luva". O sintoma, por sua vez, quaisquer que sejam os benefícios de gozo, nunca cai como uma luva, ele se coloca mais de través, sempre incluindo a *diz-mensão* incômoda e irreprimível do inconsciente. E, além disso, o fato de que a valorização de uma mulher como sintoma quase nunca seja propícia à paz dos casais não é mistério para ninguém. Com a expressão "como uma luva" Lacan acentua uma função imaginária, ao passo que sua definição do sintoma como função de gozo acentuava, antes, o enodamento do real e do simbólico.

A luva que encerra e que... aperta. Lacan utilizou muitas vezes a referência à luva que é preciso virar do avesso para que a da mão direita se ajuste à mão esquerda. Referência, aliás, emprestada de Emmanuel Kant. A luva virada tem o interesse de anular, e de revelar também, a assimetria incluída na própria relação especular, que se manifesta pela inversão da direita e da esquerda no espelho, e de onde resulta que, apesar da aparência, a imagem refletida não é idêntica a seu modelo. O ato de virar a luva anula essa diferença (a luva direita serve

---

[45] *Idem, ibidem.*

na esquerda), a menos que a luva tenha um botão, o que Kant negligenciou, pois, então, o botão que estava fora se encontrará dentro da luva virada, e a diferença entre o sujeito e seu objeto especular será restaurada! Não será de surpreender que Lacan aproxime esse botão do clitóris e, portanto, da disparidade fálica.

Ele observa que tudo o que "subsiste da relação sexual é essa geometria que aludimos a propósito da luva. É tudo o que resta à espécie humana como suporte para a relação"[46]. Portanto, não é apenas para Joyce, mas para todos. Esse desenvolvimento tem sua importância, ele completa a tese do sintoma como função da letra, f(x), gozo da letra do inconsciente que o situa entre simbólico e real, e que permite a Lacan afirmar: "Faz-se amor com seu inconsciente". A geometria da luva reintroduz, no que diz respeito ao ato sexual, a consideração do imaginário dos corpos. Mas... geralmente, há o botão.

"A luva virada ao avesso é Nora"[47], mas, se ela lhe cai como uma luva, é porque não há botão, o que significa a anulação da heterogeneidade entre o sujeito e o objeto — sendo a imagem o primeiro objeto —, heterogeneidade que o próprio espelho preservava. A expressão designa uma relação na qual não apenas o *heteros*, o Outro, está ausente, mas na qual a disparidade imaginária em si é superada — sem botão na luva. Estaria eu evocando uma espécie de transitivismo objetal — não recíproco, talvez, não se sabe o que ele era para ela — mas que, evidentemente, criou para Nora grandes obrigações, a partir do momento em que ela consentiu?

Sem dúvida, ela precisou aceitar a vida de boemia que ele a fez levar, a obrigação de suportar sua pessoa, seu alcoolismo,

---

[46] *Idem*, p. 83.
[47] *Idem*, p. 81.

de se curvar a seus caprichos, às suas decisões de se mudar, por exemplo, mas, além disso, e principalmente, a obrigação de olhá-lo de forma exclusiva e de olhá-lo, digamos, com o olho com que ele mesmo se olhava, anulando assim a esquize do olho e do olhar. É o que se percebe na carta que evoquei logo acima, em que ele se queixa, na ocasião do nascimento de Giorgio, do olho que não o vê mais como artista. É o mesmo que dizer que ela também não tinha mais a fala. Não que ela estivesse amordaçada, mas o que ela diz não tem nenhuma importância. Não há nada que se pareça, em Joyce, com um "minha mulher diz que...". É sempre Joyce que diz, por sua... determinação, que não procede daquilo que chamamos de vontade, mas de uma certeza existencial que nada é capaz de dissuadir. Minha hipótese é a de que, entre ele e Nora, se não há tanta objeção fálica que classicamente faz barragem à relação sexual, há o que vou chamar de barragem *egótica* — para fazer equívoco entre seu *ego-sintoma* de suplência e o sentido da palavra *egótico* em francês[48]. É ela que faz objeção para que Joyce institua Nora numa posição que poderia dizer divinizada, de ser Outro da voz, aquela em que se crê. Nora não era o Deus de Joyce. Ao contrário, segundo Lacan, a não relação, que é de estrutura, revelou-se a ele durante o reino de Nora, ao passo que geralmente é velada para cada um pela relação sintomática — tão velada, aliás, que foi necessária toda a elaboração psicanalítica para produzir sua tese, pois ela não se aprende nos livros. É preciso ser o *egótico* Joyce para que o reino da adorada, em vez de cobrir pelo menos por um tempo a não relação — como é o caso em geral —, a desvele. Mas "ele

---

[48] Nota do tradutor: em francês, a palavra égotique deriva do vocábulo égotisme, isto é, uma "disposição a falar de si, a fazer análises detalhadas de sua própria personalidade física e moral", ou ainda "culto ao eu, mania particular de falar de si".

sabia muito bem que suas relações com as mulheres eram tão somente sua própria canção"[49].

O que resta, então, de relação se esta mulher não é nem a uma mulher do sintoma, nem o deus de sua vida? Resposta, e concluo aqui: uma luva que anula a disparidade. Isso constitui, efetivamente, uma "relação engraçada", muito pouco sexual, reduzida à geometria do envelope imaginário — geometria que, normalmente, se enoda ao sintoma de gozo.

Nora, eleita incondicional para Joyce, não é para ele a uma-mulher sintoma de gozo. Ela não serve para que ele, em nenhum caso, se coloque como homem, ela não participa em nada de sua firmeza fálica, e não é sequer nomeada por seu *sinthoma*. No máximo, portanto, ela é um complemento imaginário ao ego singular de Joyce.

Concluo, portanto, com as três particularidades sintomaticamente negativas de Joyce. Elas introduzem, com evidência, a questão da função subjetiva da obra, pois se ele não teve corpo, nem inconsciente, nem mulher, ele tem um *ego* e um nome que forjou para si mesmo por meio de sua obra.

---

[49] LACAN, J. (1975). "Conferência em Genebra sobre 'O sintoma' (04/10/1975)". In: http://www.campopsicanalitico.com.br/media/1065/conferencia-em-genebra-sobre-o-sintoma.pdf (Acesso em: 27/03/2018).

5
A arte do borromeano

Se acompanharmos o ponto de partida do seminário sobre seu ser *sinthoma* de suplência, podemos distinguir dois estratos na demonstração de Lacan. O primeiro diz respeito ao nome que ele deu a si mesmo, o segundo, à sua própria arte.

Sem árvore genealógica

Temos inicialmente uma tese, principal, retomada em diversas passagens, e que faz do nome que ele deu a si mesmo, ilustrando-o por meio de sua obra, o *sinthoma* de suplência à foraclusão de fato. Ao assentimento que ele recusou a seu pai, ele quis que aquele, dirigido a seu nome, fizesse suplência. É a esse nome que ele quis que fosse prestada "a homenagem que ele mesmo recusou a quem quer que fosse" diz Lacan, e trata-se de uma opção subjetiva que não deixa dúvidas. Ela supunha, evidentemente, além da escrita, a publicação. Mas, o "nome próprio é, nele, alguma coisa estranha"[1], diz Lacan. Por quê? Em que ele fez mais do que levar a ambição do renome ao extremo? Ora, o estranho é que seu nome é por ele valorizado

---

[1] LACAN, J. (1975-76). *O seminário, livro 23: O sinthoma*. Rio de Janeiro: Zahar, 2007, p. 86.

"às custas do pai", o que não é o caso comum. Ao contrário, ali onde há um pai "de fato", forjo a expressão nos moldes de "foraclusão de fato", tal como comentei, o nome de notoriedade dos filhos ou das filhas, aquele que se adquire por meio das obras do trabalho, as "realizações mais eficazes", ou até mesmo aquelas do amor, as "realidades mais cativantes", como Lacan as nomeia em sua "Nota italiana"[2]; bem, esse nome dos descendentes serve à árvore genealógica, faz o "bom humor de Deus"[3], diz Lacan, mais concretamente, o orgulho dos pais.

Mas Joyce não trabalha para a árvore genealógica; ele pretende, antes, aboli-la, fazer-se paradoxalmente começo, origem! As últimas palavras do *Retrato do artista quando jovem* dizem isso: "Eu vou ao encontro, pela milionésima vez, da realidade da experiência, a fim de moldar, na forjada minha alma, a consciência ainda não criada da minha raça"[4]. Esse "Vou ao encontro" é o momento em que o *Nego*, que já se expressou tantas vezes em palavra e em intenção, passa ao ato e em que, ao recusar toda realidade à experiência anterior à partida, ele se faz começo, se sublima como moldador da consciência sem pai e por nascer, consciência não de sua descendência carnal, mas de sua raça. O nome de substituição que ele dá a si mesmo o coloca como origem. Ora, a nomeação, de onde quer que ela emane, é indissociável de um laço social. Como desenvolvi em outra ocasião, não há autonomeação, pois mesmo ao querer um nome para si, a nomeação supõe o assentimento de um parceiro. E Joyce, se ele é origem, é o da série dos joycianos, leitores dedicados a ele, e, mais amplamente, de seu público. Entretanto, Lacan acrescentou algo, que ele mostrou no nó

---

[2] LACAN, J. (1974). "Nota italiana". In: *Outros escritos*. Rio de Janeiro: Zahar, 2003, p. 314.
[3] *Ibid.*
[4] JOYCE, J. *Retrato do artista quando jovem*. Rio de Janeiro: Ediouro, 1987, p. 174.

borromeano: é que o nome sustenta um "ego corretor" que restitui o enodamento borromeano do imaginário.

2. Nó do imaginário desenodado

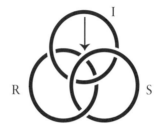

3. Nó do ego corretor

É, portanto, um ego especial, ele também de substituição, cujo estofo não é o do corpo, mas do nome. E se há algo estranho em seu nome, é preciso acrescentar que há também algo de estranho em seu *ego*, que é de uma natureza diferente do comum. Como se articulam as singularidades de um e de outro, do nome de artista e do ego?

No nó borromeano que enoda as três consistências, o *ego* não é esse quarto que enoda, mas um dos três enodados, pois ele é especificamente fundado sobre o imaginário desse corpo de que todos se vangloriam. Seu nó com o simbólico torna, então, o ego indissociável do sentido, produzido entre imaginário e simbólico, e pode-se dizer que cada um goza desse sentido, *joui-sens* [gozo-sentido] diz Lacan, e cada um até mesmo acredita, pelo menos em parte, dividi-lo com outros. Bom senso [*bon sens*], diz-se. A particularidade do *ego* de Joyce já se denunciava por aquilo que ressaltei: sua não participação no chamado senso comum, nas evidências partilhadas e nas paixões que a elas se ligam, rivalidade, emulação, rancores etc. Essas paixões são, em geral, denunciadas, mas não se deve ignorar que elas também servem para que cada um possa se reconhecer em seus semelhantes, que elas estão no fundamento dos sentimentos partilhados e de todas as empatias. São elas que fazem dizer "aquele que nunca pecou...". Ora, Joyce testemunhou ser curiosamente estranho a isso e, se acreditarmos em Stanislaus, era até mesmo mais que isso, uma hostilidade feroz e vigilante. Estranho *ego* este que exclui os efeitos de espelho na relação com os semelhantes, e, portanto, o compartilhamento e as cumplicidades, assim como as lutas imaginárias. O corpo desse *ego* não é o corpo que ele, Joyce, tem, é aquele que ele dá para si, o corpo *book of himself*, do livro que ele "se faz ser",[5] como eu já disse.

Além disso, Lacan afirma que Joyce visou, por meio de "sua arte, de maneira privilegiada, o quarto termo chamado *sinthoma*"[6]. Como uma arte pode pretender de maneira divinatória substancializar o *sinthoma* [...]?"[7]. No fundo, esta é a questão principal do seminário dedicado a Joyce, pois ele fez mais do que visar o *sinthoma*: ele conseguiu fazer suplência e restituir um nó das três consistências renomeando a si mesmo por meio de seu *ego* bem singular. Recentemente, salientei que a escrita não havia bastado para isso, que havia

---

[5] LACAN, J. (1975-76). *O seminário, livro 23: O sinthoma*. Rio de Janeiro: Zahar, 2007, p. 68.
[6] *Idem*, p. 38.
[7] *Idem, ibidem*.

sido preciso acrescentar a ela a publicação. Lacan questionou-se sobre a razão e a função da publicação desse texto para o gozo autista que é *Finnegans Wake*, o que ele evoca em sua conferência "Joyce, o Sintoma". Mas me dei conta de que o seminário diz mais que isso, a saber, que o "texto de Joyce é todo feito como um nó borromeano"[8]. Aqui, surpresa. Lacan, com efeito, diagnosticou em Joyce, o de *Finnegans Wake*, uma literatura sintoma que curto-circuita o sentido, por meio de um uso especial do equívoco. Como pode um texto que curto-circuita o sentido, que opera, portanto, entre simbólico e real sem passar pelo imaginário, uma arte que endossa o desenodamento do imaginário, como tal arte pode ser borromeana?

Pulverulência dos equívocos

Compreende-se que a questão do sentido interesse aos psicanalistas em geral, uma vez que o equívoco é sua arma contra o sintoma, se pelo menos eles seguirem a prática do deciframento freudiano, sua desmontagem daquilo que ele chamou de condensação e deslocamento, assim como a teorização que Lacan fez sobre isso em termos de linguagem. Ele disse isso muitas vezes, e volta novamente a isso no seminário sobre Joyce — o equívoco é tudo de que o analista dispõe para ter alguma chance de mover a fixidez do sintoma. A tese já havia sido afirmada em "O aturdito": a interpretação produz seu efeito via equívoco. Ela é retomada em *R.S.I* e confirmada em *O sinthoma*. O paradoxo é que Joyce faz, do próprio equívoco, sintoma, em outras palavras, gozo. Ali onde o analista utiliza o equívoco para desfazer uma fixidez sintomática de gozo, para fazê-la deslizar para outros signos ou outros *joui-sens*

[8] *Idem*, p. 149.

[gozo-sentidos], Joyce opera inversamente: ele fixa o gozo na própria pulverulência do equívoco, digamos na própria *lalíngua* como "integral dos equívocos que sua história deixou persistirem nela".⁹ A coisa é até mesmo mais múltipla nele, já que *Finnegans Wake* foi escrito em várias línguas, e não em uma só, e que é com essa mistura de equívocos plurilinguísticos que Joyce se delicia.

Na psicanálise, o uso do equívoco tem um objetivo preciso: se fingimos nos enganar de significante, rivalizando assim com o lapso, se ouvimos "*les non-dupes errent*" [os não tolos erram], mais do que "*les noms du père*" [os nomes do pai], "*jeune-homme*" [jovem] em vez de "*je nomme*" [eu nomeio], "*d'eux*" [deles] e não "*deux*" [dois] etc., se fazemos, assim, semblante de erro, pregando o falso, é para fazer aparecer atrás de um termo um outro termo, que conduzirá talvez ao Um do sintoma a partir da cadeia na qual seu gozo se metonimizava, ou, inversamente, para desfazer uma fixação. Joyce, por sua vez, faz ex-sistir o inconsciente. Fazer ex-sistir o inconsciente é subtrair a letra da cadeia do sentido e fixar nela um gozo fora de sentido. É por isso que Lacan pode dizer que Joyce aboliu o sentido. Joyce não teria dito não, creio eu, pois a Terence White Gervais, que perguntou a ele se não havia um sentido a encontrar, ele respondeu: "*No, it's pure music*" e, ainda, "*No, no, it's meant to make you laugh*"¹⁰. A única reserva é a de que esse manejo da letra sonora faz surgir o enigma a cada passo, e que o enigma é o cúmulo do sentido. Ora, ele tem em si uma função precisa — voltarei a isso.

---

[9] LACAN, J. (1972). "O aturdito". In: *Outros escritos*. Rio de Janeiro: Zahar, 2003, p. 492.
[10] ELLMAN, R. *James Joyce*. New York: Oxford University Press, First Revision of the 1950 Classic, 1982, p. 703.

Joyce acentua, assim, um aspecto presente em todo sintoma, pois não há sintoma que não seja uma ofensa ao senso... comum. O senso comum, o sentido que pensamos ser o bom senso, como se diz, graças ao qual podemos mais ou menos nos entender com nosso vizinho, nos reconhecermos nele, e fora do qual o louco se mantém, esse sentido é sempre regido por um discurso. O senso comum nada tem de natural, ele é efeito de discurso, produzido pelo ordenamento dos gozos em um dado laço social ao qual qualquer discurso se presta. O segredo do sentido sempre deve ser procurado do lado do gozo, este é postulado da psicanálise, e daí se deduz que onde há senso comum, há também a mesma base de preconceitos, se posso dizer, e o mesmo ajuste das satisfações libidinais.

Por outro lado, o sintoma sempre faz objeção ao senso comum, pois o sentido que conseguimos dar ao sintoma neurótico ou perverso na psicanálise sempre é singular e nunca procede do bom senso. Não há senso comum do sintoma. É por isso que o neurótico, ainda que ele não seja nem um pouco louco, é, no entanto, um desabonado do senso comum. Mas Joyce vai mais longe. Lacan o chama de "desabonado [*désabonné*] do inconsciente" para marcar que, diferentemente do neurótico, não somente ele não recorre ao sentido, soberbamente indiferente que é ao "o que isso quer dizer?" que atormenta o neurótico, mas, além disso, ele não recorre apenas a uma única *lalíngua* privada, aquela que fixa o gozo para cada falasser, ele recorre à mistura das línguas e das letras de escrita. É um desabonado voluntário, e consciente de sê-lo. Em *Stephen herói*, Joyce faz o jovem Stephen dizer o que ele abomina: "Ele estava decidido a se proibir, com toda as energias de sua alma e corpo, à mínima adesão possível ao que agora ele considerava como o inferno dos infernos — em outros termos, a região em que qualquer coisa aparece como evidente [...]"[11].

Esse anticartesianismo metódico e calculado se aplica ao próprio Joyce, pois a evidência, tão consubstancial ao bom senso, que permite a cada um pensar como seu vizinho, repetir sempre o mesmo disco, não é para o próprio Joyce a pior das coisas? E quando o jovem Stephen resolve se lançar decididamente na carreira das letras, seguro como está de seu ódio e de seu nojo profundo por tudo o que constitui os acordos evidentes e os consensos entre os semelhantes, não seria ele tão semelhante ao que se sabe aliás de James, de modo que se possa tomá-lo como seu porta-voz? Ademais, não é indiferente que essa afirmação tenha surgido na passagem em que Joyce evoca seu "tesouro" das palavras e da linguagem, ele, o grande leitor de dicionários, e em que ele descreve seu herói hipnotizado pelas conversas mais banais, as quais ele erige em epifanias admiráveis. É uma forma de dizer que ele consegue dar a elas um valor bem estranho ao sentido que recebem de seu contexto comum.

Com o manejo dos equívocos em *Finnegans Wake*, Joyce se impõe como um mestre em ilegibilidade, se acreditarmos em Jacques Lacan. As cartas de amor encantam, pois elas oferecem a significação do amor ao gozo do leitor. As cartas ilegíveis surpreendem, no sentido forte que Descartes dá a esse termo, ele que faz do assombro a primeira das paixões, aquela que responde ao encontro de um novo objeto. Proponho primeiro que "não é ilegível quem quer", o que faz eco ao "não é louco quem quer", frequentemente lembrado por Lacan. E, aliás, ao ilegível sempre é possível perguntar: por quanto tempo? É que

---

[11] JOYCE, J. *Stephen herói*. São Paulo: Hedra, 2012.

nem todos os ilegíveis têm o mesmo valor. Há falsos ilegíveis. Chamo assim àquele que se eleva à ponta do ininteligível apenas por ser muito novo, muito precursor na forma ou no conteúdo. Não é esse justamente o caso do próprio Lacan que, com o tempo — um lapso de mais ou menos dez anos, ele mesmo dizia — passa progressivamente à inteligibilidade?

O verdadeiro ilegível, explicado, permanece ilegível e rebelde à assimilação. Vejam Raymond Roussel, por exemplo.[12] Ele pode muito bem se dar ao trabalho de revelar seu "*How to do*", seus segredos de fabricação, suas regras sempre possíveis de serem reproduzidas, e nos dizer "como escrevi...", e o texto, assim elucidado, permanece ilegível. De forma mais geral, o verdadeiro escrito não é para ser lido, dizia Lacan. É que a operação de leitura não é a de soletrar as letras, é sempre de lhes dar sentido. Por essa razão, ler é uma operação que supõe o estofamento borromeano das cadeias significantes. É preciso o enodamento entre o imaginário e o simbólico, de onde advém o sentido e do qual o real da letra fora de sentido se isola. Resumindo, Joyce faz um uso da língua pouco habitual. Sua forma de jogar com as palavras e as letras leva, certamente, à confusão com aquilo que está em questão nos mecanismos do inconsciente, mas isso é apenas aparência: ela, na realidade, o faz sair do campo do chiste ou do lapso. O chiste também é um jogo com a língua, mas que para a partir do momento em que fez surgir, para nosso prazer, um pequeno efeito de sentido no não sentido [*non-sens*]. Quanto ao lapso que, por sua vez, se engana de significante, ele só é interpretável porque não está aberto a todo sentido, seu erro

---

[12] Raymond Roussel (1877-1933) foi um escritor, dramaturgo e poeta francês. Precursor do surrealismo, suas principais obras são os romances *Impressões da África* (1910) e *Locus solus* (1914).

estando a serviço de uma satisfação precisa, *befriedigung*, diz Freud, sempre limitada e própria ao sujeito. Joyce leva a brincadeira até o limite em que, se assim posso dizer, não é mais brincadeira, como dizem as crianças. Sua escrita ultrapassa a barreira além da qual não se trata mais apenas da matéria de uma letra cujo manejo não está limitado pelas finalidades do *joui-sens* [gozo-sentido] e que só guarda do sentido, portanto, uma pulverulência ininterpretável. Foi isso que já havia surpreendido Jung, ao ler *Ulisses*, e que interessa também a Lacan e a todo psicanalista: Joyce, o ininterpretável.

O mal-entendido entre o psicanalista e o universitário crítico de Joyce se concentra nesse ponto. O segundo, ao que parece, às vezes vê sentido em toda parte, contrariamente ao primeiro, que afirma que não há nenhum. Os dois têm razão, mas em perspectivas diametralmente opostas. Pois o sentido que interessa ao psicanalista não é qualquer um: é o sentido que, estando ao mesmo tempo limitado e comandado pelo *joui-sens* [gozo-sentido] do locutor ou do autor, permite interpretar o sujeito suposto ao texto. Ao contrário, quando o sentido fulgura letra-matéria e seus inumeráveis nós como em *Finnegans Wake*, ele é tão pulverulento, como disse, que se reduz ao enigma e que suas especificações ficam inteiramente a cargo do leitor. Este se torna, então, intérprete, mas por sua conta e risco, pois é ele que é interpretado por sua própria leitura, permanecendo o autor fora de alcance. É que, por fim, o gozo de Joyce, o artista, parece mais vizinho ao do matemático que do romancista, pois o matemático, assim como o calígrafo, curto-circuita também, a seu modo, o sentido.

Letras ilegíveis

Encontramos aí, aparentemente, uma outra particularidade de Joyce: uma ilegibilidade em progresso. Mas seria este o caso? É certo que Joyce nem sempre foi ilegível, se assim ele se tornou. De início, ele se impôs como legível, escandaloso talvez, e tudo ainda é relativo, mas legível. Não há como colocar *Música de câmara*[13], *Dublinenses*,[14] *Stephen Herói, Retrato do artista quando jovem*, na conta do ilegível. Poderíamos, então, acreditar, com uma certa verossimilhança, que seu *work in progress* é a resultado, a metamorfose de uma escrita que se subtrai progressiva e metodicamente da leitura do sentido, *Ulisses* inscrevendo a virada principal.

Entretanto, creio que, olhando bem, percebemos que aquilo que se apresenta como uma evolução, na verdade, estava presente desde a origem. Entre os poemas de juventude legíveis, e as estranhas epifanias que são contemporâneas deles, há, *grosso modo*, a mesma relação que existe entre o *Retrato* e *Finnegans Wake*: é a diferença do legível ao enigma. Ora, sabemos, principalmente por sua correspondência com Stanislaus, o valor extremo que Joyce atribuía a esses depósitos de linguagem que são as epifanias e com que certeza ele as identificava com sua vocação, assim como com a obra por vir. Independentemente da forma que as consideremos, essas epifanias fazem enigma para o leitor, ficando em suspenso a questão de seu sentido. Do legível ao ilegível não há, portanto, diacronia, mas sincronia: desde o início, o procedimento de epifanização ia de encontro às coerências das situações ou do discurso. Abaixo as evidências! Tratava-se da primeira manifestação da empreitada metódica de dissolução dos semblantes que culmina em *Finnegans Wake*, e que define precisamente o que chamo de verdadeiro ilegível: um texto que, paradoxalmente, "ex-siste" ao simbólico, homólogo, portanto, àquilo que há de mais real no sintoma.

---

[13] JOYCE, J. *Música de câmara*. São Paulo: Iluminuras, 2002.
[14] JOYCE, J. *Dublinenses*. Rio de Janeiro: Civilização Brasileira, 1999.

Finnegans Wake é o massacre da significância, se chamarmos de significância um uso do verbo próprio para representar o sujeito a interpretar. Não é que não possamos dar sentido ao texto, é que podemos dar a ele uma multiplicidade de sentidos, dos quais nenhum representará, mais provavelmente do que outro, o assunto do texto. Aberto a todos os sentidos, ele se torna ininterpretável, pois a legibilidade, por nunca ser unívoca, supõe sempre, no entanto, que o sentido seja limitado. Ora, aqui, todas as amarras da legibilidade são rompidas. E, antes de tudo, o vetor narrativo próprio ao romance. Certamente há nomes, personagens, figuras, todo um "caosmo" [*chaosmos*] de presenças, como diz Umberto Eco, e até mesmo um pseudotema, *The fall*, a queda, mas nenhuma história no sentido próprio e tampouco o tempo de narração; pelo contrário, o circuito fechado de um relato cujo fim, em suspenso, leva de volta a seu início. *Riverrun*, a primeira palavra, que só recebe seu artigo na última palavra, "*the*", que a rearticula em círculo, desordenando a linearidade irreversível do vetor do relato.

O próprio equívoco, ainda que não seja eliminável da linguagem, passa a barreira do mal-entendido com que o psicanalista joga em sua prática. A pulverulência de uma polissignificância que nada pode parar difrata ao infinito o cristal linguístico com o qual o erudito poderá fazer tudo o que quiser sem nunca conseguir interpretar, nem contradizer um texto que parece estar além do dizer. É uma prova pela negativa, como disse: Lacan, quando se faz pastichador, não se iguala a ele e não alcança em absoluto a liberdade joyciana, que parece querer explorar a integralidade dos equívocos de *lalíngua*. Isso ainda não basta, pois esta é, além disso, multiplicada pelo amálgama poliglota das sessenta e cinco línguas com as quais joga o translinguismo de Joyce para, no fim das contas, produzir uma subversão do léxico, da gramática, da sintaxe e da narratividade. O resultado é que nem a metáfora, nem a metonímia operam aí, e que o texto, que não carrega mensagem, foraclui, de fato, a verdade, assim como a ciência, salvo que o texto de Joyce, ainda assim, evoca isso, mas como enigma inapreensível.

Essa escrita vai até a inversão do "escabelo" da fala poética, a qual Joyce, contudo, experimentou. A poesia pode bem ser "o dizer menos burro"[15], como observa Lacan, aquele que cai menos que qualquer outro nos sulcos do disco curto-corrente[16]: ela permanece da ordem do dizer, legível, portanto, seja qual for sua arte da letra. O poeta, como o profeta, aliás, produz um discurso novo que reordena a base das significações comuns. Joyce não é nem um, nem outro. É por isso sem dúvida que, desde *Ulisses*, acertando em cheio a antipatia estrutural do conhecimento paranoico para o significante no real, em geral mais familiar ao esquizofrênico, ele deixou Jung tão perplexo. É que este último, que queria ser profeta de um novo discurso e que, aliás, acabou como um pequeno deus de seita, só podia se enfurecer ao ver colocados em maus lençóis os estofamentos do discurso. No fundo, Joyce ultrapassou "a impossibilidade do discurso pulverulento". Ele fez de si mesmo artesão de uma língua que não existe em nenhum dicionário, que toma emprestado de todos e que nada diz de atribuível. O criador de um neomundo, e sem convocar a imaginação, pois este neomundo é feito de fragmentos misturados do mundo que

---

[15] LACAN, J. (1973). "Posfácio ao *Seminário 11*". In: *Outros escritos*. Rio de Janeiro: Jorge Zahar Ed., 2003, p. 506. [Nota do tradutor: a frase à qual a autora faz alusão é "o escrito do poema torna o dizer menos burro?"]
[16] Nota do tradutor: neologismo que equivoca a expressão *discours courant* (discurso corrente), além de condensar os vocábulos *disque* (disco), *discours* (discurso), *court* (curto) e *courrant* (corrente).

não é neo, de suas figuras, de seus nomes, de suas imagens, de seus lugares etc. Joyce passou assim para além da própria poesia, ali onde não há mais nada a ler porque não há mais o Um-dizer [*Un-dire*] da enunciação. Ao acessar algo do escrito sem fala, ali onde resta somente o manejo da letra-objeto, Joyce se coloca como o artesão de uma *materialidade* proliferadora que ele entrega às elucubrações dos comentadores, como um osso a ser roído. Talvez devesse dizer, antes, que ele a dá a ouvir, pois, em *Finnegans Wake*, o enigma da enunciação deixa subsistir o canto: Joyce se constitui aí como tenor das *lalínguas*, a tal ponto que a música desse texto estranho dá lugar, ainda hoje, a leituras organizadas; tive a oportunidade de assistir a uma ou outra, e de verificar o encanto dos ouvintes os quais, quando eu os questionava, confessavam, entretanto, nada ter captado do texto. Triunfo póstumo!

Ora, a letra sem o sentido é o próprio paradoxo do sintoma, tal como Lacan o define desde *R.S.I.*, como "gozo opaco por excluir o sentido"[17]. Mas aqui não se trata de sintoma de corpo: ele deixa o corpo à parte, e é por isso, aliás, que, embora ele ocupe muita gente, não é consoante com o inconsciente de cada um. Essa escrita não tem outra carne a não ser a dos elementos verbais, e sua capacidade bastante particular em difratar o sentido leva a supor que esse talento excepcional, essa liberdade, como poderia dizer, está condicionada, na verdade, pelo desenodamento do imaginário. Resta, entre real e simbólico, um puro gozo das letras múltiplas de línguas não menos múltiplas. Nesse sentido, poderíamos dizer que Joyce não escreve com seu corpo. Concordo, sem dúvida, que a expressão não é imediatamente clara, e, no entanto, ela deve ter algo com fundamento, dado que se fala constantemente daqueles

---

[17] AUBERT, J. (dir.). *Joyce avec Lacan*. Paris: Navarin, 1987, p. 36.

que, acredita-se, escrevem "com as tripas". Certamente não é o caso de Joyce, como bem se percebe. No sintoma Joyce, livre do imaginário, é o corpo do verbo que é o parceiro. Não a letra ficção, mas, antes, a fixão gozada, que exclui tanto o senso comum quanto o sentido privado da fantasia. Ela faz dele um "desabonado do inconsciente". Se *Finnegans Wake* pode ser lido, contudo, é porque "se sente presente o gozo daquele que escreveu isso"[18], e isso fascina. É a obra de um ego não partilhador, como disse, e ela carrega a marca desse ego. Por isso mesmo, ela tampouco desperta a simpatia se acreditarmos em Lacan, não emociona nosso próprio inconsciente, e apenas... cativa por sua estranheza. Seria esse o caso já com as epifanias?

Retorno sobre as epifanias

"Sabe-se da extraordinária fortuna que esse vocábulo tem, há várias décadas, na crítica anglo-saxã. Ele serve para designar tudo aquilo que, na obra literária, cria um efeito de sentido, de revelação, seja sobre um personagem, ou na ordem da intriga", diz Jacques Aubert em sua introdução ao primeiro volume da *Pléiade*[19] dedicada a Joyce[20]. É que Joyce definiu a epifania pela voz de Stephen: "Por epifania, ele entendia uma súbita manifestação espiritual, traduzindo-se pela vulgaridade da palavra ou do gesto, ou ainda por alguma frase memorável do próprio espírito. Ele pensava que incumbia ao homem de letras registrar essas epifanias com um cuidado

---

[18] *Idem*, p. 25.
[19] Nota do tradutor: a *Bibliothèque de la Pléiade* é uma das principais coleções de edições francesas, publicada pelas Éditions Gallimard. Por seu rigor, são edições de referência (para leitores e pesquisadores), pela qualidade da redação e o cuidado extremo no estabelecimento dos textos.
[20] JOYCE, J. *Œuvres* 1, 1901-1915. Paris: Gallimard, 1982, p. LIII.

extremo, pois elas representavam os mais delicados e fugazes momentos"[21] em que "a alma do objeto se separa[va] com um salto"[22].

Herança neoplatônica via São Tomás? O espírito ou a alma das coisas — e até o esplendor do ser —, vindo a se manifestar? Jacques Aubert, contudo, observa muito bem que Joyce vê aí a ação de um olho espiritual — ele diz *"gropings of a spiritual eye"*, os tateamentos e mesmo as apalpadelas de um olho espiritual —, o que desloca a questão para o sujeito, ainda mais porque um ouvido atento poderá ouvir, graças à homofonia *eye* [olho]/*I* [eu], um "Eu espiritual", até mesmo fantasmático, diz Jacques Aubert[23]. É o mesmo que, em termos lacanianos, dizer que aí se toca no problema da percepção, na relação entre o *percipiens* e o *perceptum*, como se dizia na "longa cocção metafísica da ciência na Escola (com o E maiúsculo que lhe é devido por nossa devida reverência)"[24]. É assim, e para dar conta inicialmente do fenômeno das vozes alucinatórias da psicose, que Lacan abria seu texto "De uma questão preliminar a todo tratamento possível da psicose", a tese sendo, e contra todas as teorias prévias da percepção, de que o sujeito é imanente à sua percepção, bem longe de ser apenas seu receptor[25]. Mas, para o que nos interessa, se o sujeito é imanente à sua percepção, assim como ele desenvolvia isso então, a questão de saber se a manifestação epifânica é mais da coisa ou mais do sujeito não se coloca mais, e Jacques Aubert ressalta com razão a ambiguidade do fenômeno epifânico. Ora, já

---

[21] *Idem*, p. 512.
[22] *Idem*, p. IV, *apud* Jacques Aubert.
[23] *Idem*. p. LIV.
[24] LACAN, J. (1958). "De uma questão preliminar a todo tratamento possível da psicose". In: *Escritos*. Rio de Janeiro: Zahar, 1998, p. 537.
[25] *Cf*. SOLER, C. "Os fenômenos perceptivos do sujeito". In: *O inconsciente a céu aberto da psicose*. Rio de Janeiro: Zahar, 2007, p. 23-40.

dispomos, sobre as epifanias, de uma tese formulada pelos leitores de Lacan.

Todas essas epifanias são fragmentos de coisas percebidas e, como tais, elas seriam homólogas aos fenômenos elementares do automatismo mental, especificamente da alucinação verbal, o que aqui também nos dirige para a hipótese da psicose. Eu mesma havia desenvolvido isso, mas tendo lido melhor Joyce e os remanejamentos que Lacan faz o conceito de inconsciente sofrer no fim de seu ensino, mudo de ideia. Pode-se, decerto, dizer que elas têm a mesma estrutura que o significante no real: significante fora de cadeia, errático, isso até mesmo pelo que Lacan definia o significante da alucinação mental em sua "Questão preliminar a todo tratamento possível da psicose". Entretanto, elas não têm a mesma função subjetiva que têm na psicose, o que muda tudo.

De fato, diferencio o texto das epifanias da teoria estética produzida por Joyce pela boca de Stephen, e começo pelas primeiras. É certo que o que Joyce agrupou sob o título *Epifanias* não é homogêneo. São, em todo caso, pequenos fragmentos, mas alguns são retalhos de coisas ouvidas, ao passo que outros são descrições, quase exercícios de escrita sobre cenas muito diversas, coisas vistas ou lembranças pessoais, evocadas em uma língua que teria justificado dar-lhes o título de "poemas em prosa", como havia desejado, creio eu, Stanislaus Joyce.

Enquanto fragmentos, por definição, elas são todas extraídas de seu contexto, recortadas na trivialidade, é a expressão de Joyce, na trivialidade do cotidiano, e, portanto, fora das evidências que a elas se ligam. Daí, insistiu-se muito sobre o efeito de enigma produzido no leitor, chegando até a correr o risco da comparação com a experiência mística! Leiamos, porém, a epifania XX, escrita no momento da morte de seu irmão mais novo, ou a epifania XXVIII.

XX. Todos estão dormindo. Eu vou me levantar agora... Ele está deitado em minha cama, onde dormi a noite passada: eles o cobriram com um lençol e fecharam seus olhos... Pobre garoto! Nós ríamos muito juntos — ele movia seu corpo muito lentamente... Sinto muito que ele tenha morrido. Eu não posso rezar por ele como os outros fazem... Pobre garoto! Tudo o mais é tão incerto![26]

XXVIII. Uma noite sem lua sob a qual as ondas reluzem fracamente. O navio entra em um porto onde se percebem algumas luzes. O mar está inquieto, carregado de uma cólera surda, semelhante aos olhos de um animal prestes a saltar, atormentado por sua fome impiedosa. A terra é plana e escassamente plantada com árvores. Um grande número de pessoas se reuniu nas margens para ver qual é o navio que entra no porto.[27]

Onde está o enigma? Onde está a discordância? Há muitas outras do mesmo tipo; selecionei essas duas, pois são as mais breves e para evitar longas citações. São descrições, e bem-sucedidas, poemas de fato, momentos extraídos da vida cotidiana. Decerto, isolados, ao menos no caso da segunda, de seu contexto, mas essa focalização, não é isso que faz o aparelho fotográfico quando se ajusta sobre um detalhe ou uma cena precisa? E a segunda não se prestaria facilmente a uma câmera mais realista? Poderia ver um longo plano de Alain Resnais. Aqui, elas se prestam ao que se deve chamar justamente de exercícios de estilo. Há muitas outras do mesmo gênero, em que Joyce, com esses pequenos textos que emergem ao acaso e em desordem, tateia, de certa forma, a

---

[26] JOYCE, J. *Œuvres* 1, 1901-1915, Paris: Gallimard, 1982, p. 95 (tradução livre).
[27] *Idem*, p. 99 (tradução livre).

escrita. E quem poderá dizer como o texto vem ou deve vir ao escritor?

A preocupação diagnóstica parece-me ter induzido uma leitura parcial, logo, unilateral, que não pode ser aplicada a todas as epifanias. Joyce produziu uma definição geral da epifania, mas nem todas são idênticas.

Ainda assim, algumas epifanias interpelam mais do que outras. São aquelas que, diferentemente das duas anteriores, não procedem nem de uma lembrança sensível, nem do escópico, mas...daquilo que foi ouvido. Elas são, então, do mesmo estofo que as vozes alucinatórias. Joyce procedeu aí a verdadeiras coletas que, evidentemente, rompem a continuidade significante. Trata-se claramente de uma técnica de fragmentação do discurso que só conserva dele elementos erráticos e que, por isso, põe em apuros as evidências da significação. A mais citada é a dita *Villanelle of the Temptress* ["A vilanela da tentadora"] da qual Stephen indica que lhe deu a ideia de constituir sua coletânea de epifanias enquanto ilustrações de sua teoria estética do momento. Ela se situa no momento em que o jovem Stephen já concluíra que nada o deteria na via de sua vocação de "homem de letras"[28].

> Uma jovem estava de pé na escada de uma dessas casas de tijolo escuro, que parecem a encarnação perfeita da paralisia da Irlanda. Um moço apoiava-se na grade enferrujada do pátio. Stephen colheu, ao passar, migalhas do seguinte diálogo, e guardou delas uma viva impressão, que feriu profundamente sua sensibilidade.

---

[28] *Idem*, p. 509. [Nota da editora: A "vilanela da tentadora" é o poema que Stephen escreve no quinto capítulo do *Retrato*, cujo processo de criação é descrito por Joyce.]

Dizia a jovem (com uma voz secretamente lânguida):
A moça: Ah sim... estava na capela ...
O rapaz (inaudível): ... Eu (ainda baixinho) ... Eu ...
A menina (gentilmente): ... Ah..., mas... Você é muito malvado.[29]

Nessas reticências podia-se ler, é o que faz Jacques Aubert, a escuta do que não se diz no que se diz, segundo a grande lei da linguagem que se impõe a todos, e o próprio título dessa epifania não deixa de nos orientar para o tema da... mulher. Mas também poderíamos dizer que elas tinham a mesma estrutura de significante no real do que a alucinação mental; Catherine Millot havia, com toda razão, evidenciado a primeira, creio eu, dado que a alucinação é um fragmento de cadeia rompida[30]. Mesma estrutura, portanto, salvo, todavia, que esses fragmentos, que ele anotava em cadernos, e que lhe pareciam admiráveis, não visavam a ele, como o fazem as vozes habituais da paranoia; falta aí o que Lacan chamava de "atribuição subjetiva". É uma diferença considerável. Tive a ocasião de ouvir um paciente no hospital Sainte-Anne que utilizava esse mesmo termo, "fragmentos", fragmentos ouvidos de passagem na rua, mas, acreditando-se neles, eles diziam respeito a ele, diretamente. Ele precisava, contudo, que sabia muito bem que isso não era realmente endereçado a ele, mas que, no entanto, ele não podia parar os pensamentos, os seus dessa vez, que lhe diziam que era ele o visado. Nada assim havia em Joyce.

Dir-se-á, então, que essas epifanias, com o valor de revelação que ele lhe atribuía e sobre as quais voltarei, seriam,

---

[29] *Idem*, p. 511-512 (tradução livre).
[30] LACAN, J. (1958). "De uma questão preliminar a todo tratamento possível da psicose". In: *Escritos*. Rio de Janeiro: Zahar, 1998, p. 541.

antes, homólogas ao processo neológico por meio do qual um significante, seja ele qual for, adquire um peso para o sujeito, um alcance, um valor singular, lastreando-se subitamente com um gozo tão inefável quanto estranho que o faz passar do enigma do não sentido [*non-sense*] à certeza? Reconheceremos aí, então, esse processo bem conhecido na psicose que vai "do enigma à certeza" e que Lacan evocou em suas primeiras propostas. Mas... há um "mas". Vários, aliás. É que, antes de tudo, as últimas elaborações de Lacan sobre a função de *lalíngua* constituinte do inconsciente que não tem alcance de sentido, inconsciente real, portanto, implicam que todo inconsciente é neológico. Quer se trate de psicose, neurose ou perversão, o peso das palavras, seu peso de gozo, que deve ser bem diferenciado de seu sentido, é sempre singular, próprio de cada um. A *materialidade* do inconsciente é, por conseguinte, inteiramente neológica. Este é o caso particular dos elementos que fixam o gozo do sintoma, mas não somente, e o psicanalista que interpreta não pode se eximir, como Lacan observou, de considerar, tanto quanto possível, o alcance singular das palavras para seu analisante.

Aliás, é interessante nos determos naquilo que o jovem Stephen descreve, de forma exaltada, mas precisa, como um processo de epifanização em *Stephen herói*. Processo ativo e voluntário. Ele é "efeito dos tateamentos de um olho espiritual que busca acomodar sua visão sobre um foco preciso", sendo esse foco o da beleza, a beleza que o *Nego* recusa às formas oferecidas pela tradição. Resumindo, ele se consuma em três tempos: isolar o objeto, em seguida perceber que ele é "uma coisa, uma entidade constituída de forma determinada", e, enfim, "reconhecemos que esse objeto é *a* coisa que é. Sua alma, *sua quididade* emana com um salto à nossa frente da firmeza de sua aparência"[31]. E eis aqui ressurgida a alma aristotélica dos corpos, revisitada por São Tomás, a mesma que Lacan questiona em seu seminário *Mais, ainda*. O *Retrato do artista* retoma de modo um pouco diferente essa redefinição da *claritas* de São Tomás, propondo de forma igualmente exaltada a epifanização, não do relógio de Dublin, mas de um cesto, um objeto qualquer portanto, o processo chegando até mesmo a fazer surgir a *quidditas*, dessa vez definida como "essência do objeto", "qualidade suprema do belo que o artista percebe [...] para 'o encantamento do coração'", segundo uma expressão de Shelley citada por Joyce[32]. Lacan se diz pouco sensível a essa *claritas* do ser retraduzida em beleza estética. De acordo, mas essa condução do artista a uma focalização do olhar que extrai o objeto de sua funcionalidade cotidiana, que, por meio de uma técnica de isolamento o cerca com um círculo invisível, elevando sua trivialidade a uma unicidade nova e admirável, não seria também, ressonâncias metafísicas colocadas à parte, aquilo que fez Duchamp com seus primeiros *ready-made*? Função do enquadramento. Além disso, não se percebe aqui o trabalho do *Nego* que evoquei, ou seja, o esforço metódico para extrair a própria percepção das coisas, dos *a priori* que a condicionam e que a reduzem justamente à trivialidade das evidências compartilhadas? E ademais, ainda assim sabemos o quanto Joyce se conformou com a memória dessa exaltação adolescente, com toda sua capacidade de ironia.

Lembrem-se de suas epifanias em papel verde de forma oval, especulações insondáveis, exemplares a serem enviadas em

---

[31] JOYCE, J. *Œuvres* 1, 1901-1915 Paris: Gallimard, 1982, p. 512 e s. (tradução livre).
[32] *Idem*, p. 739-740.

caso de morte para todas as grandes bibliotecas do mundo, inclusive a de Alexandria. Lá, alguém deveria lê-los em alguns milhares de anos [...].[33]

O processo se completa, aliás, com uma espécie de técnica de des-epifanização, por meio da irônica operação de recomposição com a qual ele se divertia confundindo os comentadores, reinserindo em outros textos seus os fragmentos epifânicos tornados incógnitos que ele havia antes extraído. Essa extração/inserção visava, evidentemente, a junção sempre problemática entre as unidades de linguagem sem nenhuma espécie de sentido, e a fluidez dos sentidos possíveis. Mas, a partir do momento em que se trata de técnica literária, como decidir sobre o caráter eventualmente imposto do fenômeno? No máximo, pode-se notar o quanto sua aptidão em palpar o significante sozinho, sem seu sentido — aptidão a qual, sem ser geral, não está ausente em nenhum falante — e o quanto essa derrisão correlata do sentido adquiriu em Joyce a dimensão de uma verdadeira preferência pela coisa puramente verbal que ele, ademais, elevou à dimensão de uma opção subjetiva decidida e constante. O fato de que ela tenha sido, para ele, favorecida pela falta do imaginário que Lacan evidenciou e que faz com que o inconsciente e o imaginário não se enodem nele de modo típico, é muito provável, e é justamente aquilo em que Lacan se detém no fim de seu seminário *O sinthoma*, aliás: "É totalmente legível em Joyce que a epifania é o que faz com que, graças à falha, inconsciente e real se enodem"[34].

---

[33] *Idem*, p. LIX, *apud* Jacques Aubert.
[34] LACAN, J. (1975-76) *O seminário, livro 23: O sinthoma*. Rio de Janeiro: Jorge Zahar Ed., 2007, p. 151. Ver o nó (2 e 3) da página XX, em que o I. é desenodado enquanto o R. E o S permanecem enodados.

Por isso a ambiguidade dessas epifanias, sintomas do "lapso do nó", de que Joyce fez o material de sua arte literária: pode-se suspeitar, nelas, de um fenômeno imposto, como Lacan observa; mas como não reconhecer aí, também — o que Lacan igualmente observa —, a colocação em prática do saber-fazer específico do "poeta premeditado", como Joyce designa a si mesmo? Mesma questão para a evolução de sua arte como se ela fosse inexoravelmente em direção de "uma espécie de quebra", de "dissolução da linguagem", que culmina em *Finnegans Wake*, fazendo com que, no fim "não haja mais identidade fonatória"[35]. Seria ela mais intrusão do parasita falador — pois, de fato, "as palavras das quais dependemos nos são impostas", diz Lacan — ou, ao contrário, acolhimento e até mesmo busca poética das qualidades fonêmicas da palavra? Em outras palavras, seria antes Joyce quem busca o real fora de sentido dos significantes, ou é o real que se impõe, na falta do enodamento? O estatuto do saber-fazer do artista está aí evidentemente em questão — voltarei a isso.

O que é certo, em todo caso, é que para Joyce, manifestamente, *lalíngua* é como uma coisa, uma espécie de matéria a ser gozada solitariamente. Das *Epifanias* dos anos 1900-1904, pedaços de discurso fora de contexto, subversivos de qualquer significação, aos neologismos calculados de *Finnegans Wake*, Joyce produziu uma literatura paradoxal, que separa a letra e o sentido, que joga com a primeira, não para conservar o segundo ou para renová-lo como o faz a poesia, mas para destruí-lo, só deixando subsistir o afeto de enigma. Um enigma não interpretável em virtude de um desejo inconsciente, como Jung percebeu primeiro. Além do chiste, que, ao contrário, produz um efeito de sentido no não sentido, Joyce

---

[35] *Idem*, p. 93.

conseguiu que fosse admitido, nas chamadas *lettres* [cartas/letras], textos que se excetuam do simbólico — se o simbólico for justamente aquilo que gera o sentido por meio do encadeamento dos signos. Uma estranha literatura do real, que deve pouco ao imaginário, coerente com o ego singular de Joyce. Ela mostra, aliás, que o imaginário não é a imaginação de que Joyce não é desprovido, embora nele ela seja particular, mas esta seria uma outra questão. Desabonado do inconsciente estruturado como *uma* linguagem, Joyce produziu a sua linguagem, muito particular, que eleva *lalíngua*, e até mesmo *leslangues*, a uma linguagem feita apenas de signos gozados. Sua singularidade aí é patente.

Volto, então, à questão: o que eleva essa escrita sintoma, entre simbólico e real, portanto, ao estatuto de arte borromeana que, se existir, deve alojar o sentido?

Seu nome de enigma

Em Joyce algo do sentido permanece, até mesmo algo bem invasivo: o enigma. O cúmulo do sentido, se assim o quisermos, a marca de uma enunciação que não encontra seu enunciado. Joyce é o "escritor por excelência do enigma"[36], e é isso que permite a Lacan dizer que sua arte é borromeana, sem que ele o saiba — o que assina sua autenticidade. Penso que esteja aí o ponto capital da interpretação que Lacan faz de Joyce. Voltarei a falar sobre seu saber-fazer. As epifanias, como indiquei, não são borromeanas, elas enodam apenas o simbólico e o real; o ilegível de *Finnegans Wake* também não, e é, essencialmente, letra pura, a qual, decerto, difrata o que chamaria naturalmente de bolhas de sentido, mas tão múltiplas que o

---

[36] *Idem*, p. 150.

sentido, no singular, falta aí. O contrário daquilo que a associação livre opera em uma análise, em que, ao divagar de pensamento em pensamento, o analisante traça o sulco dessa mão única [*sens unique*], desse sentido único, desse senso único [*sens unique*] que é a fantasia. Ao privilegiar a letra — ou a factualidade epifânica —, Joyce faz, sem dúvida, passar ao ato esse ódio que ele tinha contra todas as significações do senso comum. Não qualquer um, evidentemente, mas aquele aquele que é próprio à sua Irlanda natal, que o fez tocar de perto, digamos em sua carne, por meio da mediação de seus dois pais, o duplo jugo — o do imperialismo inglês e o da Igreja católica. O enigma, no entanto, é algo bem diferente e tem, segundo Lacan, outra função na arte de Joyce. Para dizer sem mais delongas, é por meio dele que o nome se sustenta e que o ego corrige o lapso do nó. Portanto, é ele que restaura a função borromeana.

Observo, antes de tudo, que o enigma, em Joyce, encontra-se em dois níveis. Muito voluntariamente, ele entupiu seu texto de enigmas, propostos como adivinhações aos futuros joycianos que, de fato, estão muito ocupados em resolvê-los. Ele usa suas epifanias para isso, aliás. Fenômeno imposto ou não, ele utiliza delas para produzir enigmas, no plural. Mas há mais: *Finnegans Wake,* esse sonho acordado que gira em círculos da primeira à última palavra, é em si mesmo um grande enigma. A quebra da linguagem nele está em seu máximo, e o equívoco está muito desenfreado para emitir uma mensagem. Consequentemente, a questão da enunciação, ao deixar de ser mascarada pelas significações daquilo que se diz ou se escreve, fica aí a descoberto, assim como em suspenso. Enigma. Pois a questão não é saber o que querem dizer os enunciados. Esse é apenas um falso enigma, e cada um desses últimos tem sua resposta, mas a cada pequeno enigma resolvido, cada vez que o vazio da significação é colmatado, um outro enigma se impõe, o da enunciação, e esse é o verdadeiro, o enigma sem resposta: por que tal enunciado foi pronunciado, por que tal fragmento foi escrito? Assim, o próprio livro é a adivinhação de todas as adivinhações que ele contém. Sabe-se, aliás, por Richard Ellman, que no momento em que o livro se aproximava de seu fim, Joyce se divertiu muito com seus amigos, deixando-os adivinhar o nome que havia escolhido como título de seu *work in progress*[37]. Enigma da enunciação por meio do qual Joyce se faz representar.

A enunciação, diz Lacan, "é o enigma elevado à potência da escrita"[38]. A tese não se aplica somente a Joyce, mas àquilo que é visado na psicanálise. Esse enigma não é fácil, só podendo ser compreendido à luz da interpretação analítica, a qual, por sua vez, nem sempre é compreendida.

O discurso analítico nos ensinou, a partir de Lacan, a reconhecer "o que se escreve", paradoxalmente, pela via da fala. Em uma psicanálise, não se pega na caneta e, entretanto, algo se escreve por meio do escoamento do gozo da fala que cava o que Lacan chama de seus "ravinamentos"[39] — em outros lugares ele diz seus "sulcos" ou seu "trilho". Ele é cavado no significado à medida que a fala veicula mais do que sentido, gozo. Consequentemente, na fala analisante não é "o que se diz", o que se enuncia, que deve ser interpretado[40]. A interpretação visa a causa da enunciação enquanto ato, ela visa

---

[37] ELLMAN, Richard. *James Joyce*. New York: Oxford University Press, First Revision of the 1950 Classic, 1982, p. 708.
[38] LACAN, J. (1975-76). *O seminário, livro 23: O sinthoma*. Rio de Janeiro: Jorge Zahar Ed., 2007, p. 150.
[39] LACAN, J. (1971). "Lituraterra". In: *Outros escritos*. Rio de Janeiro: Zahar, 2003, p. 22.
[40] LACAN, J. (1969). "Posfácio ao *Seminário 11*". In: *Outros escritos*. Rio de Janeiro: Zahar, 2003, p. 503.

o "por que é dito", em outras palavras, o "que se diga" que fica esquecido no que se diz. É a causa do dizer, do dizer que nenhuma palavra representa, que deixa rastro de escrito no cerne do discurso em que ele se produz, e é isso o que visa a interpretação — que deve ser bem diferenciada de qualquer hermenêutica. É por isso que "não sou eu que te faço dizê-lo"[41] é o mínimo da interpretação, segundo Lacan.

Do mesmo modo, *Finnegans Wake* — esse sonho cujo sonhador não é nenhum dos personagens, mas o próprio sonho[42] — não escreve nada além do que um dizer comum, "enigma elevado à potência da escrita"[43]. É uma enunciação, decerto, mas indecifrável, pois nenhuma explicação de texto reduzirá o mistério. Foi preciso um saber-fazer para dar à *lalíngua* um outro uso, diz Lacan, diferente daquele que traz efeitos de sentido consistentes. Essa foraclusão metódica do estofamento das significações só deixa subsistir o uso enigmático da pura significância da *materialidade* de *lalíngua*. Assim, aquele que, em *Stephen herói*, dizia querer ele mesmo decifrar "o enigma de sua própria posição"[44], se faz, no final, representar por esse enigma calculado que é *Finnegans Wake*. Muitos traços indicam, com efeito, que Joyce foi um enigma para si mesmo, e, sobretudo, sua surpresa por não poder se identificar com seus semelhantes, não poder reconhecer-se neles, ele que diz ser sempre "considerado como um ser à parte, em qualquer ordem, seja ela qual for"[45]. Mas, com *Finnegans Wake*, a obra com a qual ele mais se identificou, e pela qual

---

[41] LACAN, J. (1972). "O aturdito". In: *Outros escritos*. Rio de Janeiro: Zahar, 2003, p. 494.
[42] LACAN, J. (1975-76). *O seminário, livro 23: O sinthoma*. Rio de Janeiro: Jorge Zahar Ed., 2007, p. 121.
[43] *Idem*, p. 150.
[44] JOYCE, J. *Œuvres* 1, 1901-1915. Paris: Gallimard, 1982, p. 510.
[45] *Idem*, p. 689.

ele finalmente quis fazer seu escabelo para si, ele renunciou em resolver esse enigma; pelo contrário, ele se faz representar por ele, e se identifica com ele de alguma forma, e assina com o que eu chamo a partir de agora de Nome de enigma, nome com o qual ele sustenta o *ego* que corrige o desenodamento, como Lacan evidenciou. O enigma é aquilo pelo que sua arte é borromeana: graças a ele, as letras fora de sentido de que são feitas as epifanias e *Finnegans Wake* ligam-se ao imaginário desse máximo do sentido que é o enigma.

Observo, aliás, que, no *Retrato do artista*, essa solidariedade entre o nome próprio e o ser enigmático está à flor do texto no episódio da viagem a Cork com seu pai. Depois do que ele descreve como um momento de inquietante estranheza, de desrealização, que o deixa fora dos limites, ele se agarra aos nomes, nomes próprios das pessoas ou nomes comuns das coisas — que, aliás, ele escreve em espelho, e em uma ordem sobre a qual haveria muito a dizer:

> e repetia baixinho para si mesmo:
> – Eu sou Stephen Dedalus. Estou caminhando ao lado do meu pai cujo nome é Simão Dedalus. Estamos em Cork, na Irlanda. Cork é uma cidade. O nosso quarto é no Hotel Vitória. Vitória, Stephen e Simão. Simão, Stephen e Vitória. Nomes.[46]

O próprio do nome, com efeito, é que ele é admitido no Outro, assim como o significante, mas, diferentemente, ele nada traz, nada diz do ser do nomeado. Assim, ele pode ser um ponto de atrelamento quando o sentimento de identidade vacila — voltarei a isso.

---

[46] JOYCE, J. *Retrato do artista quando jovem*. Rio de Janeiro: Ediouro, 1987, p. 70.

Entretanto, Lacan perguntou "a partir de que momento a significância, ao ser escrita, distingue-se dos simples efeitos de fonação. É a fonação que transmite a função própria do nome"[47]. Detenho-me nisso, pois essa afirmação, de acordo com a forma como é lida, poderia passar por uma objeção ao que acabo de desenvolver sobre a escrita de um nome de enigma.

Se a fonação designasse o registro do sonoro que se ouve, oposto à grafia que se vê, se ela designasse, portanto, o *sensorium* que sustenta o significante, então a significância escrita não poderia carregar o nome, e a frase de Lacan significaria que a aparência da canção é mais importante que sua significância? Decerto, a aparência captada pelo ouvido, é o que faz com que o homem e UOM, ou *je nomme* [eu nomeio] e *jeune homme* [jovem] tenham o mesmo som para os ouvidos, e a partir daí a escrita ortográfica é necessária para revelar o equívoco da unidade sonora. É por isso que Lacan dizia que só há lapso *calami*. Mas a fonação não é do registro do equívoco entre o ouvido e o escrito. Seria ela então a voz? Tampouco. Toda cadeia significante se impõe, e para todos os falantes, em sua dimensão de voz. Com relação à voz alucinatória, desde "Questão preliminar", Lacan assinalava que "é um erro tomá-la por auditiva por sua natureza [...]", ela pode ser escriturária[48], o que a constitui não é o *medium* sensorial. Assim como o olhar é um objeto e que ele não é o olho que olha, assim como a voz se distingue do auditivo e não é necessariamente vocal. É com observações sobre a voz que Lacan começa sua conferência em Roma, em 1974, intitulada "A terceira", ocasião,

---

[47] LACAN, J. (1975-76). *O seminário, livro 23: O sinthoma.* Rio de Janeiro: Jorge Zahar Ed., 2007, p. 74.
[48] LACAN, J. (1958). "De uma questão preliminar a todo tratamento possível da psicose". In: *Escritos.* Rio de Janeiro: Zahar, 1998, p. 538-539.

para ele, eu cito, "de esvaziá-la da substância que poderia haver no ruído que ela faz, isto é, recolocá-la por conta da operação significante, aquela que especifiquei dos efeitos ditos de metonímia"[49]. A voz é um objeto, o mesmo que dizer que não haveria exagero em falar da voz afônica. Além disso, não seria por meio da letra escrita que Joyce deu voz? O que em nada contradiz sua insistência em dizer que, nessa letra escrita, não é o sentido que conta, mas a música, o ritmo, que justamente dá lugar ao enigma da enunciação.

A fonação não é o equívoco próprio à *lalíngua*, nem o objeto voz, é a produção do texto, a emissão que o faz perceber sob uma ou outra forma. É o ato de emitir significante, sem o que não haveria o mínimo nome, de fato. Consequentemente, é preciso distinguir, com relação à própria interpretação, sua fonação, "sua jaculação", diz Lacan, e o que ela enuncia, seu texto, ficando aberta a questão de saber se ela opera mais por um ou por outro. Na análise, a fonação é necessariamente oral, mas não pode ela ser também escriturária, a jaculação--fonação, quando ela é rabiscada no papel, e, por exemplo, em... "Escritos inspirados"? Compreendida como "jaculação", ela é posição existencial de uma enunciação, e em Joyce, do dizer único do enigma. Portanto, é por meio dela que o intuito de sua arte passou à efetividade e que ele fez de si *sinthoma*, conseguindo tamponar, por meio de seu nome de enigma, esse fundamento de vazio com o qual ele havia identificado o pai.

---

[49] LACAN, J. (1974) "A terceira", inédito.

6
O escabelo

Ainda seria preciso examinar o valor dessa suplência. Ela é *sinthoma* de substituição, mas a simulação faz tão bem quanto o modelo do sintoma pai? Lacan pôde dizer, sem mais explicações, que ele havia lembrado essa ortografia antiga em razão das duas vertentes da arte de Joyce. Quais são essas duas vertentes? Sem dúvida, a da letra gozada que nada diz, ilegível, entre real e simbólico, e a do dizer do enigma que o artista coloca, além de tê-lo proclamado, e que renomeia aquele que havia recusado em ser nomeado pela árvore genealógica. É verdade que se avizinham, na obra de Joyce, as obras em que sua própria verdade está em jogo, em que seu ser se busca, em que ele tenta decifrar seu próprio enigma — *Stephen herói* e *Retrato do artista quando jovem*, principalmente, mas também em *Exilados*, e em seguida, aqueles em que é o gozo opaco do sintoma da letra real que se faz perceber, e que nada pede a ninguém. A proeza, entretanto, está no fato de que, por esse ilegível calculado, ele tenha conseguido promover a função borromeana de seu nome de enigma, e, assim, fazer de *Finnegans Wake* "a obra para a qual [ele] reservou a função de ser seu escabelo"[1].

---

[1] AUBERT, J. (dir.). *Joyce avec Lacan*. Paris: Navarin, 1987, p. 26.

Lacan introduz o escabelo em sua primeira conferência sobre Joyce. Esse pequeno instrumento doméstico, que nos permite subir alguns pequenos degraus para alcançar alguma obra no alto da estante ou os doces na parte de cima do armário, é propício a metaforizar todos os instrumentos da autopromoção, de todas as tomadas da ambição — e o que designamos agora, aliás, com outro instrumento, o "elevador" social, diz-se do ato de se elevar e chegar até o... grande homem. Em outras palavras, o que chamamos às vezes, de forma mais pomposa... de sublimação, graças à qual "Helessecrêbelo" ["*Hissecroibeau*"], UOM, "ó, iça!" ["*oh, hisse*"][2]. Além disso, bênção da língua francesa, o belo [*beau*], que foi tão essencial para Joyce, reina no meio do termo. Mas, no fim das contas, não foi ao belo que Joyce se entregou — quem falaria do belo com relação a *Finnegans Wake*? —, mas ao enigma, como eu disse. Esse caso é belo? [*Est-ce cas beau?*]. Certamente não. Com esse sonho, o tratado de estética com o qual sonhava o jovem Stephen fica bem esquecido, bem como a *claritas*, a quididade etc. É-se cão velho? [*est-ce cabot?*]? Certamente. Com sua forma tão pouco teatral, Joyce se mostra aí — em sua unicidade. Trata-se de um narcisismo diferente daquele do estádio do espelho, da imagem e da estátua; é o narcisismo sem espelho de uma exceção inapreensível, a menos que se considere o público dos leitores que é, para, ele a curta escada nos séculos, como um tipo de espelho.

Mas há algo aí a se julgar sobre o que ele obteve com isso. Até onde ele foi?, pergunta Lacan.

Um nome não tão... próprio

Ao ego singular que Lacan diagnosticou, e que faz dele o que ele diz ser, "um ser à parte", é preciso acrescentar também:

---

[2] LACAN, J. (1975). "Joyce, o Sintoma". In: *Outros escritos*. Rio de Janeiro: Jorge Zahar Ed., 2003, p. 560.

um nome não menos singular, pois "é, nele, alguma coisa estranha"[3], a partir do momento em que ele o valoriza à custa do pai, como disse. Mas Lacan precisa ainda que, em Joyce, "o nome próprio faz tudo o que pode para se fazer mais que o S_1, o significante-mestre"[4]. Do nome próprio ao significante-mestre há uma diferença. Este último representa o sujeito, mas para outros significantes, S_2, que se esforçam em predicar sobre o que esse representado é. O Nome próprio, ao contrário, quando é próprio, exclui os predicados, não atribui qualidades ao nomeado, nada diz justamente de sua quididade, nem de sua "alma", nem de sua "essência". O nome próprio não é epifânico, ele é apenas índex, o que Kripke chamou de "designador rígido"[5]. Há, decerto, um grande debate sobre esse ponto, com aqueles, Russell por exemplo, que postulam que o nome próprio pode incluir alguma propriedade[6]. Especificamente, quando esta se distingue como única, por exemplo "autor de *Waverley*", ela faria nome próprio assim como o patronímico de Walter Scott, segundo Russell, pois autor dessa obra só há um, justamente. Frege demonstrou essa concepção, e Lacan fala dela em seu seminário *De um discurso que não fosse semblante*, mas noto outra coisa. Quando uma propriedade faz nome próprio, este se aproxima do significante-mestre, e o "eu sou" do nomeado vai para o predicado, para um S_2, eu sou... o autor de *Waverley*, esse S_2 que, por sua vez, pode se referir a outros significantes, o autor de *Waverley* é... tudo o que quisermos. É assim que, quando é o significante

---

[3] LACAN, J. (1975-76). *O seminário, livro 23: O sinthoma*. Rio de Janeiro: Zahar, 2007, p. 86.
[4] *Idem, ibidem.*
[5] *Cf.* KRIPKE, S. A. *Naming and Necessity*. Cambridge, Massachusetts: Harvard University Press, 1972.
[6] Nota da editora: a autora parece fazer referência ao ensaio "Da denotação", do filósofo galês Bertrand Russell (1872-1970).

que faz nome, o nome deriva para o apelido — James Joyce denominado Dedalus — e até mesmo para o nome comum.

Ora, "Joyce [...] não queria ter nada, a não ser o escabelo do dizer magistral"[7].

Com efeito, foi por meio do dizer magistral que ele mesmo fez a publicidade de seu nome. A fórmula de Lacan designa uma opção subjetiva, uma escolha. É a de, como o contexto indica, não passar nem pelo corpo, nem pela "castração do escabelo" que caracteriza o *saint-homme* [santo-homem]. *Sinthoma*, a ortografia mobilizava, na verdade, pela homofonia, a questão de saber se esse filho de Jesuítas não seria um santo, como Lacan considerou para o psicanalista. Sua resposta é sem equívoco. "Joyce não é um santo. Ele joyza demais com o S.K.belo para isso, tem arte *orgulharte* [*art-gueil*] para dar e vender". Digamos que ele se faz belo, ele até se promove por meio de seu dizer... magistral. De fato, ele quis não somente um nome, mas um nome de referência que desafie todos os predicados, suscitando-os. E o que há de melhor, então, do que o nome de enigma de que falei: "Eu" sou... o representado de meu sonho, o enigma de *Finnegans Wake*. Cabe aos joycianos enfrentar o desafio e produzir toda uma constelação de predicados que supostamente resolvem o enigma: por que não, por exemplo, Joyce, o dédalo(-us); Joyce, o ilegível; Joyce *l'élangues*; Joyce, o enigma e assim por diante, até Joyce, o Sintoma — que, entretanto, é outra coisa — voltarei a isso.

Segundo Lacan, porém, com esse dizer magistral há um "mas", pois "azafamar tanto com a espátula publicitária, o que ele enfim possui, obtendo-o dessa maneira, não vale grande coisa"[8]. Estranha avaliação, que faz contraponto à de sua

---

[7] JOYCE, J. *Œuvres* 1, 1901-1915. Paris: Gallimard, 1982, p. 33.
[8] *Idem, ibidem.*

mulher, que de nada serve. Ela convida a questionar o alcance da suplência joyciana e, digamos, seus benefícios, pois, no que diz respeito ao seu anseio, a saber, ser alguém cujo nome sobrevivesse para sempre, ele o obteve.

Em que ele falhou com seu nó original para que Lacan dissesse que o que ele obteve não vale grande coisa; em que ele falhou que o nó que se obtém de forma mais banal pelo *sinthoma*-pai permitiria atingir?

Se tomarmos sua vida como testemunho, não podemos ignorar que se o chamado "filho necessário" se salvou do vazio da paternidade tão fortemente afirmado por ele, se ele se fez exceção, salvou-se sozinho — longe de ser redentor. Além disso, ele não carregou em sua salvação nem sua descendência, nem mesmo sua eleita Nora, como eu disse. É que o laço social que ele estabeleceu também é bastante particular. Ao designar suas próprias coisas, "o silêncio, o exílio, a astúcia"[9], o próprio Joyce deixa supor justamente algo desses limites. É que um laço social, tal como Lacan o define, estabelece, pelo viés da linguagem, mais do que uma simples vizinhança entre os seres, uma ordem dos corpos solidários e principalmente um enodamento das gerações e dos sexos. Ora, uma massa dos leitores mais ou menos identificados, ligada ao nome de enigma promovido pelo livro dos enigmas é, por si só outra coisa, e podemos questionar se o número de cartas escritas por Joyce, assinadas e endereçadas, não teria, entre outras coisas, a função de compensar a a-corporeidade desse laço e de seu nome. Se "o homem *tem* um corpo, é pelo corpo que se o tem", e a partir daí, "somente deportados participam da história", diz Lacan[10]. Nada disso para Joyce, apesar de seu exílio

---

[9] *Idem*, p.774.
[10] AUBERT, J. (dir.). *Joyce avec Lacan*. Paris: Navarin, 1987, p. 34.

que sanciona a seriedade de seu julgamento sobre a história, em que nada acontece, segundo ele, é somente por seu livro, o famoso *book of himself*, que o tomamos, mas ele mesmo parece não conhecer nenhuma solidariedade. Para ele, só importa... o estilo. É o que Joyce diz, em plena guerra de 1914, a Stanislaus, que se esforçava para fazê-lo se interessar pelos acontecimentos dessa história terrível. Inadmissibilidade de Joyce.

O escritor que ele foi também não salvou a literatura. O veredicto de Lacan é conhecido: ele a deixou sem rumo. Golpe fatal, se nisso acreditarmos, embora a agonia possa ser longa. A letra matando a literatura, eis a leitura que Lacan faz disso. Fim das histórias literárias, então? Decerto, nem todas têm o mesmo valor, mas todos os sonhos literários se escrevem "para a regência [*rection*] do corpo, para as corporregências [*corpo-rections*] sobre as quais [Joyce] diz a última palavra conhecida, *daysens*, sentido evidenciado do sintoma literário enfim chegado à consumação"[11]. O que isso quer dizer, senão que o sentido sempre tem a ver com o corpo — onde, justamente, se incorpora o simbólico? E não sabemos que o "bom senso" e a correção [*correction*] que se ensina às crianças, corporregência [*corpo-rection*], combinam muito bem? É que na metonímia da fala, o que se desloca, em função das palavras, além da falta do objeto que assombra seu intervalo, é o gozo que elas convocam, aquele que *lalíngua* "civiliza". É ela, *lalíngua*, que confere ao gozo sua forma desenvolvida, padrão, em torno dos furos do corpo que erotiza. A partir daí, há equivalência de tudo aquilo que sai desses furos: seja o excremento ou a voz do significante, é... *joui-sens* [gozo-sentido]. Por isso a observação falsamente irreverente da Lacan quando ele evoca "o papel higiênico sobre o qual as letras se destacam". Ele fala

---

[11] *Idem*, p. 36.

aqui das letras da "litteratura", não daquelas de Joyce, que estão fora da literatura. *Letter, litter,* dizia o próprio Joyce, a letra dejeto, *sicut palea* — aí está São Tomás. No entanto, há o gozo opaco do sintoma não literário, que é diferente. Só ele desperta do sono, diz Lacan, subentendido aí, do sono do sentido.

O sonho do desperto

Em matéria de despertar, a que, no fim das contas, chegou Joyce, ele que zombou bastante de Tweedledum e Tweedledee[12], seja como ele escreve em 24 de junho de 1921 a Harriet S. Weaver, o doutor Jung (O Gorro Branco suíço que não deve ser confundido com o Gorro Branco vienense, o doutor Freud), que, ambos, "se divertem às custas (em todos os sentidos do termo) com senhoras e senhores que sofrem por ter um parafuso a menos". Seria em nome de seu despertar que ele os cobre com o ridículo e lhes imputa sua ganância?

Quando Freud, ao falar de nossos sonhos noturnos, reconhece neles a via real do inconsciente, é porque ele agrega a seu simples relato as associações do sonhador que permitem decifrá-lo e liberar seu sentido. Sua técnica vai justamente da emergência enigmática dos sonhos que sempre fascinou a humanidade, ao sentido, o qual esperamos que ele a esclareça. Mas o próprio sonho está a serviço, segundo o próprio Freud, do desejo de dormir, ele é ficção que abranda os imperativos das pulsões derivando-as nas redes de seu *script*. A partir daí, compreende-se que o pesadelo que desperta seja seu fracasso.

---

[12] Nota do tradutor: personagens de *Alice no país das maravilhas*, livro de Lewis Carrol. Trata-se de dois irmãos gêmeos gordinhos que discordam o tempo inteiro um do outro, cujas conversas são confusas e fazem pouco sentido para os outros, somente para eles.

"Assim como algumas lembranças, digamos que o sonho seja sonho-tela. Não que ele minta: ele, antes, mantém à distância o gozo bruto, cativa a via do corpo nas homeostases e nas derivas do princípio de prazer, o qual não tem outro sentido senão o de tamponar o gozo. Sonhar, portanto, é uma defesa, um caso particular da defesa contra o real. Donde o paradoxo: a via real falha com relação àquilo que visa a análise, que ponhamos na conta do real, do gozo de discórdia que se impõe no sintoma, o qual, por sua vez, não é um sonho"[13]. Quando digo que a análise visa o real, ou melhor, um real, evidentemente é a análise segundo Lacan.

Consequentemente, despertamos do pesadelo, diz Lacan, para continuar a dormir, a dormir do sonho desperto do ajuste à realidade em que reina o princípio de prazer, realidade que já está ordenada pelo simbólico e pelo imaginário. Vê-se, se assim for, paradoxalmente, que é o insone o mais impenitente dos dorminhocos, este que se mantém ao abrigo dos pesadelos noturnos! É que simbólico e imaginário só engendram sonho, com relação ao real fora de sentido do falante. Com eles podemos nos contar histórias, belas ou menos belas, aliás, mas, em todo caso, histórias, ou, no melhor dos casos, forjar mitos — o de Édipo, por exemplo. Sobre a realidade em si, decerto não diremos como Calderón que ela é um sonho[14], mas justamente que ela já está tecida pelas relações de linguagem, simbólicas, que a ordenam. Por isso a suspeita que se tem, às vezes, de que tudo é fantasia, e que o real se furta a quem entra na rede do discurso. Consequentemente, a indistinção daqueles que o

---

[13] SOLER, C. *L'ombilic et la chose*, Centenário de *A interpretação dos sonhos*, organizado pelo Espace analytique (30 de maio de 1999).
[14] Nota da editora: referência a Pedro Calderón de la Barca (1600-1681), dramaturgo e poeta espanhol cuja peça mais famosa se chama justamente *La vida es sueño*.

sonho do discurso envelopa, aqueles, portanto, que se alojam na ordem de um laço social, com o casulo de pré-conceitos que isso implica, às vezes aspiram ao despertar. Questão crucial para a psicanálise que é um discurso, ou seja, um laço social, e que não tem nenhum outro instrumento além da linguagem.

Esse é um tema insistente em Lacan. Acerca "do gozo próprio ao sintoma tal como ele o define no fim, gozo opaco por excluir o sentido" ele observa, como eu disse: "Não há despertar senão por esse gozo", gozo desenodado dos nós do imaginário e do simbólico. Dá-se muita importância a isso ao despertar, mas qual seria seu valor, tanto para a psicanálise quanto para Joyce?

Quanto à psicanálise, Lacan responde sem ambiguidade na conferência publicada de 1979: ela desvaloriza esse gozo opaco que, sozinho, desperta. Ela o desvaloriza na medida em que "recorre ao sentido para resolvê-lo, [ela não tem] outra chance de conseguir senão se fazendo tapear... pelo pai, como indiquei"[15]. Tapeado pelo pai, significa tapeado pelo *sinthoma* que constitui o nó do sentido e do real. Lacan precisa essa operação analítica. Para obter um sentido, fazemos a emenda entre o imaginário e o simbólico, ou seja, o saber inconsciente, mas "fazemos ao mesmo tempo uma outra, precisamente entre o que é simbólico e o real, [...] entre o *sinthoma* e o real parasita do gozo"[16]. Isso equivale a dizer que fazemos esse gozo entrar no nó borromeano.

O que passou com Joyce para que sua escrita fora de sentido, salvo o enigma, como eu disse, parecesse se identificar com o desperto? Poderíamos até mesmo acrescentar — e sem

---

[15] AUBERT, J. (dir.). *Joyce avec Lacan*. Paris: Navarin, 1987, p. 36.
[16] LACAN, J. (1975-76). *O seminário, livro 23: O sinthoma*. Rio de Janeiro: Zahar, 2007, p. 70-71.

exagerar —, que tudo o que sabemos sobre sua postura fazia dele um desperto do sono da realidade. Isso se aplica a seu distanciamento em relação ao que se passava no sonho de sua família, de sua cidade, de sua Irlanda natal (o que lhe dava essa supervitalidade que Stanislaus, seu irmão, tanto ressaltou), à sua lucidez também, sua resistência às provações, a esse humor equânime que lhe valeu, na família o apelido de *sunny James*; em suma, aplica-se a essa espécie de impermeabilidade que um psiquiatra decerto poderia qualificar em termos patológicos, mas em que lhe conferia o perfil de desperto. É justamente dessa forma que Lacan aborda o tema nessa mesma passagem em que ressalta o gozo opaco de seu sintoma — geralmente se repete isso sem nem mais prestar atenção. Qual é, porém, o desfecho do parágrafo de Lacan sobre esse Joyce tão desperto que foi ofensivo, esse Joyce que, por querer fazer a literatura despertar, sinalizava que "queria o seu fim", que "tir[ava] o fôlego do sonho"? Logo após ter precisado que a psicanálise desvaloriza esse gozo, Lacan escreve: "o extraordinário é que Joyce o tenha conseguido, não sem Freud [...], mas sem recorrer à experiência da análise [...]"[17]. Conseguido o quê? A sintaxe da frase não deixa nenhuma dúvida sobre o alcance do "chegar": chegar à mesma desvalorização do gozo opaco pelo sentido que a psicanálise, que se faz de boba, obtém. Joyce, o *sinthoma*, esta é a tese de Lacan, teria, portanto, feito uma operação homóloga à da psicanálise, desvalorizar o gozo opaco por meio do sentido.

Onde é possível discernir essa operação? Sem dúvida no fato de que Joyce, longe de se contentar com o gozo da letra que não pedia nada a ninguém, tenha querido publicar, como Lacan observa, tenha querido freneticamente seu

---

[17] AUBERT, J. (dir.). *Joyce avec Lacan*. Paris: Navarin, 1987, p. 36.

nome — antes mesmo de fazer esse nome para si. Ora, só há nome em um laço social. Manifestamente, esse último era, para ele, mais importante que o gozo opaco de *lalíngua*. O desperto do gozo autista fora de sentido e fora de laço terá, portanto, aspirado ao sonho corretor, a um laço e a um imaginário de substituição. Pode-se sentir, além disso, que a cada vez que Joyce evoca a diferença de *Stephen Dedalus* e a estranheza que o separa de seus amigos, ele se surpreende com isso. Ademais, a observação de nostalgia também se acrescenta regularmente à constatação irônica e crítica, que o mínimo estremecimento de afeto é notado por ele com satisfação, como eu já disse. Aliás, não é *Finnegans Wake* um sonho? Vê-se o paradoxo: o sonho é feito para dormir, como diz Freud, mas nesse caso se trata de um sonho saturado de gozo que desperta, mas que, no entanto, não desperta. É até mesmo um sonho sem fim, que termina com o artigo "*the*" que faltava em sua primeira frase "*riverrun* [...]", com o qual Joyce pretende escrever como se pensa nos sonhos noturnos, essa terça parte da vida de UOM, ele precisa. Um sonho, outro paradoxo, que ele pretende oferecer a uma partilha com a qual parece ter sonhado que ela mesma fosse sem fim, por séculos em todo caso, com a aspiração de capturar o leitor nessa obra proliferadora e circular, em todo caso suficiente para abrigar em si um tempo sem fim. Um pesadelo, diz Lacan, mas do qual não há mais que se despertar, a partir do momento em que, por meio do enigma, ele dele fez isca, osso para roer, "ossobjeto" [*osbjet*], para a voracidade dos leitores que se incumbirão das adivinhações. A operação se realiza e enoda às expensas dessa emenda, graças ao *ego* de enigma, o gozo opaco da letra, e a criação contínua de seus leitores. Aliás, poderíamos dar mais importância ao título escolhido e pelo fato de que *wake*, em inglês, designa, além do despertar, a vigília, mortuária eventualmente. Ora, o título provém justamente de uma canção popular irlandesa que conta como alguém chamado Tom Finnegan ressuscitou durante sua vigília fúnebre[18]. Seria exagerado dizer que o *wake* de *Finnegans Wake* também evoca — e até mesmo apela — para uma paradoxal ressurreição do laço social? Joyce não teria desejado ser o inventor de uma obra como que "participativa", obra que não caminha sem a contribuição dos leitores? Joyce que, em resposta a uma pergunta de Max Eastman, citada por Ellman, diz: "The demand that I make of my reader is that he should devote his whole life to reading my work"[19]. Sua vida inteira, nada menos que isso. Joyce evocou esse leitor como "an ideal reader suffering from ideal insomnia"[20]. O que equivale a dizer, concluo, que se os sonhadores da realidade podem sonhar acordar para o real do gozo opaco, o desperto do real fora de sentido, por sua vez, sonha com o inverso, com um sonho sem fim.... e compartilhado.

O extraordinário não é tanto que ele tenha sonhado seu nome próprio como princípio de um laço social secular, mas que desse sonho ele tenha feito realidade, fazendo de seu nome de ego o referente do pequeno mundo dos joycianos, e conseguindo até mesmo, graças a Lacan, muito bem auxiliado por Jacques Aubert, despertar o interesse de alguns psicanalistas. Caminho inverso ao indistinto do analisante que, no melhor dos casos, conseguirá recorrer a uma ponta de real fora de sentido para pôr um termo a seu sonho de transferência. Joyce, por sua vez, foi do real de seus sintomas — de sua relação *Nego* com o Outro, de seu gosto por

---

[18] MOHAHAN, J. Grandir avec Joyce. In: *La Célibataire*, inverno 2013, nº 29.
[19] ELLMAN, R. *James Joyce*. New York: Oxford University Press, First Revision of the 1950 Classic, 1982, p. 703. Em tradução livre: "A exigência que faço ao meu leitor é que ele dedique sua vida inteira para ler minha obra".
[20] *Idem, ibidem*. Em tradução livre: "(...) um leitor ideal que sofre de insônia ideal".

lalíngua, e de sua distância para com os semelhantes — àquilo que arrisco chamar de romance do artista. Mas é possível falar em romance quando as corrosões do equívoco abolem o próprio relato? Ainda assim romance, que se lê, embora ele nada diga, salvo o enigma de uma enunciação escriturária. Na falta disso, poderíamos ter denunciado em Joyce um extremismo daquilo que chamei de *narcinismo* [*narcynisme*], condensando narcisismo e de cinismo, a saber, a postura de um sujeito não somente ocupado com seu escabelo, mas que, ao fazer isso, não tem outros fins a não ser seus próprios gozos. Não foi o caso de Joyce, no fim das contas.

Assim, o fato de que se diga sintoma, ou que se diga *sinthoma*, e até mesmo *joui-sens* [*gozo-sentido*], sempre se tem a prova por Joyce: gozo-sintoma da letra-fixão; dizer-*sinthoma* que renomeia; enigma que serve de todo sentido gozado [*sens joui*], bem diferente do *joui-sens*-comum, do *joui-sens* da fantasia. É por isso que, depois de ter feito de Joyce um Pai da Dio-logia, Lacan faz dele um representante da... sintomatologia, como eu disse. Do sintoma, "ele dá o aparelho, a essência, a abstração"[21], pois, sem saber, ele o mantém em seu nível de "consistência lógica". Essa expressão adquire todo seu peso sob a pena de Lacan, que já distinguiu, em seu seminário *A lógica da fantasia*, dois tipos de consistência — a consistência lógica e a consistência corporal do objeto *a*. Sua consistência lógica designa seu lugar e sua função na topologia do sujeito, ao passo que sua consistência corporal resulta do fato de que ele encarna a si mesmo como pedaço de corpo, peça destacada pelo efeito da linguagem (seio, excremento, olhar, voz) que se aloja na estrutura como mais-de-gozar, ali mesmo onde falta o significante. Pois bem, o mesmo ocorre

---

[21] AUBERT, J. (dir.). *Joyce avec Lacan*. Paris: Navarin, 1987, p. 25.

com o sintoma, as duas consistências estão em jogo aí. Ele é, no caso geral, não somente produto da linguagem, mas "acontecimento de corpo". Ora, não é o caso de Joyce propriamente dito, que só mantém sua consistência lógica, justamente. É sem passar pelo imaginário do corpo que seu gozo-sintoma da letra eleva *lalíngua* à linguagem. Ele ilustra da mesma forma a função *sinthoma*, mas excluindo sua encarnação na árvore genealógica, mantendo apenas a lógica, a função borromeana de enodamento sem um pai. Com sua tripla série, bem atípica, da fixão sintoma de gozo real, da nomeação *sinthoma* que ex-siste e enoda, e do enigma, que reinjeta a diz-mensão do sentido, ele terá dado "a volta da reserva"[22], de tudo o que se pode fazer um escabelo, mas só terá mantido de cada um a abstração, a lógica.

[22] *Idem*, p. 34.

7
A arte-deuzer[1]

Eu disse que o nome de sintoma que Lacan deu a ele não era um dos diversos nomes que iam em direção ao nome comum que Joyce pode ver atribuídos a ele. A diferença quase não é visível no nível da forma do nome, é verdade. Entretanto, esse nome de sintoma faz *mais* que o significante-mestre, pois não faz apelo a predicados tal como o significante-mestre. Sobretudo, ele também é feito de outra coisa: é um produto do *savoir-faire* do artista-artesão. Com efeito, esse nome, diferentemente do nome que Joyce deu a si mesmo formulando-o, herói, artista, não é seu dizer magistral que o atribui a ele. Ele é feito por meio de sua arte... borromeana, como eu disse, e, sem dúvida, sem que Joyce saiba. Lacan insiste muitas vezes sobre essa dimensão de um efeito produzido pelo *savoir-faire* do artista-artesão, e aqui se trata da correção do lapso do nó. Certamente o "querer um nome para si" é patente em Joyce, mas não o caracteriza como próprio, não teria bastado aí. Do mesmo modo, Joyce a desenha a boa lógica de que falei bem de acordo, mas ela é "feita apenas de sua arte" e sem que ele a perceba.

---

[1] Nota do tradutor: equívoco que articula a arte, o dizer e o criador.

Essa nomeação lança a seguinte questão: "Como uma arte pode pretender, de maneira divinatória, substancializar o *sinthoma* em sua consistência, mas também em sua ex-istência e em seu furo?"[2]. Forma de perguntar como pôde ele sustentar um nó borromeano, já que sua consistência, existência e furo são os atributos respectivos, segundo Lacan, do imaginário, do real e do simbólico. De fato, vejo aí a questão principal desse seminário, pois ela implica que a *"arte-dizer* [*art-dire*]"[3] é rival da função pai; ela permite, portanto, "abster-se" do pai. Sente-se muito bem que o desafio dessa tese não se limita ao caso de Joyce, mas implica tudo aquilo que Lacan promoveu a respeito de um "além do Édipo", especificamente a psicanálise que, se acreditarmos nela, como eu disse, "ao ser bem-sucedida, prova que podemos prescindir do Nome-do-Pai"[4].

A prática de Joyce

O re-enodamento, para Joyce, é o produto do *savoir-faire*, diz Lacan, e o *savoir-faire*, por definição, é aquilo que não tem fiador de saber. E, no entanto, ponto capital, só "se é responsável na medida de seu *savoir-faire*"[5]. De fato, de sua suplência obtida como se fosse às cegas, Lacan considera Joyce responsável até o ponto de lhe atribuir um mérito, este é seu termo, embora ele tenha feito isso sem saber o que estava fazendo. "Joyce não sabia que ele fazia o *sinthoma*, quero dizer, que o simulava. Isso era inconsciente para ele. Por isso, ele é um puro *artificier*, um homem de *savoir-faire*, o que é igualmente

---

[2] LACAN, J. (1975-76). *O seminário, livro 23: O sinthoma*. Rio de Janeiro: Zahar, 2007, p. 38.
[3] *Idem*, p.114.
[4] *Idem*, p. 132.
[5] *Idem*, p. 59.

chamado de um artista"[6]. Lacan disse isso muitas vezes acerca dos artistas e poetas em geral, mais especificamente os surrealistas: "eles não sabiam muito bem o que faziam"[7]. Assim como eles, Joyce estava, portanto, bastante justificado em ter sua arte "*orgulharte* [*art-gueil*] para dar e vender"[8]. Lacan aparentemente supõe que Joyce teria aceitado esse nome de *savoir-faire* que ele lhe dá, o sintoma. Mas se trata apenas de uma suposição, pois, como saber disso sem ele?

O *savoir-faire*, diz Lacan, é "aquilo que confere à arte de que se é capaz um valor notável, porque não há Outro do Outro para operar o julgamento final".

Em *Les non-dupes errent*, ele já dizia "um valor primordial". Mas, então, sem Outro do Outro, o valor notável nada mais é do que um valor notado por... outros. De fato, o escabelo da arte é como a pequena escada — isso não se faz sozinho, outros são necessários. Esses outros, a partir do momento em que uma demanda lhes é endereçada, tornam-se Outros, com uma maiúscula — Lacan diz "Outros reais". Ele, ainda, insiste em definir o *savoir-faire*: "O Outro do Outro real, isto é, impossível, é a ideia que temos do artifício, visto que ele é um fazer que nos escapa, isto é, que transborda em muito o gozo que podemos ter dele"[9]. Ao que acrescenta, mais adiante: "Isto significa que há algo de que não podemos gozar".

Eis o que marca a distância entre o *savoir-faire* ao saber. O fundo sobre o qual essa afirmação se destaca — adquirido depois do seminário *Mais, ainda* —, é que o saber inconsciente

---

[6] *Idem*, p. 114.
[7] LACAN, J. (1973-74) *Le séminaire, livre 21: Les non-dupes errent*, inédito (Aula de 9 de abril de 1974).
[8] AUBERT, J. (dir.). *Joyce avec Lacan*. Paris: Navarin, 1987, p. 33.
[9] LACAN, J. (1975-76). *O seminário, livro 23: O sinthoma*. Rio de Janeiro: Zahar, 2007, p. 62.

feito de *lalíngua* "se goza" no sintoma e que "falar, (também) é um gozo". Pois bem, com relação ao *savoir-faire*, é diferente. Lacan nos diz aqui que seria preciso, antes, colocar que esses artifícios do *savoir-faire*, notáveis, pois são notados, não se goza deles — em todo caso, eles ultrapassam o gozo que deles se pode ter. Quem é esse *nós* ou esse *se* que não pode gozar desse fazer? Seria aquele que faz a pequena escada ao *artificier* como acabo de dizer, o público, nós, leitores de Joyce, ou seria o próprio *artificier*? Difícil pensar que é o próprio *artificier*, de tanto que o gozo de seu autor se percebe na obra escabelo. A arte do *artificier* vale como Outro do Outro real; em outras palavras, ela é aquilo de que só ele goza pois, no que diz respeito ao leitor, Lacan insiste nisso, ela permanece "interdita". É daí que a questão de saber por que ele publicou, já abordada aqui, se colocava. Com efeito, seus jogos verbais, se fascinam, também são cansativos, não tocam nosso inconsciente, não são consoantes com ele. Ele está tão "desabonado" do inconsciente que suas "private jokes" [piadas internas] deixam intrigado, segundo Lacan. Há, portanto, no *savoir-faire* — e Joyce ilustra isso —, algo de que se pode gozar. Ao que Lacan acrescenta: "Chamemos isso de o gozo de Deus [...]"[10]. Surpreendente, não? Aí está um longínquo eco à observação de "O engano do sujeito suposto saber" que fazia de Joyce um dos três Pais da Dio-logia, ao lado de Moisés e de Mestre Eckhart[11]. Na realidade, é mais do que um eco, é um passo: pois se a arte faz do Outro o Outro real, não é jamais sem o gozo; ela faz, portanto, mais que a Dio-logia. A lógica, mesmo que fosse a dos "dió-logos", é estranha ao gozo, sempre

---

[10] *Idem*, p. 59.
[11] LACAN, J. (1967). "O engano do sujeito suposto saber". In: *Outros escritos*. Rio de Janeiro: Zahar, 2003, p. 338.

correndo o risco "de fazer superstição do ceticismo", dizia Lacan. Lacan reconheceu em Joyce o que ele chama de "a boa lógica", mas, ainda mais, o gozo que por si só pode tornar o Outro consistente e sem o qual, o Outro, reduzido ao suposto saber, "estaria um pouco enfermo"[12]. O artista faz mais do que o Dió-logo. Divino artista, portanto...

A Deus, o criador, se atribui a forja do universo, sua moldagem como o oleiro artesão com seu pote. Em nossos dias, a imagem do oleiro decerto ficou no passado; existem sábios mais modernos — quero dizer, na época da ciência —, sábio que falam mais de "design inteligente". Em todo caso, a obra bem-sucedida sustenta o postulado do *artificier*, o mesmo que Joyce invoca nas últimas linhas do *Retrato do artista*. Ele o invoca, na medida em que "é ele que sabe, que sabe o que tem a fazer"[13]. Lacan ainda observa que, justamente, parece que para Joyce, em *Stephen herói* e no *Retrato...*, "o artista não é o redentor, é o próprio Deus, como fazedor"[14]. Com efeito, se podemos duvidar de Deus, quanto a Joyce, não há duvida — é então que o artista adquire um valor notável como... deus.

O que dizer, no entanto, do *savoir-faire* de Joyce, que não é qualquer um? A tese de Lacan sobre esse ponto não é a que se acredita em geral, pois ela é eclipsada, no próprio seminário, por seu desenvolvimento sobre a escrita de Joyce, a qual, ela própria, faz correr muita tinta. Com efeito, esta escrita é bastante singular — cada vez mais singular com o passar do tempo —, indo em direção a uma "espécie de fratura", de "dissolução da linguagem", diz Lacan, o que culmina em

---

[12] *Idem, ibidem.*
[13] LACAN, J. (1975-76). *O seminário, livro 23: O sinthoma.* Rio de Janeiro: Zahar, 2007, p. 68.
[14] *Idem*, p. 78.

Finnegans Wake e faz com que, no fim, "não haja mais identidade fonatória"[15].

Mas, segundo Lacan, a práxis de Joyce não é seu *savoir-faire* com a letra — do qual nada indica, aliás, que ele não lhe fosse imposto. Ela é, eu cito, "alguma coisa proveniente do dizer quanto ao que, no caso, chamarei igualmente de a *arte-dizer* [*art-dire*], para deslizar rumo ao ardor [*ardeur*[16]]" — sabe-se bem que não faltava ardor a Joyce. Foi preciso uma arte-dizer para rivalizar com o dizer que enoda as três dimensões. O que equivale a dizer que, para o divino artista, seu nome de sintoma faz, efetivamente, mais do que o significante-mestre que ele quis para si, trata-se de um nome que não tem sinônimos, que não pode virar apelido, nem nome comum, um nome de exceção. O poder do *savoir-faire* terá, portanto, feito suplência, por meio da arte-dizer, à transmissão por um pai — a função do pai sendo, para Lacan, desde "O aturdito" uma função de dizer-*sinthoma* que condiciona o enodamento das três consistências.

Pela operação da palavra

Observo, entretanto, que Lacan dispunha da tese da suplência por meio da arte no início do seminário. Ele a afirma antes mesmo de demonstrá-la, desde sua segunda aula e, em seguida, na terceira aula: "Joyce acaba por ter visado por sua arte, de maneira privilegiada, o quarto termo chamado de *sinthoma*"[17]. Portanto, não se pode pensar que o assunto do seminário estaria aí. Seria preciso ainda dizer o que torna possível a eficácia da arte-dizer borromeana se não quisermos nos comprazer na

---
[15] *Idem*, p. 93.
[16] *Idem*, p. 114.
[17] *Idem*, p. 38 e s.

religião... da arte. Não foi pela operação do Espírito Santo que Joyce chegou aí. Lacan procurou explicitar isso por considerações, entre outras, sobre... o falo.

Apreende-se a lógica do percurso se nos lembrarmos das primeiras elaborações de Lacan, muito antes do esquematismo do nó borromeano, desde a metáfora paterna. Elas postulavam que, da função Pai à função fálica, havia mais que solidariedade, uma aparente subordinação que repercutia aquela, mais global, do imaginário ao simbólico escrita na metáfora e em todos os esquemas dessa época anterior, o esquema L e o esquema R. Daí a ideia de que, na psicose, essa função fálica, com as identificações sexuantes e o gozo que ela permite, falha. Schreber é a prova disso. Com o nó borromeano, esse domínio do simbólico sobre o imaginário é recusado. A questão passa a ser a do enodamento das três consistências equivalentes, a do real, do simbólico e do imaginário. Daí, qualquer clínica precedente deve ser repensada a partir do nó pelo *sinthoma*. Impõe-se então, entre outras, a questão de saber o que se torna a chamada função fálica, quando há suplência do *sinthoma* Pai, quando o fora de discurso encontrou sua solução.

Quando há um nó borromeano de três consistências, dois gozos se distinguem nele: o gozo do sentido — entre simbólico e imaginário — e o gozo fálico — entre simbólico e real. É o que escreve o exame minucioso do nó a seguir:

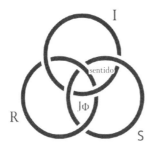

Mas, por conseguinte, inversamente, quando os gozos são atestados, eles são testes para o enodamento. Foi que o que Lacan evidenciou com relação a Joyce: o sentido, o gozo-sentido [*joui-sens*] mais precisamente, é colocado em maus lençóis aí pelo deixar cair do próprio corpo, desenodamento do imaginário. O sentido mantido sob a forma do enigma, do nome de enigma, porém, marca o re-enodamento do imaginário por meio do ego-*sinthoma*. O gozo fálico, da mesma forma, é sustentado sem o pai, segundo a hipótese de Lacan, por sua escrita. E eis que se recoloca a questão do impulso daquilo que ele chamou de função fálica, que implica decerto um gozo, mas que se submete à influência de uma castração.

"Se crê macho porque se tem um pedacinho de pau", ele diz, mas "é preciso mais que isso"[18]. O que mais? Há muito, e novamente em "O aturdito", Lacan respondeu: o falo, e muitos analistas leitores de Lacan tinham concluído que o falo, com ou sem maiúscula, não caminhava sem o Pai. Mas eis que Lacan diz explicitamente: o falo, ou seja, "a conjunção do que chamei de esse *parasita*, ou seja, o pedacinho de pau em questão, com a função da fala"[19]. Aliás, é assim que, alguns meses antes, em sua "Conferência de Genebra", ele havia situado a formação precoce dos sintomas, como conjunção, mais do que conjunção, "coalescência" da *materialidade* do inconsciente oriunda de *lalíngua* falada, com a realidade sexual, a do pequeno pedaço de pau, ele precisava, ilustrando isso com o caso do pequeno Hans. Tomados literalmente, esses desenvolvimentos desfazem a solidariedade entre o significante fálico e o pai — a menos que se diga que não há fala sem o pai. Voltarei a isso!

[18] *Idem*, p. 16.
[19] *Idem, ibidem*.

Quanto ao gozo fálico — sobre o qual Lacan volta nesse seminário —, ele se constitui, como ele diz, "na conjunção do simbólico com o real [...]"; ou seja, como observo, no próprio lugar em que ele situa as epifanias de Joyce, assim como a escrita de *Finnegans Wake*. Esse gozo, como Lacan especifica, se distingue do gozo do pênis, que participa do erotismo em relação ao imaginário do corpo e de seus orifícios. Do gozo do falo, ele diz: "É o lugar do que é em consciência designado pelo falasser [*parlêtre*] como poder"[20]. Com efeito, para o "falasser, [...] há a capacidade de conjugar a fala e o que concerne a um certo gozo, aquele dito do falo, experimentado como parasitário, devido a essa própria fala [...]".

Capacidade, portanto, que essa fala tem de gerar um gozo que é gozo de fala, fora do corpo. E Lacan completa a frase que citei sobre Joyce, dizendo que sua arte supriu sua firmeza fálica, acrescentando: "é sempre assim. O falo, é a conjunção do que chamei de *esse parasita*, ou seja, o pedaço de pau, com a função da fala"[21].

Enfatizo o "é sempre assim". Compreende-se bem, de fato, que esse gozo que nos representamos como poder, não se localiza apenas na cama. Ele também pode, evidentemente, investir o órgão, mas está em tudo aquilo em que se maneja o verbo, na política, na literatura etc. Para Joyce, sua arte pode restaurar o gozo fálico, porque ele só utiliza o instrumento de linguagem. Não poderíamos, talvez, dizer o mesmo para a pintura ou a música, não sei, mas para quem fala ou escreve, o ciframento desse gozo deriva na linguagem, sem convocar o pai.

---

[20] *Ibid.*, p. 55.
[21] *Ibid.*, p. 16.

Dir-se-á, como objeção a essa função fálica sem o pai mas com a fala, que a fala, tal como proposta por Lacan, implica o pai enquanto significante com função de ponto de estofo do edifício da linguagem em sua totalidade? Ou que Lacan demonstrou muito bem que na psicose — a de Schreber, onde há falha —, a estrutura de fala se encontra modificada, perturbando, na falta desse ponto de estofo, tanto a identidade quanto o gozo? Com efeito, esta foi a primeira tese de Lacan: subordinação da significação fálica à metáfora do pai, e do imaginário ao simbólico. Em 1975, Lacan, tendo remanejado seu conceito de inconsciente, também remanejou sua concepção de fala.

Não se trata mais da fala intersubjetiva de "Função e campo da fala e da linguagem", instituinte do parceiro, que dizia "tu és meu mestre" ou "tu és minha mulher" [*tu es ma femme*]. Nesse momento, tal fala plena era, de fato, pensada como solidária da função do pai. Desde então, porém, Lacan se deu conta — como ele diz no seminário *De um discurso que não fosse semblante* — de que a fala plena é simplesmente aquela que preenche; e o que preencheria ela além do furo da relação sexual que falta, da mesma maneira que o sintoma-pai? Ali onde está, essa fala plena não é nada além de tampa e frágil, pois a não relação leva mais a um homofônico "*tué ma femme*"[22]. De modo mais geral, em 1975, a fala se tornou, sob a pena de Lacan, o blábláblá, o falatório, a conversa mole etc. Ela não tem valor pelos pontos de estofo da significação. Ela se goza e é intrinsecamente geradora da significação do falo. A partir daí, também se percebe que sua relação com o Pai

---

[22] Nota do tradutor: em francês, "*tu es ma femme*" (tu és minha mulher) e "*tué ma femme*" (matar minha mulher) são sentenças homófonas, o que faz com que Lacan especifique se tratar de uma e não de outra frase. Tal homofonia é trabalhada por Lacan no seminário *R.S.I.*, na aula de 15/04/1975.

deve ser revista, o que o próprio Lacan fez. Pois, de fato, essa inversão não data do seminário sobre Joyce.

Ao longo dos anos, Lacan voltou regularmente àquilo que chamou de *Bedeutung* do falo. É o único genitivo completo, ele diz em *De um discurso que não fosse semblante*. Com efeito, ele é, ao mesmo tempo, um significante e um significado. De um lado, esse falo é o significante que designa "os efeitos de significado, na medida em que o significante os condiciona por sua presença de significante"[23], portanto, o significante que designa o poder do significante enquanto tal. Mas, de outro lado, a cadeia da fala significa em todo caso o falo devido à estrutura de remissão de significante em significante, e de significação em significação, ou seja, da impossibilidade de manter juntos todos os significantes. Em sua conferência de Genebra, Lacan precisa que "significação" traduz mal a *Bedeutung* do falo, que na verdade é "relação com o real"[24]. Mas, qual relação? Aquela que acabo de dizer: a impossibilidade de manter todos os significantes juntos, o único real que seja propriamente efeito de linguagem e que a função fálica escreve como função de castração. Pois esta última não é a historinha em que se acredita, mas sim – se confiarmos em *...ou pior*, que coloca os pontos nos is –, a castração é essa própria impossibilidade. O falasser é um "se goza" – subentendido, na falta de relação sexual, a menos que se diga, como Lacan faz no seminário *De um discurso que não fosse semblante*, que a relação sexual é a própria fala –, mas um "se goza" que implica castração. Nessa fala, o pai não

---

[23] LACAN, J. (1958). "A significação do falo". In: *Escritos*. Rio de Janeiro: Zahar, 1998, p.697.
[24] LACAN, J. (1975). "Conferência em Genebra sobre 'O sintoma'" (04/10/1975). In: http://www.campopsicanalitico.com.br/media/1065/conferencia-em-genebra-sobre-o-sintoma.pdf (Acesso em: 27/03/2018).

está absolutamente convocado. Ela é, a partir do seminário *Mais, ainda*, o lugar do inconsciente-gozo. "o inconsciente é que o ser, falando, goze"[25]. Mais precisamente, ela é o lugar do ICRS (inconsciente real), na medida em que ele não é uma cadeia de sentido, mas um "saber falado", uma *materialidade* gozada, fora de sentido. A partir de então, a concepção do ponto de estofo deve ser repensada. É o que Lacan começa a fazer quando, no fim de *Mais, ainda*, ele precisa que o Um do enxame dos significantes da linguagem extraídos do saber de *lalíngua*, esse novo significante-mestre, se assim posso dizer, que "garante a unidade da copulação do sujeito com o saber [...]", "não é um significante qualquer. Ele é a ordem significante, no que ela se instaura pelo envolvimento pelo qual toda a cadeia subsiste"[26].

A verdadeira questão que Lacan colocava não era tanto saber se a arte de Joyce havia feito suplência à sua firmeza fálica — isso ele considera certo —, mas saber como era possível, "como uma arte pode pretender de maneira divinatória substancializar o *sinthoma* [...]?"[27]. Quando Lacan evoca a substância, trata-se sempre do gozo, única substância com a qual a psicanálise tem que lidar. O fato de que o *sinthoma* sem o pai que é a arte de Joyce restaure o Falo — ao mesmo tempo como ego falicizado e como gozo fálico do texto, o que é patente em Joyce —, coloca evidentemente em questão a suposta subordinação dessa função ao pai, tão frequentemente tida como certa. Preciso: ao pai da metáfora vindo do Édipo de Freud, aquele que se convoca para explicar o motivo

---

[25] LACAN, J. (1972-73). *O seminário, livro 20: Mais, ainda*. Rio de Janeiro: Zahar, 1985, p. 143.
[26] *Idem*, p. 196.
[27] LACAN, J. (1975-76). *O seminário, livro 23: O sinthoma*. Rio de Janeiro: Zahar, 2007, p. 38.

da filiação além da reprodução dos corpos, aquele que Joyce não queria a nenhum preço.

Mais uma lição de Joyce, da qual Lacan tirou seu proveito. Ele forneceu o exemplo que faltava a seu além do Édipo. Que Joyce gozou de seu nome *sinthoma* é certo. Mas, a partir do momento em que esse *sinthoma* repara, de certa forma, o "lapso do nó", ele também restaura o enodamento dos dois gozos, o do sentido, reduzido aqui ao enigma, e o fálico, entre simbólico e real, por todo lugar em que ele goza de *lalíngua*. A partir daí, o sucesso de Joyce, sua arte do borromeano, obriga a postular que esses dois gozos não estão intrinsecamente subordinados ao pai. Seria possível supor já o gozo do sentido pela fantasia da paranoia, fosse ela de perseguição ou redenção. Para o gozo fálico seria preciso o exemplo, de tanto que Lacan nos havia ensinado a considerá-lo como um efeito da função paterna.

O operador usado pela arte-dizer é a fala com tudo o que ela supõe do poder de *lalíngua* falada, que preside — e sem o pai —, ao poder desse gozo fálico. Ainda assim, ela só se impõe às custas da... castração. Mas aqui, ainda, há uma revisão a ser operada: a castração é solidária da fala. Ela opera, decerto, no nível sexual, pois esse gozo fálico, por si só, faz obstáculo à relação sexual, ao Outro, o sexo outro, permanecendo fora de alcance. Quanto a isso, lembro a tese de Lacan dizendo que o texto de *Exilados* é o testemunho do sintoma da não relação sexual que Joyce experimenta, justamente sob o reinado de Nora. Aliás, é em virtude dessa ausência, "ab-sexo", que esse gozo fálico se desloca, emigra, transporta seu poder para outros campos que não o sexual. É por isso que, às vezes, dizemos que o poder é sempre sexual; da mesma forma, também poderíamos dizer que ele nunca o é. Enfim, como eu disse, a castração não opera menos a partir e no nível do texto que se goza. Indício em Joyce: suas tentativas de evitá-la, principalmente com esse texto circular que é *Finnegans Wake*, o qual, do fim, volta ao começo, e depois com essa promessa de uma leitura ininterrupta, que não cessa... Foi realmente Joyce, portanto, que permitiu a Lacan verificar esse passo — parece-me que pouco percebido — que consiste em desfazer a junção que antes ele havia proposto como necessária entre a função do Pai e a função fálica, junção mantida até "O aturdito" — que aliás seria necessário reler com muita precisão à luz dessas últimas elaborações, pois o pai, cuja função lógica é reafirmada nesse texto, não é aí a causa da função, ele só é requisitado para constituir em conjunto uma metade macho da *sex ratio*.

O que equivale a dizer que essa eficiência prestada à fala a renova completamente — e até mesmo a subverte, fazendo-a passar para o lado do real —, ao passo mesmo que, em seu texto inaugural, "Função e campo da fala e da linguagem", Lacan fazia dessa função da fala o próprio limiar do simbólico. Esse passo, decerto, já havia sido dado, notadamente em *Mais, ainda* e na conferência "O sintoma", que precede imediatamente o seminário *O sinthoma*, pela renovação de seu conceito de inconsciente como saber falado com seu abrigo em *lalíngua*, fora de sentido, portanto, real, e que se goza. Mas teria sido necessária a prova pela arte-dizer de Joyce para que a tese se confirmasse com um exemplo. O que Lacan mostra não é simplesmente, como muitas vezes se diz, e como eu mesma disse, que um sujeito pode fazer suplência à carência do pai se renomeando. Para captar a insuficiência dessa fórmula, bastaria a seguinte observação: quantos grandes psicóticos não se renomearam na história da política, da ciência ou da arte sem que isso tenha evitado sua loucura, sem que isso tenha, portanto, feito suplência à falta de enodamento borromeano?

Joyce, decerto, fez mais do que se renomear, ele criou um nome para si como tantos outros, mas um nome que tem efeito borromeano. Pode-se pensar que esse efeito não deixa de ser algo nas mudanças subjetivas que se deixam perceber em sua biografia. Por exemplo, quando se constata, pelos inúmeros testemunhos, que aquele se anunciava como o artista, com o artigo indefinido conotando a unicidade, expressa uma admiração às vezes surpreendente por muitos outros escritores, Hemingway, Gide, d'Annunzio etc. E do mesmo modo, quando se fica sabendo que aquele que foi de um egoísmo tão decidido e endurecido, tanto com os outros quanto consigo mesmo, tornou-se tão devotado a seus amigos, tão atento a suas pequenas e grandes infelicidades. Não insisto mais, Joyce também prescindiu do pai, servindo-se dele. Uma verdadeira suplência, portanto, por meio da arte-dizer.

8
Conclusão

Joyce, além do Édipo

Volto, primeiramente, à questão do diagnóstico de Joyce. A afirmação da carência paterna, tão categórica em *O sinthoma*, precipitou muitos leitores lacanianos à afirmação de psicose. *Mea culpa*, tomei inicialmente essa via[1], não sem guardar para mim a questão de saber por que Lacan se absteve tanto de pronunciar esse termo em seu seminário e em seus diversos textos sobre Joyce, apesar da carência paterna fortemente afirmada e de um ou outro fenômeno ressaltado como homólogo aos da psicose, principalmente nas páginas dedicadas às palavras impostas, mas também à sua filha supostamente telepata[2]. Não é possível pensar que seria apenas para poupar as diversas sensibilidades dos leitores. Ainda mais porque, em Lacan, o termo psicose não implica nenhuma minoração — contrariamente ao que se passa às vezes no mundo da psiquiatria.

De fato, como já mencionei, a partir do momento em que cada falante se submete à influência da foraclusão generalizada

---

[1] *Cf.* SOLER, C. *O inconsciente a céu aberto da psicose*. Rio de Janeiro: Zahar, 2007.
[2] LACAN, J. (1975-1976). *O seminário, livro 23: O sinthoma*. Rio de Janeiro: Zahar, 2007, p. 92.

da relação sexual, as repartições diagnósticas fundadas no Nome-do-Pai encontram-se, ou deveriam se encontrar, modificadas. Ao introduzir esse Nome-do-Pai, Lacan havia ordenado todo o campo dos fenômenos clínicos de forma binária, com, de um lado, neurose e perversão, e, de outro, a psicose, única a ser afetada pela foraclusão. Esse binarismo sem nuances ainda é conveniente em muitos textos clínicos. Ora, a partir do momento em que a função de um pai é percebida como um obturador da falta mais radical da relação sexual, obturador sintoma, diz Lacan, o "há Um" [*y a d'l'Un*] genérico do falante que, no que diz respeito tanto ao gozo quanto ao dizer, não está reservado a alguns, esse há Um, portanto, deveria trazer ao menos algumas nuances. O que faz Lacan quando ele diz que, no fim, "todo mundo delira", subentendendo-se aí delírio da fantasia que tampona o furo da impossibilidade de relação. Não é fácil de entender, entretanto, pois na psicanálise justamente, a transferência, da qual ela não pode prescindir e que é usada para fabricar as cadeias significantes do sentido, é precisamente um dispositivo de defesa contra o real, tanto o da não relação quanto o dos sintomas de suplência. Eles são reais na medida em que seu gozo é fora de sentido, que ele se fixa nos acidentes contingentes dos encontros do que chamamos "vida" e que ele perdura, irredutivelmente relutante à ordem, inscrevendo, no entanto, o mais único daquilo que há de identidade singular em cada um. É a partir daí que a psicanálise deve ser pensada além do Pai, como uma prática "orientada para o real"[3] embora ela use simbólico e imaginário. O desejo do psicanalista também deve ser um desejo... do real. Poderíamos fazer objeção ao fato de que Lacan nunca

---

[3] *Cf.* SOLER, C. *Lacan, o inconsciente reiventado*. São Paulo: Cia de Freud, 2009, p. 82.

deixou de falar do Nome-do-Pai, até o fim? É verdade, mas foi depois de substituir o pai da metáfora indissociável do sexo e da filiação, o dizer... que é pai, pai posto que é dotado do poder de geração do nó borromeano.

Ora, Joyce trouxe a Lacan o exemplo, por assim dizer, espontâneo, não analítico, que permite apoiar lateralmente sua tese sobre uma psicanálise... reinventada.

Ao fim do ano dedicado a Joyce, Lacan diz de fato isso, a que volto: "A hipótese do inconsciente, sublinha Freud, só pode se manter na suposição do Nome-do-Pai. É certo que supor o Nome-do-Pai é Deus. Por isso a psicanálise, ao ser bem-sucedida, prova que podemos prescindir do Nome-do-Pai. Podemos prescindir sobretudo com a condição de nos servirmos dele"[4].

Essa frase vem depois das considerações sobre o fato de que não há Outro do Outro, "nenhuma ordem de existência" que seria o Outro do simbólico. Verdadeiro furo, diz ele[5]. Seguem-se observações sobre o dizer, a escolha de falar, que está em lugar de exceção em relação a todos os ditos e como o menos-um necessário para constituí-los como conjunto. A partir daí, é fácil construir a lógica dessa fase que pareceu tão enigmática aos primeiros ouvintes e leitores de Lacan. O inconsciente freudiano, que se decifra nos ditos dos analisantes, é "estruturado como uma linguagem", e, portanto, feito de significantes. Mas não há significante sem dizer, dizer que não deve ser esquecido, ato de dizer. O dizer, o *deuzer*, segundo a tese introduzida em "O aturdito" e retomada no ano seguinte em *Mais, ainda*, ex-siste ao significante. Ora, a

---

[4] LACAN, J. (1975-76). *O seminário, livro 23: O sinthoma*. Rio de Janeiro: Zahar, 2007, p. 132.
[5] *Idem*, p. 130.

própria psicanálise opera por meio do dizer, e quando é bem-sucedida, permite que se coloque um dizer além de todos os ditos do analisante, esse "Um-dizer" que constitui a unidade de sua variedade. "Esse dizer que convoco à ex-sistência, esse dizer que não se deve esquecer do dito primário, é com ele que a psicanálise pode pretender se fechar", diz Lacan[6]. Isso supõe uma interpretação ajustada à estrutura de discurso, que não visa "o que se diz", mas àquilo que está "ao lado" do dizer, ao lado da enunciação, uma interpretação, portanto, que suspenda aquilo que o dito, o do analisante, tem de verdadeiro, uma interpretação que diga "que não" aos ditos de verdade. Mas "dizer que não" não é contradizer, nem negar, nem corrigir, é conter, responder, rejeitar. O dizer da análise, portanto, esse dizer que resulta de dois dizeres que aí estão em jogo — o do analista, apofântico, oracular, e o do analisante que é demanda o que quer que ele diga —, esse dizer da análise, de que Lacan construiu a topologia, mostra que o dizer prescinde muito bem de qualquer pai e até mesmo que o dizer é Pai. A partir daí, pode-se afirmar, com efeito, que a análise bem-sucedida prescinde do pai, servindo-se daquilo que o define doravante para Lacan, ou seja, o dizer-Pai. Essa tese, enunciada em 1976, no fim do seminário *O sinthoma*, apoia-se em formulações de 1972 de "O aturdito", que evoco brevemente aqui.

Por que essa distância de tempo? Por que é só no fim de sua exploração do caso de Joyce que Lacan a pode formular desse modo? É que, em 1976, ele pode se autorizar, implicitamente, decerto, da contribuição que Joyce lhe fornece por meio de sua "arte-dizer", a qual também mostra que é possível fazer

---

[6] LACAN, J. (1972). "O aturdito". In: *Outros escritos*. Rio de Janeiro: Zahar, 2003, p. 490.

suplência ao Nome-do-Pai e, no seu caso, sem a psicanálise. Vemos as etapas do caminho de Lacan. Em 1963, na primeira aula daquilo que deveria ser um seminário dedicado aos Nomes-do-Pai — e que foi, no fim das contas, a única aula resultante de sua excomunhão da IPA —, Lacan já introduzia, com esses nomes plurais da função Pai, a noção de suplências possíveis. "O aturdito", em 1972, precisava a natureza da função como função de dizer que é uma função de exceção, ex-sistencial em relação a tudo o que se diz. A partir daí, essa função é requerida pelo fato de que há uma linguagem e que se fala. Em 1976, a arte-dizer de suplência por meio da qual Joyce escapa do "fora de discurso" da psicose traz o exemplo que faltava para apoiar a tese de um possível discurso que prescinde do pai.

Concluo daí que, se Joyce chegou a esse sintoma de suplência sem recorrer à psicanálise, não foi sem recorrer a Joyce que Lacan conseguiu apoiar sua fórmula do dizer analítico de suplência, embora ele tenha aberto essa via muito antes, pois desde "Radiofonia" havia proposto que o discurso analítico, a psicanálise, funcionava sem recorrer ao Nome-do-Pai. Cada inconsciente é *uma* linguagem, mas linguagens há várias, o que confere o sentido do "estruturado como *uma* linguagem" e "as linguagens ficam no âmbito do *nãotodo*, do modo mais certeiro [...]"[7]. Joyce fez tão bem quanto cada inconsciente, ele criou a *sua* linguagem, especialmente com *lalinglesa*[8] e outras *lalínguas* também. Mas fez mais, por meio de sua arte, seu *savoir-faire*, ele restituiu... o lugar do dizer de exceção que ex-siste às línguas faladas e que condiciona a estrutura de qualquer discurso. Aliás, a partir do momento em que Lacan

---

[7] *Idem*, p. 490.
[8] LACAN, J. (1975-1976). *O seminário, livro 23: O sinthoma*. Rio de Janeiro: Zahar, 2007, p. 129.

acrescentou à estrutura da linguagem a estrutura dos discursos no plural, os quais dependem, todos, do lugar cavado pelo dizer e em que semblantes podem vir se alojar, ele redefiniu a psicose como estando "fora de discurso", mesmo que a tenha situado inicialmente como únicos fenômenos de linguagem, eles mesmos podendo ser inscritos em seus matemas S_1, S_2, S, a — fica a nosso cargo saber o que assinala o fora do discurso nos fenômenos da clínica. Em Joyce, a arte-dizer corrigiu o que talvez tivesse sido um fora do discurso, em razão de sua foraclusão de fato da exceção paterna. Na árvore genealógica, ele se coloca, portanto, no começo, como disse, como o próprio Deus, homólogo ao zero necessário para iniciar a série de números inteiros.

Além das normas, o real

Vê-se o caminho percorrido por Lacan de Schreber a Joyce. Ele avançou na construção progressiva do discurso analítico a partir da consideração, desde o início, da estrutura da linguagem que a fala articula. Função e campo... Lógica e topologia da linguagem, e em seguida do discurso, foram convocadas, como bem sabemos, pelo que foi muito criticado, até mesmo em sua Escola. Depois, veio o nó borromeano, mas, relendo-o hoje, avalio o quanto esses recursos sucessivos foram propícios para reduzir a nada certas opções de partida bem... normativas.

O fato de que a função do Édipo no pensamento de Freud seja normativa não deixa dúvidas, embora ela não seja simples. Ela é reduzida, com muita frequência, ao que Lacan chama de historinha, ou pequena história inventada no trio da família conjugal, papai, mamãe e eu, a criança. Isto foi vulgarizado com mais facilidade e hoje está em todas as bocas, a começar pelas dos analisantes que, a partir do momento em que evocam pai e mãe, explicam que é o Édipo deles. No entanto, isto é esquecer os dois textos mais importantes para Freud, *Totem e Tabu* e *Moisés e o monoteísmo*. Um mito e uma elucubração histórica, decerto, mas em que aquilo que estava em questão não era apenas a sexuação conforme, o tornar-se homem ou mulher da criança segundo seu sexo, mas nada menos do que a própria possibilidade, para todos, do laço social da Lei que o condiciona garantindo a separação para com o objeto primordial que é a mãe.

Todavia, com seu Édipo, Freud legitimava, de fato, uma autoridade dos pais instaurada bem antes da psicanálise e trazida pela instituição da família conjugal clássica. Esta estava estruturada como um laço social, especificamente o do discurso do mestre. Com efeito, ela instaurava uma ordem por meio de um semblante, um significante-mestre, S_1, o do chefe da família, o pai, que comandava seu outro, sua mulher-mãe, e sua casa. Ela assegurava, portanto, a sobreposição de dois pares — o social, dos pais, e o sexuado, do homem e da mulher. Ele se mantinha às custas de uma relação de dominação, dominação legalizada da esposa, que era submissa por todas as atividades sociais à autorização marital, não o esqueçamos. Aliás, é bem por isso que, desde antes da família romana, a comédia grega inventou a ideia de greve de sexo como arma última das mulheres, essas despossuídas do poder social. Esse casal-padrão foi desfeito no Ocidente na segunda metade do século XX, o qual, progressivamente, embora muito lentamente, emancipou as mulheres dessa sujeição legalizada pelo direito. Consequentemente, a família deixou de ser construída no modelo do discurso do mestre, e desde então, como constatamos, quando há violência, não é mais uma violência legalizada, mas selvagem. Não são mais, em especial, as famílias decompostas que causam problemas hoje, mas a família em geral, que repousa apenas em afinidades particulares. A família não é mais a célula de base da ordem social. Ela não prepara mais ninguém para se adaptar ao princípio de ordem, ao princípio de autoridade que hoje parece abusivo aos olhos da paridade. E esquecemos que se adaptar à autoridade não é apenas se submeter a ela, mas também encontrar a força para resistir a ela, e até mesmo inflecti-la eventualmente. Sobre esse ponto, Lacan faz uma observação capital a partir de "Os complexos familiares".

Hoje, esse suporte familiar dos pais, mestre da casa e da esposa, não existe mais. Ora, a historinha do Édipo repercutia essa estrutura social de base no nível dos laços subjetivos, enfatizando o poder propriamente sexual do pai como portador do falo, um pai que, assim, presidia às identificações e à direção da libido de sua descendência. Apesar das tentativas de Freud para estabelecer que a função do pai era um universal, separado das conjunturas antropológicas, foi preciso concluir, como Lacan fez no fim das contas, que o Édipo não podia "se manter indefinidamente em cartaz"[9], – proposição que ratificava sua dependência das configurações socioculturais – e se tornou uma evidência. Não basta haver um papai e uma mamãe para que haja esse Édipo freudiano homologando os dois pares que, supostamente, transmitiriam a ordem sexual, – o tornar-se homem ou mulher da criança, segundo seu sexo. De forma mais geral e para todos, seja o sexo qual for, não basta haver um papai e uma mamãe para que se transmita a grande Lei da proibição do incesto.

Com o tempo, Lacan se pronunciou de forma muito virulenta e repetida contra esse Édipo das famílias, mas, na época da metáfora paterna, tratava-se de uma outra forma de ver as

---

[9] LACAN, J. (1960). "Subversão do sujeito e dialética do desejo". In: *Escritos*. Rio de Janeiro: Jorge Zahar Ed., 1998, p. 827.

coisas. Isto foi um pouco esquecido em razão justamente das críticas acerbas e repetidas que ele, em seguida, dirigiu contra aquilo que chamava de "ideologia edípica". Por exemplo, em "O aturdito", em 1972, Lacan estigmatiza o Édipo como um "organismo parasita", organismo enxertado no dizer de Freud, a saber, "não há relação sexual". Ao que acrescenta:

> não é nada fácil uma perereca [*chatte*] encontrar seus girinos, nem o leitor, um sentido.
> A mixórdia é insuperável, pelo que nela se salienta da castração, dos desfilamentos por onde o amor se alimenta do incesto, da função do pai, ou do mito em que o Édipo é reduplicado pela comédia do Pai-Orango, do perorante Otango [*Père-Orang, du pérorant Outang*].[10]

Quinze anos antes, porém, sua metáfora nada mais era do que o Édipo colocado em forma de jardim à francesa. Com ela, não era mais preciso recorrer ao mito, nem ao teatro, as vias elegantes que ela traçava os substituíam. Lacan pretendia, assim, colocar ordem nas sequelas do Édipo freudiano sobre os analistas da época e lembrá-los da perspectiva estrutural e da função da linguagem. A empreitada foi capital e assim permanece; tratava-se de um primeiro passo para mensurar o quanto somos seres de linguagem e, portanto, prisioneiros de seus limites. Para escrever sua metáfora, Lacan substituiu significantes por nomes comuns das três pessoas da família — o pai, a mãe e o filho. Ele construiu, então, o novo trio do Nome-do-Pai, do Outro e... do falo. Fica bastante claro que com isso ele estava tentando começar a corrigir o Édipo. Isso

---

[10] LACAN, J. (1972). "O aturdito". In: *Outros escritos*. Rio de Janeiro: Zahar, 2003, p. 457.

já deveria ter constituído obstáculo àquilo que acreditamos que, a partir do momento em que o analisante fala do papai, mamãe e eu, a criança, está-se no Édipo. Mas a questão que se coloca é saber se essa linguistização mudava as funções esperadas do Édipo. Não é o caso.

A ordem linguageira da metáfora não recusava o Édipo, não o subvertia, mas, pelo contrário, justificava-o simbolicamente e, no total, consequentemente, reforçava-o. A metáfora situava o Nome-do-Pai no lugar em que os significantes são inicialmente encontrados pelo pequeno homem, no Outro, e ela fazia dele o significante que, nesse Outro, inscrevia a Lei do Outro. Um Outro do Outro, portanto, como ele mesmo formulou nesses termos. O Pai aparecia, então, como o mediador do único significante do sexo... o falo. Com isso, não há meio de eliminar a homologação dos dois pares operados pelo Édipo — o sexual e o familiar —, a partir do momento em que o sexo implica a função reprodutiva, a qual, por sua vez, é socialmente conferida aos pais. Não enquanto a ciência não tiver varrido isso, o que não será para amanhã. A metáfora condicionava um laço de discurso entre os sexos, laço em que um termo comanda outro, não mais pelo poder da lei social, decerto, mas pelo poder sexual que ele mantém do falo como semblante. De resto, Lacan considerou, durante muito tempo, o casamento como irredutível, último resíduo da degradação dos laços sociais. No que ele se enganou: não é a família, mas o indivíduo, o resíduo último.

As referências que indicam isso explicitamente seriam múltiplas. Seleciono uma apenas:

> o complexo de Édipo tem uma função normativa, não simplesmente na estrutura moral do sujeito, nem em suas relações com a realidade, mas quanto à assunção de seu sexo [...].

A questão da genitalização é dupla, portanto. Há, por um lado, um salto que comporta uma evolução, uma maturação. Por outro, há no Édipo a assunção do próprio sexo pelo sujeito, isto é, para darmos os nomes às coisas, aquilo que faz com que o homem assuma o tipo viril e com que a mulher assuma um certo tipo feminino, se reconheça como mulher, identifique-se com suas funções de mulher. A virilidade e a feminização são os dois termos que traduzem o que é, essencialmente, a função do Édipo.[11]

No seminário anterior, *As relações de objeto*, encontra-se coisas ainda mais radicais em matéria de conformismo sexual. Não basta que a normatividade edípica conduza à heterossexualidade, é preciso ainda ser heterossexual, cito, "conforme as regras", é preciso que o sujeito, "moça ou rapaz, chegue a ela de forma tal que se situe corretamente com referência à função do pai"[12], subentendendo-se aí que ele ou ela esteja pronto(a) a se tornar pai ou mãe. Esperava-se, portanto, que o Édipo presidisse ao ideal do eu, tanto como ideal sexual quanto social, e é claro que com isso só se poderia conceber a homossexualidade como um desvio. Além disso, seguia-se logicamente, e Lacan colocou isso muito explicitamente, que a foraclusão do pai na psicose resultava, inevitavelmente, além da perturbação patente do laço com a realidade, as anomalias da identificação sexual, e, por exemplo, em Schreber, o caso de Freud, o efeito de "empuxo à mulher".

Assim sendo, a metáfora seria a via real da sexualidade conforme, heterossexual, e da relação segundo as normas da

---

[11] LACAN, J. (1957-58). *O seminário, livro 5: As formações do inconsciente.* Rio de Janeiro: Zahar, 1999, p. 170-171.
[12] LACAN, J. (1956-57). *O seminário, livro 4: A relação de objeto.* Rio de Janeiro: Zahar, 1995, p. 205-206.

realidade, em outras palavras, a via real da saúde mental e da adaptação às normas morais do laço social estabelecido. Na época, ainda não pesava a suspeita, ao que parece, sobre essas normas, e esses propósitos quase não surpreendiam. Sem dúvida, essa foi uma das razões de seu sucesso muito além do mundo dos lacanianos. Aliás, essa era a doxa dominante da Associação Psicanalítica Internacional (IPA), doxa que fixava as normas do fim das análises das quais se esperava logicamente o amor sexuado, a genitalidade heterossexual e a procriação assumida. Na época, o que surpreendia era, na verdade, somente a tentativa de transposição em termos de linguagem, não o fio ideológico, que ainda era o mesmo — apesar, já aí, da insistência de Lacan em ressaltar a diferença entre a presença do Nome-do-Pai como significante e a dos pais da realidade, cuja distância diminuía a velocidade do passo que ele havia dado e anunciava as evoluções, ainda por vir, de sua construção.

Insisto apenas para marcar bem a inversão extraordinária à qual Lacan chegou com relação a suas próprias posições originárias. Em "O aturdito", em 1972, quase nada resta daquilo que chamo de fio ideológico. No meio tempo — justamente porque ele havia introduzido a referência à linguagem e porque não parou de questioná-la —, Lacan se deu conta de que os falantes se submetiam menos às normas ideais do Outro — variando em função das culturas —, do que às restrições reais próprias da lógica da linguagem, restrições essas intransponíveis, comportando aquilo que impõem de necessário ou impossível e que nunca se transgride. Por isso sua fórmula, em 1969, sobre o ato analítico: na ética do ato "é a lógica que comanda" e as normas não poderiam estar nela imersas. Fim das normas sociais, desnecessário dizer, mas também fim das normas sexuais.

O passo além das normas que dizem respeito àquilo que acontece com os seres sexuados se inscreve, como disse, numa fórmula que ficou célebre, produzida em 1970 em "Radiofonia": "não há relação sexual", subentendendo-se aí que possa ser enunciada ou inscrita em nenhum discurso. Dado esse passo, então, o que resta do Édipo, além das normas?

Nada, no que se refere à função sexuante. A fórmula "não há relação sexual" diz que entre os sexos não há laço social, não há um semblante que comandaria o outro termo. O falo é de fato um semblante, mas ele só comanda a comédia dos sexos no imaginário, mascarada e parada, e a nada que seja real, a não ser a castração. Não há discurso que não seja semblante, e não há semblante para fazer discurso, laço social, entre os sexos. Lacan disse isso em "Televisão": os assuntos sexuados de amor são clivados dos laços sociais estabelecidos. É no teatro que eles se mostram já que, na falta de fazer discurso, os assuntos de amor são exibidos nas cenas do teatro, da literatura secular ou, de forma mais prosaica, dos *faits divers*[13], em que culminam em morte e até mesmo assassinato. Fora do teatro, as famílias de hoje não conseguiriam escapar das consequências, elas que sempre se fundam, de forma mais exclusiva, em amores de um casal que se encontra e que se revelam, por esse motivo, corroídos por dentro pelos gozos em desavenças. Não é o filho quem a fundará melhor, e disso já sabemos. Aliás, vê-se que as famílias só subsistem ali onde deixam penetrar o discurso do mestre, isto é, ali onde têm outros fundamentos além do amor, como ainda se vê nas grandes dinastias da indústria ou das finanças e dos diversos poderes, e nos países

---

[13] Nota do tradutor: *faits divers* são notícias jornalísticas que, em geral, representam fatos inusitados que não se enquadram nas tradicionais seções dos jornais (ou seja, economia, esportes etc.). Geralmente referem-se a acontecimentos trágicos (acidentes, crimes passionais) descritos em poucas linhas.

em que ainda reina a mais dura ordem patriarcal, com o apoio da religião.

É preciso, portanto, partir novamente da foraclusão generalizada da relação sexual. Não há mais discurso estabelecido em nossa civilização para fazer suplência a isso: o Rei e a Rainha, o Cavaleiro e a Dama acabaram, em nome da paridade. O que resta, então, senão os sintomas singulares por meio dos quais cada um pode, eventualmente, mas não necessariamente, se ligar ao outro sexo? E Lacan acaba por dizer que uma mulher é sintoma para um homem, mas esse é apenas um caso particular, todo parceiro é sintoma. Só que um sintoma sempre é singular, no um a um, e pode haver muitos casos de sintomas que fazem suplência à ausência de relação [*rapport*], capazes de fazer relação [*relation*] com um parceiro, seja ele homem ou mulher. Consequentemente, Lacan percebeu que sua metáfora edípica seria ela mesma a fórmula de um sintoma, um entre outros, nada além disso. E ele diz que o Édipo é um sintoma, o pai edípico é um sintoma. Ressalto que se trata de um sintoma datado, que se constata nas evoluções de nosso tempo, e isso indica que, de algum lado, ele pertencia ao tempo em que a família se sustentava, sintoma-padrão de uma dada ordem social, mas que é apenas uma entre outras possíveis. Lacan estabeleceu essa tese de uma suplência sintoma à foraclusão da relação sexual contra si mesmo, e contra seus próprios comentários. Vê-se por aí, e cito Lacan para ser autorizada por ele, que "o analista está tão exposto quanto qualquer outro ao preconceito relativo ao sexo, a despeito do que lhe revela o inconsciente"[14].

Ao "não há relação sexual" é preciso acrescentar, evidentemente, as fórmulas da sexuação, que tentam fazer coincidir

---

[14] LACAN, J. (1958). "Para um Congresso sobre a sexualidade feminina". In: *Escritos*. Rio de Janeiro: Zahar, 1998, p. 740.

a *sex ratio*, ou seja, o par anatômico e organicamente reprodutor, com o par dos desejos e dos gozos, repartindo os dois sexos com relação somente à função fálica. Mas Lacan deu mais um passo ao acrescentar, desde o ano seguinte, em *Mais, ainda*: "eles têm a escolha" estando os falantes de um lado ou de outro, o que significa, em primeiro lugar, que a anatomia não é o destino — o que, aliás, se sabe há muito tempo e sem passar pela psicanálise. Observo que, se eles têm a escolha, a coincidência que essas ditas fórmulas da sexuação tentavam estabelecer entre o todo e não todo fálico e a *sex ratio* é colocada em questão. Lacan, além disso, disse ainda mais: os seres sexuais "se autorizam por si mesmos". Em outras palavras, eles não se autorizam nem pela anatomia do corpo que têm, nem pelo Outro do simbólico. Estamos nos antípodas dos efeitos de sexuação em conformidade, esperados pela metáfora. E se eles se autorizam por si mesmos, de que seria? A castração da linguagem acontece para todo falante, e somente os "acontecimentos de corpo" que são os sintomas respondem a ela, como sintomas de gozo, seja ela toda ou *nãotoda* fálica? Assim sendo, o casal sexual, hetero ou não, deixa de estar suspenso a uma ordem. É preciso ainda definir que, embora tenham a escolha de ser todo ou *nãotodo* nessa função de castração que é a função fálica, os *falasseres* não têm a escolha da *materialidade* de seu inconsciente, aquela que, em função das contingências, faz *fixão* de seu gozo-sintoma. Lembro, aliás, que ao atribuir o dizer do "não há relação sexual" a Freud, Lacan o situava como uma "subversão " da qual, de sua parte, ele teria mostrado que seu fundamento é um real, ou seja, uma impossibilidade programada pela estrutura da linguagem e que um outro real, mais contingente e sempre singular, o do sintoma acontecimento, compensa. Com isso, não é excessivo dizer que Lacan construiu a teoria de uma nova economia não subjetiva, mas... sexual.

Entretanto, como disse no início, O Édipo não tinha somente uma função sexual, mas também uma função subjetivante; pelo viés das identificações às quais supostamente devia presidir, ele garantia aquilo que Lacan chamava, na nota a Jenny Aubry, de "transmissão [...] de uma constituição subjetiva"[15]. De fato, o esquema R de Lacan que encontramos em sua "Questão preliminar a todo tratamento possível da psicose", contemporâneo, portanto, de sua metáfora, buscava muito claramente precisar as bases de tal sujeito cujo Pai era considerado como responsável. Constituição subjetiva é diferente de uma constituição sexual-sintoma, e Lacan nunca a perdeu de vista. Sempre consequente, tendo recusado sua metáfora e evocado os Nomes-do-Pai no plural, Lacan começou a se questionar menos a respeito do Nome-do-Pai — "Nome a se perder", diz ele —, do que a respeito dos pais-sintomas, um por um. É então que ele propõe, na aula de 21 de janeiro de 1975, a noção de um pai-sintoma que tem "cuidados paternos" com as crianças.

Cuidados paternos: essa é uma novidade sob sua pena. Não tenho a impressão de que era para convidar os papais, como se diz hoje, a rivalizarem com o que durante muito tempo foi exclusividade das mulheres (não necessariamente das mães inclusive, pois as elites de outrora confiavam os chamados cuidados maternos às amas). Hoje, muitos novos pais se vangloriam de entrar na creche e, às vezes, pede-se isso a eles em nome da paridade. Ouvimos muitos deles dizerem que pensam ser ainda mais pais porque tentam ser mães como as outras. Que eles tenham essa liberdade se assim o querem; aliás, não há razão alguma em pensar que isso vá prejudicá-los. Se o

---

[15] LACAN, J. (1967). "Nota sobre a criança". In: *Outros escritos*. Rio de Janeiro: Zahar, 2003, p. 369.

chamado cuidado materno é o cuidado do corpo em conjunto com a transmissão de *lalíngua* e do discurso, não há encarregado natural aos cuidados maternos. O problema é outro. Não é o do nascimento, da sobrevivência e nem mesmo o da entrada no banho de linguagem, mas sim o da transmissão de uma base identitária.

Esse cuidado paterno de um pai-sintoma deve, sem dúvida, ser procurado do lado do pai que nomeia, o qual Lacan enfatiza no fim do mesmo seminário, e do qual se pode esperar um dizer de nomeação, como índice e condição de um desejo não anônimo. Essa é uma grande mudança com relação à metáfora, pois a nomeação é um dizer, e o dizer não vem do Outro, não vem do simbólico, é uma função existencial, que tem efeitos na estrutura, mas que ela mesma não é um fato de estrutura. Ora, o que é existencial é real, acontecimento contingente.

Com o Pai do Nome, Lacan inscreveu uma nova disjunção da função e das pessoas pais. Encontramos, hoje, pais de toda espécie: presentes, ausentes, mais mães que a própria mãe, amorosos, odiosos, inconvenientes, atentos, negligentes, sem esquecer os pais de gozo, isto é, os abusivos, em suma, tão variados e diversos quanto as "unaridades" individuais de nossa época. Não duvido que a literatura analítica desfrutará ao máximo disso, fazer todo tipo de retrato, o que já começou. Mas a coleção, contudo, não faz a clínica. A questão a se colocar em cada caso clínico seria, antes: qual é o sintoma de gozo que fez suplência à foraclusão da relação sexual? E no que diz respeito à "constituição subjetiva", que é disjunta da constituição sexual, há um pai do Nome, e, se não houver, há um suplente?

Nomear parece ser um ato. Evocou-se muito o pai, alguém que se levanta para responder, o que também significa ser responsável. Com efeito, isso é capital, mas qual é sua fenomenologia? Ela não corresponde ao antes e depois do ato. Contrariamente ao que acontece com os objetos e animais da Bíblia — para os quais a nomeação é performativa, pois eles nada têm a dizer novamente —, para os falantes o nome dado só adquire efeito se for recebido, aceito, não recusado. Há, portanto, aquele que é nomeado toma parte em sua própria nomeação. Não há nome sem recepção do nome, e Lacan ao nomear Joyce, o Sintoma, acrescenta: creio que ele teria aceitado. Não há autonomeação, e somente a injúria tenta nomear à força, em vão, pois ferir não é nomear. A injúria qualifica, e de forma negativa. Ora, o nome, por sua vez, indexa, mas sem qualificar. Nesse sentido, diferentemente do "nomeado a", o "dar nome" nunca é prescritivo — no máximo descritivo segundo Russell.

Vê-se aí o que as duas funções primeiramente atribuídas à metáfora edipiana se tornaram, para além das normas, no fim do ensino de Lacan. No que diz respeito à função sexuante, é o sintoma que faz suplência à não relação, e ele não passa pela mediação do Outro. A função Pai não decide sobre a inscrição de um lado ou de outro das fórmulas da sexuação, nem sobre a fixação do "acontecimento de gozo" na primeira infância. O sintoma "vem do real" e, além disso, ele é real e não simbólico, e o sexual não se transmite. No que tange à função identitária, resta a nomeação. Trata-se de outro evento, mas ambos têm em comum o fato de resultar da *tiquê*. E essa nomeação não é privilégio dos pais; ao contrário, a nomeação é pai. Em outras palavras, o importante, nas últimas contribuições de Lacan, não é tanto ver que os pais são sintomas; o importante é que a função Pai em si mesma é um sintoma existencial, não sintoma de gozo, mas dizer *sinthoma*, quarto do nó borromeano, que eventualmente faz as três outras consistências se sustentarem. Compreende-se que essa redução da função à contingência do acontecimento de nomeação a torne... precária. Deixa-a também à mercê do encontro — exatamente como o amor —, ao mesmo tempo que a coloca em hiato com o casamento, obviamente, e com o sexo, o que seria preciso demonstrar.

Aos que gritavam, contra o casamento homossexual, que a criança deve ter um pai e uma mãe que sejam um homem e uma mulher, subentendendo-se aí, para que ela continue a ser como papai e mamãe quando crescer e funde uma família, poderíamos dizer: a criança só precisa de um desejo que não seja a-nônimo, e a partir do qual ela escolherá sua vida, e suas vias. E ainda é preciso avaliar que esse desejo não bastará para tudo. Vocês todos são abortos do desejo do Outro, dizia Lacan no fim. A formulação causa impacto, mas diz uma coisa muito precisa: o desejo do Outro, havendo pai ou não, não pode levar você até o fim — essa é a definição do aborto. Ele pode colocá-lo no mundo, até mesmo garantir as condições de uma base subjetiva compatível com a realidade e o laço social, mas não levará você até o casal sexuado, e só o sintoma poderá fazer suplência... eventual e não necessariamente.

O que equivale a dizer que o ensino de Lacan em suas últimas elaborações leva à evidência de que, contrariamente ao que foi o postulado de saída da psicanálise, a dita "constituição subjetiva" e a economia sexual do gozo, duas economias que o Édipo buscava reunir, pois bem, elas não caminham juntas e não obedecem às mesmas regulações.

Os Nomes de reais

Podemos nos questionar sobre essa prevalência dada ao Nome e sobre aquilo que levou Lacan a passar ao Pai do Nome. "O aturdito" não anunciava isso: por referência à lógica dos conjuntos, ele situava o dizer como exceção, ex-sistindo logicamente aos ditos de verdade, a partir daí definido como um "dizer que não" ao registro da verdade meio-dita. Daí podia-se conceber uma interpretação que usa o equívoco e que com isso diga que não "ao que se diz" de verdade, tendo como alvo, antes, o dizer. A partir da exceção do dizer enquanto "dizer que não" aos ditos de verdade, o Pai era repensado como uma exceção específica, não aos ditos de verdade, mas... à função fálica. Com essa exceção, Lacan dava a lógica implícita que sustentava, sem que ele soubesse, o pequeno delírio neurótico de Freud acerca do Pai da horda, esse pai creditado de um gozo impossível do qual todos os filhos estavam privados. Com esse fundamento de lógica, Lacan pensou reduzir o mito desse pai supostamente castrador, pois, no que diz respeito aos pais, ele diz isso categoricamente, eles são castrados como qualquer falante. O dizer ex-siste à linguagem, e, portanto, também à sua lógica, mas o dizer do nome leva consigo uma coisa mais. De que forma ele é imposto, ou chamado? Só vejo uma resposta: por meio de um real — e isso é atual.

Alain Badiou acertou em cheio com seu *De quoi Sarkozy est-il le nom?* [De que Sarkozy é o nome?][16]. Que sucesso! Tornou-se um sintagma que está em todas as ondas e na imprensa o "de que x é o nome?". Não é uma pergunta que se faria sobre o significante, que sinaliza um sujeito, decerto, mas que só produz significado e que, portanto, perde o referente, real. Mas o real — seja ele qual for, pois o real não é Um —, o real que não se conta, que subsiste fora dos relatos, das histórias de que falei, o real pode ser indexado com um nome, e é até mesmo, por excelência, aquilo que deve ser nomeado. O referente que o significante perde, o Nome fixa. Compreende-se a partir daí que a necessidade do Nome se

---

[16] BADIOU, A. *De quoi Sarkozy est-il le nom?* Paris: Éditions Lignes, 2007.

impõe, ainda mais porque os semblantes falham e fracassam em abrandar o real. E não é por acaso se nossos tempos veem aumentar uma demanda de nomes para tudo o que não se sabe explicar o motivo, e que vira uma taxinomia desenfreada, especialmente no campo da chamada saúde mental. É isso o que aparece escancarado também hoje sobre a sexualidade. A ordem tradicional tendo durado muito, a sexualidade se reduz à presença substancial dos sintomas singulares, bem reais, que são do Um fora de sentido, quer se trate do Um da letra autista ou do Um borromeano que enoda os gozos diversos. Vê-se, então, o surgir a exigência de que esses nomes de sintoma — os gays, bi, trans etc. — sejam admitidos, socialmente reconhecidos e pelo estado civil. É que somente o nome pode atrelar um real à ordem da linguagem. Prova disso é o Deus do mito, que nomeia aquilo que ele criou.

O real do gozo mostra a "antinomia com qualquer verossimilhança"[17]. Com o real dos sintomas estamos em uma lógica do *nãotodo* generalizada e com a qual nos alarmamos, pois os sintomas não presidem a uma ordem dos gozos. Ao contrário, esse real é, em essência, des-ordem, o contrário daquele a que a ciência visa. Daí a angústia "o afeto-padrão de todo advento de real". Restam então, é essa a tese de Lacan, a segregação e a lógica dos campos para separar todas as diferenças das "unaridades" sintomas ao par, ou para atenuar a luta das paridades entre si, pois o real dos gozos sintomas é sem ordem. "Há Um" e nada mais nesse nível, além do Um-dizer [*Un-dire*] que se sabe o Um sozinho[18]. Mas, ainda assim, há... o ódio, dizia

---

[17] LACAN, J. (1973). "Prefácio à edição inglesa do *Seminário 11*". In: *Outros escritos*. Rio de Janeiro: Zahar, 2003, p. 569.
[18] LACAN, J. (1971-72). *O seminário, livro 19: ...ou pior*. Rio de Janeiro: Zahar, 2012, p. 195.

Lacan em 1977, o afeto que responde às diferenças intoleráveis. Já comentei isso[19]. E parece que, cada vez mais, isso se espalha por toda parte, nas casas, entre os casais, nas escolas, nos bairros etc., multiplicado ainda mais, além disso, pelos efeitos próprios do capitalismo.

Poderíamos, então, ser tentados a pensar que o Édipo do vovô era, no fundo, um bom sintoma o qual, conjugando os laços da família e do sexo, colocava ordem, às custas de um domínio... das mulheres, evidentemente. Mas é possível hierarquizar as diversas soluções sintomas de forma diferente do que em termos de preferências pessoais, elas mesmas sendo sintomas? Hoje, os que nasceram desse velho sintoma, ainda numerosos sem dúvida, permanecem enraizados em seus pais, e têm uma tendência a preferir esse sintoma porque são constituídos, moldados por ele. Aliás, creio que este era o caso do próprio Lacan; há muitos sinais disso. Mas para não ficar muito nos preconceitos, não nos esqueçamos de toda a literatura de indignação que seus danos produziram nos séculos anteriores, lembremo-nos de que ele não aparece nos infortúnios, nem nas violências, nem sequer na psicose. E, sobretudo, não nos esqueçamos de que a posição do psicanalista deve excluir a recusa daquilo que se impõe como real, já que o real, ao mesmo tempo o do sujeito e o do sexo, está a seu encargo. Além disso, não nos esqueçamos de Joyce, e de sua arte-deuzer do nome borromeano, sem o pai. Joyce passou do negativismo do dizer não, do *Nego* das normas paternas, ao Nome de exceção. Quanto a Lacan, passando da lógica do "dizer que não" ao Pai do Nome, no momento mesmo em que ele tomava ciência do real sem ordem dos sintomas, ele ratificava, na verdade, a

---

[19] SOLER, C. *Os afetos lacanianos*. São Paulo: Aller Editora, 2022.

superioridade do Nome sobre os semblantes. Enfatizei a heterogeneidade do gozo acontecimento de corpo e da nomeação acontecimento de dizer, mas o Nome os enoda. Não somente ele não prescreve, mas sua operação, para além de qualquer norma, atrela um real substancial e inverossímil ao campo do discurso. Dessa forma, ele faz o real singular do sintoma entrar em um laço social – e será sempre mais necessário.

Concluo, portanto, mais uma vez, que é crucial que os analistas estejam em sintonia com seu tempo, isto é, que eles abandonem as velhas categorias, não para ceder às modas para fins de mercado, mas simplesmente para poder responder como analistas aos casos que lhes são endereçados neste início de século.

9
Sequências

Até então, ressaltei a importância do caso de Joyce para o pensamento de Lacan, mas não havia mensurado as consequências do seminário *O sinthoma* que ele lhe dedicou em 1975-1976. Lacan terá conseguido lançar luz sobre o enigma de Joyce pelo efeito de enodamento de sua "arte-dizer" [*art-dire*] e do escabelo tão singular que ele fez para si, por meio do laço social muito particular, fora de corpo, que ele restaura, sem falar de sua escrita dos equívocos pulverulentos em *Finnegans Wake*. Diversos traços atípicos que levaram Lacan a repensar a própria estrutura do laço social. Na década de 1970, ele havia distinguido quatro deles, chamados de discursos – o da histérica, do mestre, da universidade e do analista. Graças a Joyce, o artista, ele amplia sua perspectiva e questiona, por contraste, as ligações entre os escabelos comuns do... homem comum.

A essência dessas novas perspectivas é apresentada na conferência "Joyce, o Sintoma II", publicada pela primeira vez pela Navarin Éditeur, no livro *Joyce avec Lacan*, em 1987, e retomada em *Outros escritos*, pelas Éditions du Seuil, em 2001. Ela foi publicada pela primeira vez em *Joyce & Paris*, pelas Presses Universitaires de Lille 3e Éditions du CNRS, em 1979, mas a data de redação é incerta. Versões fantasiosas circulam na web; uma delas é a conclusão do simpósio de 1975 sobre Joyce, ao passo que Lacan apenas fez sua abertura. Ela foi, antes, escrita a pedido de Jacques Aubert para a publicação em questão. Data, portanto, indubitavelmente posterior ao seminário, sobre o qual, aliás, suas contribuições não deixam dúvida alguma.

Ela tem o mérito — ao contrário da primeira conferência, "Joyce, o Sintoma I", que foi escrita a partir de notas — de ter sido escrita pelo próprio Lacan. É um mérito no que diz respeito à sua autenticidade, mas que, em contrapartida, confronta o leitor com a dificuldade de uma escrita que naquele momento se tornou de rara densidade, a ser desdobrada palavra por palavra para que as suas teses apareçam mais claramente.

Eu falei de "homem comum". Lacan escreve isso foneticamente, com três letras: UOM [*LOM*]. Embora tenha passado bastante despercebida, essa escrita é de longo alcance. Anda de mãos dadas com novas perspectivas sobre o próprio inconsciente, mas, sobretudo, com o possível laço social que decorre disso e que tentarei mostrar que não, elas não são excessivas para pensar para onde nossa época "(nos) arrasta"[1].

A tese anterior sobre o desenodamento do imaginário em Joyce, atestada por seu desapego no episódio da surra[2], assim como por seu tratamento da *materialidade* da letra, não é posta em questão. Tampouco a ideia de que ele foi corrigido pelo escabelo do nome próprio que a "arte-dizer" produz. Por outro lado, com relação aos pontos que permaneceram

---

[1] LACAN, J. (1953). "Função e campo da fala e da linguagem no inconsciente". In: *Escritos*. Rio de Janeiro: Zahar, 1998, p. 322.
[2] Ver p. 99 e seguintes deste volume.

em suspenso em *O sinthoma*, considerações novas e complementares são introduzidas sobre a própria subjetividade de Joyce, sobre sua heresia, seu *orgulharte* [*art-gueil*], ainda mais fortemente sobre sua própria vontade e sua posição sintomática específica. Tantas indicações que sobredeterminam sua re-nomeação por parte de Lacan como Joyce o sintoma.

UOM

Lacan fala de UOM em duas páginas[3], e só então retorna a Joyce. Tais páginas começam com uma série de equívocos que parecem fazer pastiche de Joyce. "*Je nomme*" [Eu nomeio], que ecoa "*jeune homme*" [jovem]; há muitos outros, fonéticos e faunéticos — *escabeau* [escabelo], *hessecabeau* [hescabelo], *hissecroibeau* [*helessecrêbelo*], *S.K.beau* [S.K.belo]... Lacan comenta: disso "quero extrair uma coisa só. É que somos zomens [*nous sommes z'homme*]", no sentido genérico. Eis aqui um primeiro ensinamento a ser tirado dos equívocos, mas que, por si só, precisa ser esclarecido. Já podemos ver a diferença disso com relação a Joyce: Joyce tem o cuidado de nunca retirar nenhum ensinamento de seus equívocos ao passo que, para Lacan, psicanalista, há uma questão clínica subjacente que merece ser trazida à luz.

Esses jogos ortográficos não são facetas, eles são feitos: não para demonstrar — não estamos mais no registro da lógica em que Lacan se manteve por muito tempo —, mas para mostrar. E o que mostraria esse "somos zomens" — que escreve a *liaison*[4] ouvida —, senão que, feitas de fala articulada, nossas

---

[3] AUBERT, J. (dir.). *Joyce avec Lacan*. Paris: Navarin, 1987, p. 31-32.
[4] Nota do tradutor: em francês, uma *liaison* é a realização oral de uma consoante ao final de uma palavra quando a palavra subsequente se inicia com uma vogal. Esta consoante, em geral, não é pronunciada se a palavra que vier depois iniciar com

raízes estão no sonoro, naquilo que se entende pelos ouvidos? Ora, o próprio do som é ser equívoco. Equívoco quer dizer que o elemento unidade é incerto aí, que há uma dificuldade em identificar os Uns de significante no sonoro, pois eles podem ir do fonema, sempre fora de sentido em nossas línguas, à palavra, à locução proverbial holofraseada, e até mesmo a todo o discurso. É aqui que a função da escrita gráfica é introduzida: é a letra gráfica que decide sobre o sentido a ser dado ao som, como mostrado aqui pelas diversas grafias da palavra *escabeau* [escabelo], assim como todos os outros exemplos nesta primeira página e também o famoso equívoco que Lacan favoreceu, enfatizando, por meio da grafia, a homofonia entre os Nomes do pai [*Noms du père*] e "os não tolos erram" [*les non dupes errent*], que ele deu como título de seu seminário de 1973-1974. É por isso que também podemos dizer que só há lapso *calami*[5]. Tomo o exemplo do escabelo. Mesmo quem não fala francês ouve três sons. Esses fonemas são unidades diferenciais de *lalíngua*, mas não são significantes no sentido próprio, pois em nossas línguas o significante tem sentido, ao passo que o fonema, por sua vez, não tem sentido. "Televisão" especifica isso: *lalíngua* só dá "a cifra do sentido"[6], seus elementos só assumem o *status* de significantes que veiculam sentido por meio de seu uso em um discurso. Você só saberá o que os três sons desse termo designam se os escrever. Então, dependendo da escrita, o sentido será declinado, os três fonemas que formam o significante designarão, por exemplo, o

---

uma consonante, por exemplo. No exemplo citado pela autora, *z'homme*, trata-se de uma grafia feita a partir da maneira como se fala, *les hommes* (o "s" final de *les* sendo pronunciado como um "z").

[5] Nota da editora: *lapsus calami*, isto é, "lapso de escrita".
[6] LACAN, J. (1973). "Televisão". In: *Outros escritos*. Rio de Janeiro: Zahar, 2003, p. 515.

pequeno instrumento doméstico que é um escabelo, ou vão conter uma pergunta "Esse caso é belo?" [*Est-ce cas beau?*]. Ou, escrito ainda de forma diferente por Lacan, hescabelo [*hessecabeau*] com o h, uma letra muda, que não se ouve, mas que evoca o "h" de "homem", que também não se ouve, enquanto o "es" (e, s) — que se escreve "esse" — evoca o verbo être [ser], mas também "*est-ce?*", que usamos em francês para fazer perguntas. Sem esquecer ainda de S.K.belo [*S.K.beau*], com duas maiúsculas alfabéticas, como Lacan faz na página seguinte. Haveria outros, por exemplo "*est-ce cabot?* [É-se cão velho?], que combinaria bem com Joyce. Todas essas variações mostram a independência, e até o caráter arbitrário da grafia em relação ao sonoro, motivo pelo qual a escrita precisa ser aprendida. Sem a escola que nos ensina, como saber se a letra "g" será pronunciada como "j" em girafa e de forma diferente em gato[7]? O que se mostra nessa página, em todo caso, é o quanto a escrita permite identificar os significantes portadores de sentido no *continuum* daquilo que se ouve. Por isso, ela também permite reduzir sua equivocidade sonora, em outras palavras, garantir a passagem de *lalíngua* ouvida à semântica de uma linguagem.

Há aí um problema clínico em jogo para a psicanálise, pois, não nos esqueçamos, o filho do homem é primeiramente acolhido no banho sonoro de *lalíngua* materna e se coloca a questão de saber como, a partir daí, ele acede a uma linguagem que o representa propriamente.

É certo que a grafia não é a única a poder especificar o sentido daquilo que se ouve, haja vista que há analfabetos, dentre os quais, em primeiro lugar, estão as crianças pequenas, para

---

[7] Nota do tradutor: no original, *guenon*, que poderia ser traduzido por "macaco" ou "símio", mas que, por não apresentar a letra "g" em sua grafia, foi aqui substituído por "gato".

quem de forma manifesta o sentido, ou melhor, algo de sentido, fixa de forma diferente, pois antes mesmo de terem acesso à letra alfabética, têm manifestamente acesso a uma determinada semântica. A conferência de Genebra de 1975, intitulada "O sintoma" — que antecede o texto sobre Joyce que estou comentando —, evoca isso precisamente: é a partir do banho sonoro que a *lalíngua* dos pais constitui que certos elementos dessa *lalíngua* se distinguem, se isolam e são privilegiados pela criança. Por aí, algo é transmitido à criança, algo que não é qualquer coisa, algo que diz respeito propriamente, que diz respeito à forma como seus pais a acolheram; em outras palavras, seu desejo por ela, como se o sentido, o do desejo do Outro — e para além de seu gozo-sentido [*jouis-sens*] —, precedesse, para a criança, a aquisição da linguagem propriamente dita; como se o falar do Outro já lhe tivesse insuflado a diz-menção [*dit-mention*] do sentido antes que ela mesmo falasse. É preciso justamente supor isso se quisermos dar conta daquilo que a experiência atesta, a saber, a marca precoce, indelével, que esse desejo do Outro parental deixa na criança e que nenhum discurso posterior será capaz de apagar. Quanto ao peso que os primeiros elementos que se isolaram e que subsistiram da língua do Outro guardam, de onde ele vem? Não somente do falar do Outro, mas de sua fusão, com o gozo do próprio corpo quando este se atrela a esses elementos originários para constituir os primeiros significantes de seu inconsciente. Essa coalescência ocorre "tardiamente" segundo Lacan, ou seja, no momento daquilo que Freud chamou de "complexo de castração", com a emergência do gozo do pênis. Momento crucial do encontro entre, de um lado, os traços deixados por *lalíngua* do Outro e, do outro, a diferença entre os sexos. Ele fixa a junção original do inconsciente linguagem com o sexual. Com o aprendizado da escrita acontece para a criança, em seguida, o aprendizado de outra semântica que não a do desejo no qual ela nasceu, semântica comum que somente a ortografia pode fixar. Essa é, com efeito, uma operação de desmaternalização[8] de sua *lalíngua* singular que, de sua parte, não tem orto-grafia[9] (com hífen mesmo). Essa operação garante a passagem do sentido [*sens*] singular ao senso [*sens*] comum, razão pela qual, sem dúvida, imaginou-se que seis anos, idade da "alfabestização" [*alphabêtisation*] em nossa sociedade, fosse a idade da razão. Sim, a idade em que se entra no senso comum, o bom senso, do qual Lacan sempre zombou, pois quem lida com o inconsciente nunca encontra o senso comum, mas sempre aquele bastante singular, próprio de cada um.

Apenas evoco de novo esses desenvolvimentos anteriores para indicar que isso que essa segunda conferência sobre Joyce *mostra*, depois de 1976, de um questionamento sobre a relação [*rapport*] entre o sonoro das unidades fonemáticas fora de sentido e as unidades semânticas dos significantes não é novo sob a pena de Lacan. Concluo que não é aí que se deve buscar a intenção dessas páginas que visam, para além de mostrar, *demonstrar* outra coisa.

Quem, de UOM, se mostra no fundo desses deslizamentos de equívocos? Aquele que se produz entre as duas grafias, fonética e faunética — uma evocando a língua e a outra o fauno — diz isso bem. UOM é duplamente constituído entre sonoro da linguagem que se ouve e o imaginário do próprio corpo que se vê. Enquanto falante, ele, decerto, se constitui a partir da linguagem, digamos a partir do simbólico, mas não menos da imagem, ocasionalmente a do fauno como figuração

---

[8] LACAN, J. (1964-65). *O seminário, livro 11: Os quatro conceitos fundamentais da psicanálise*. Rio de Janeiro: Jorge Zahar Ed., 1988, p. 264.
[9] Nota da editora: etimologicamente, a palavra "ortografia" conjuga os termos gregos "órthos" (certo, correto, exato) e "grafia" (escrita).

da libido. E, Lacan insistiu, *y se croit beau* [acredita-se belo aí], que ele escreve seu *hissecroibeau* [*helessecrêbelo*], em outras palavras, ama sua imagem. Ele já havia jogado, antes de seu texto inaugural sobre a fala e a linguagem de 1953, com o *se croire* [se crer], o qual, em princípio, tornou aquilo que é próprio ao louco. Aqui, ao contrário, ele designa o traço genérico da enfatuação de UOM em sua imagem. UOM é, portanto, a escrita que condensa, conjuga ao mesmo tempo o estádio do espelho com seu eu e a função da fala para o sujeito no campo da linguagem – tornando-os mais complexos, é verdade, a partir do conceito de *lalíngua*. Nova escrita, sem dúvida, mas não um novo conceito, portanto. Então, o que resulta daí, no fim das contas?

Narcisismo expandido

Nada menos do que uma expansão do conceito de narcisismo. Joyce, um UOM com escabelo sem imagem, indica sozinho que o narcisismo é mais do que amor à imagem, é a afirmação de si, eventualmente pelo viés da oferta à civilização, o que Freud chamava de sublimação. Prova disso é *Finnegans Wake*, a obra "a que, em suma, Joyce reservou a função de ser seu escabelo. Pois, de início, ele quis ser alguém cujo nome, precisamente o nome, sobreviveria para sempre". É bastante claro que com esse narcisismo do nome, estamos longe somente de problemas do espelho.

Quando Joyce, o Narciso do "você me leu" [*m'as-tu lu*] é substituído pelo "você me viu" [*m'as-tu vu*[10]] do espelho, ele

---

[10] Nota da editora: a expressão *m'as-tu vu* contém um duplo sentido. Por um lado, remete à interrogação *m'as-tu vu?*, que se traduz "você me viu?". Por outro, o substantivo *m'as-tu vu* é usado para designar uma pessoa vã, pretensiosa. Seria algo como a pessoa "amostrada", "aparecida".

se coloca sob uma luz completamente diferente daquela do campo escópico, digamos, da "posteridade". Sabemos, por exemplo, o peso que teve, para Jean-Jacques Rousseau, essa noção de posteridade quando, no final de sua vida, foi tomado pelo delírio — ele, de quem uma das primeiras obras fora uma comédia infantil, *Narcisse, ou l'amant de lui-même* [*Narciso, ou o amante de si mesmo*], publicada tardiamente, em 1752.

Mais próxima da experiência comum, o escabelo é o motivo pelo qual cada um tenta se destacar para seduzir o olhar do outro — a aspiração geral a "ser reconhecido" não é patente? O fato de a imagem ser o primeiro veículo de identificação narcísica indica para os humanos uma prevalência irredutível do imaginário, do visível, mas também abre a questão dos diversos instrumentos possíveis do narcisismo do escabelo. Chegarei a esse ponto. Por ora, vou me deter na tese central: o escabelo ilustrado por Joyce é o nome de um narcisismo expandido à afirmação ativa de si, para além do amor de si, não sendo atributo de alguns, mas... aquilo que é próprio do falante.

Isso não significa que os prestígios da imagem sejam reduzidos, longe disso. Aliás, na escrita S.K.belo [*S.K.beau*], falta um equívoco gráfico, aquele que jogaria com a escrita do som, *beau* [belo] que poderia ser escrito em francês simplesmente com duas letras alfabéticas. Aprendemos na escola, *b a ba*; na mesma linha, *b o, bo*[11] era possível, ainda mais quando o encontramos no NBo, o nó borromeano. Essa omissão indica, sem dúvida alguma a meu ver, que Lacan quis manter a referência do lado escópico que a escrita *b, e, a, u, beau* comporta e, dessa forma, aludir ao amor pela forma especular da qual ele tinha partido vinte anos antes, essa forma que o homem

---

[11] Nota do tradutor: em francês, a sílaba "bo" e a palavra *beau* (belo, bonito) são homofônicas, por isso o comentário da autora.

adora. O que confirma essa leitura é que, ao colocar os pingos nos is, ele explicita e escreve na mesma página, *hissecroibeau* [*helessecrêbelo*], com o h de homem, que ressoa duplamente. Por um lado, o *beau* evoca o narcisismo da imagem dos anos 1936 e 1949; por outro, a escrita do sonoro de *il se croit* [ele se crê], sob a forma de "h", "i" dois "s", "e", *hisse*, acrescenta algo mais aí, injetando, para um ouvido francês, o verbo *"hisser"* [içar]. Ele é geralmente usado na forma pronominal, *se hisser* [içar-se]. *Oh, hisse!* [Ó, iça!], dizemos em francês para significar o esforço necessário para levantar um peso. Aqui, para se içar, se elevar alguns graus. Vemos, aliás, que a grafia que fixa o sentido, como disse, também permite que ele prolifere, pois o verbo *hisser* faz a passagem do *se croire beau* [crer-se belo] ao *se faire... beau* [se fazer... belo]. Pode-se dizer melhor a face laboriosa do narcisismo do escabelo, que, longe de somente se refletir, contemplar a si mesmo, deve esforçar-se, não se contentar com esse primeiro núcleo de identidade que é a imagem, mas se tornar produtora de seu próprio valor? O próprio Lacan, em 1958, falava de um "narcisismo do desejo", em outras palavras, de um narcisismo do sujeito, e que jogava com uma outra identificação, não com as imagens que são vistas, mas com o significante fálico que, por sua vez, não se vê – recalque, dizia Freud. Daí para se pensar em um narcisismo veiculado pelo mais-de-gozar é um pulo. E cabe a Lacan forjar aqui, para o dizer, um novo verbo, neológico: "seumanizar". Passo a citar: "UOM seumaniza à larga". "À larga" [à qui mieux mieux] é uma expressão idiomática do francês falar de competição, emulação no cotidiano[12]. Quanto a seumanizar, que não

---

[12] Nota da editora: para *à qui mieux mieux* mantivemos aqui a proposta de Vera Ribeiro nos *Outros escritos*: à larga. Em todo caso, a expressão equivale à nossa "que vença o melhor" ou, para uma referência mais machadiana, "ao vencedor, as batatas".

existe em francês, Lacan diz que UOM, para ser mais do que UOM de base, para ser *um* homem com uma identidade distinta, deve *se faire* [se fazer, tornar-se] homem. Ademais, ele é convidado, dizem-lhe *mouille* [comprometa-se], em outras palavras, faça um esforço. Não há escapatória — embora as escapadas da heresia sejam possíveis.

Aqui, podemos perguntar a Lacan a razão disso. Por que a necessidade de um escabelo que seumanize é algo característico de UOM? Não se sabe, com efeito, que no reino animal haja algum equivalente e que para ser tigre, por exemplo, seja preciso se "tigrizar", ou se "leonizar", ou se "jaguarizar" etc. Pois bem, responde Lacan, para UOM, "o escabelo é *o que determina* o fato de que ele vive do ser [*il vit de l'être*] (= que ele esvazia [*il vide l'être*] o ser) [...] tanto quanto tem — seu corpo".

Sublinho o "o que determina o fato", e paro por aí. Com a equivalência que a grafia entre viver do ser [*vivre de l'être*] e esvaziar o ser [*vider l'être*], eis de volta um tema bem conhecido dos leitores de Lacan, uma constante em seu ensino. Quem vive do ser, senão aquele em quem o desejo de ser se mantém por sua própria falta, a saber, o falante? Não é por acaso que a questão do ser assombrou séculos de filosofia, pois é a própria palavra que necessariamente introduz essa questão, "Que sou [eu]?"[13], a simbolização mais elementar cavando uma ausência no real. Em suma, é a palavra que faz de UOM um ser em com mal de ser [*mal d'être*], o símbolo disso sendo "o assassinato da coisa". A operação negativante da linguagem está, pois, na base do equívoco entre viver do ser e esvaziar o ser.

---

[13] LACAN, J. (1960). "Subversão do sujeito e dialética do desejo". In: *Escritos*. Rio de Janeiro: Jorge Zahar Ed., 1998, p. 834.

A questão, aliás, ressoa no interrogativo "*est-ce que*" que se ouve em "*est-ce?-cabeau*". Eis aqui Narciso nem tão seguro quanto se supõe. A falha de ser [*le défaut d'être*] condiciona a necessidade do escabelo como instrumento para se fazer... ser, ser mais seguramente do que pela identificação primeira com a imagem. Isso não diz como essa promoção se erige — voltarei a esse ponto —, mas diz que o escabelo é próprio do homem, não uma característica de apenas alguns; ele começa com o espelho e vai além, até a promoção de uma identidade nomeável com um nome próprio. Por essa razão, Joyce foi apenas um caso particular, embora atípico. O escabelo para todos é um narcisismo não somente transformado, mas generalizado e genérico. Isso é o motivo pelo qual o UOM fonético-faunético, o UOM de base, esse ser com mal de ser [*mal d'être*] que nós somos enquanto falantes, trata de sua própria hiância ao arranjar para si o que posso chamar de... uma identidade social. O escabelo, de fato, longe de fazer objeção ao laço e fundar a mínima autossuficiência, pressupõe o laço. Será preciso dizer qual.

Se assim for, podemos continuar a sonhar — como geralmente fazem os analistas e como o próprio Lacan fez no princípio — que uma análise possa reduzir o narcisismo que diziam ser do eu? E como pudemos ignorar a tal ponto na psicanálise que o narcisismo do escabelo era característico do homem e imaginar que uma psicanálise triunfaria? No fim das contas, é simples: chamamos de narcisismo os escabelos da mera aparência ou imagem, e de sublimação os escabelos das obras, os quais obviamente implicam desejo e pulsões. É verdade que, do ponto de vista de seus efeitos, nem todos os escabelos se equivalem, que há diferenças em função de seus meios, de seus produtos e de suas contribuições para a civilização. Só que, quando digo obra, não estou me referindo apenas às grandes obras da cultura, mas a todos os tipos de esforço, de ação para se afirmar em um laço com outrem. Eles podem ser modestos, mas todos visam afirmar uma diferença não anônima, uma identidade distinta e, como dizia Lacan, arranjar "um estado civil"[14]. Ele acrescentava que "nada na vida de ninguém desencadeia mais empenho para ser alcançado" e que — observação essencial — não é para servir ao "interesse geral". O ser humano, portanto, se empenha à larga [à qui mieux mieux], pois isso é essencial para o falante. Nossa época de capitalismo faz dessa competitividade seu valor supremo.

Há mais, no entanto. Esse intuito não é apenas genérico, é primário. "Demonstro que o escabelo vem primeiro", diz Lacan. O que isso quer dizer?

O escabelo vem primeiro

Deve-se entender o "primeiro" diacronicamente ou logicamente, no sentido de prioritário? O estádio do espelho — escabelo da imagem — era primeiro cronologicamente. Paralelamente, Lacan propôs que ele era secundariamente sobredeterminado pelo simbólico e pela falta que este gera. Mas, no conceito de escabelo, o registro do parecer que não deixa de ter ligação com algum outro, por mais imaginário que seja, está longe de se subordinar ao simbólico. Pelo contrário, encontra aí uma nova função que o confirma e o complexifica, a ponto de poder culminar na promoção do nome próprio. Portanto, quando Lacan diz que o escabelo vem primeiro, não podemos pensar que é no sentido simplesmente cronológico do estádio do espelho, mas sim no sentido do intuito prioritário do humano, aquele que prevalece sobre qualquer outro.

---

[14] LACAN, J. (1960). "Posição do inconsciente". In: *Escritos*. Rio de Janeiro: Jorge Zahar Ed., 1998, p. 857.

Em outras palavras, aquele que explica todos os esforços, que os domina e que diz o porquê.

Se acreditarmos, portanto, no dizer de Lacan advindo ao final de tantos anos de elaboração e psicanálise, não poderemos mais nos ater apenas à definição freudiana de sublimação, pois as obras superiores da cultura estão em segundo lugar em relação ao primeiro *goal*, o escabelo.

Observo, em todo caso, que Lacan aplica a si mesmo a prioridade do escabelo. Recordando as três "ordens" — imaginário, simbólico e real — que produziu, ele acrescenta "digo isso para me fazer [...]" de escabelo. Sublinho o "para me fazer", a expressão indica uma finalidade específica. Estamos no registro da confissão que confessa um querer: se fazer um escabelo para elevar um pouco seu nome. O fato de ele atribuir um escabelo a si mesmo se confirma algumas linhas adiante. Ao substituir o inconsciente nomeado por Freud com o nome de *falasser* [*parlêtre*], Lacan acrescenta, como um comentário reflexivo sobre aquilo que está fazendo com esse novo nome: "chega pra lá que eu quero ficar aí" [*pousse-toi de là que je m'y mette*[15]]. Outra expressão coloquial para designar a rivalidade primeira, comum, que indica que *lalíngua* sabe o que os psicanalistas negam, a saber, que o escabelo narcísico não somente deve ser generalizado, mas que ele é a primeira finalidade. Lacan observou isso já em *O sinthoma*: produzir alguns novos nomes, como imaginário, simbólico e real, faz seu próprio nome subir de patamar.

Essa é uma questão diferente da que incidiria sobre a validade das formulações. Com este intuito próprio da articulação da fala, Lacan não esquece o que estabeleceu anteriormente em "O aturdito", a saber, que a finalidade do "que se diga"

---

[15] Nota da editora: menos literalmente, "foi namorar, perdeu o lugar".

domina todos os ditos. Toda fala emitida levanta, na verdade, duas questões: o que ela diz e por que ela diz isso? O que ela diz pode ser explicitado, em termos de verdade ou de saber, mas seu dizer como ato está a serviço do escabelo. Essa é a tese e, "por que sua filha é muda?", frase muitas vezes evocada por Lacan, não diz respeito apenas àquilo que ela teria a dizer. Por isso Lacan, daí por diante, ao proferir, por exemplo, sobre "o inconsciente real"[16], acrescenta "se acreditarem em mim" pois esse dito está suspenso a sua enunciação. Essa prevalência do ato de dizer implica, obviamente, uma certa redução de outro intuito — o qual Lacan havia tornado seu projeto e prioridade —, que incidia sobre a retificação epistêmica da psicanálise à qual ele queria, por meio do matema, devolver a racionalidade científica. Reviravolta impressionante após anos de ensino como o dele. No entanto, é isso que ele confirma em suas conferências de 1975 nos Estados Unidos. Quando o lembramos do quanto Lacan trabalhou para dar à psicanálise um *status* científico por meio da linguística, *status* ao qual dizia não acreditar mais, ele responde: "Eu era como todo mundo, queria ter sucesso". Sem dúvida, Lacan se coloca aqui como um exemplo daquilo que ele mesmo propõe. Ainda assim, é necessário mais para demonstrar a tese.

"Razão por que demonstro que o S.K.belo vem primeiro, porque preside a produção de esfera", "a esfera da qual se faz um escabelo". Aquilo que é próprio de UOM não seria, portanto, somente fazer um escabelo para si, mas, de forma mais geral, fazer um escabelo por meio da esfera. O que isso quer dizer? Essa história de esfera pode parecer um pouco maluca se não entendermos seu fundamento. Não seria a

---

[16] LACAN, J. (1976). "Prefacio à edição inglesa do *Seminário 11*". In: *Outros escritos*. Rio de Janeiro: Zahar, 2003, p. 569.

esfera a forma fechada sobre si mesma, sem incompletude, a forma ideal do homem antes da queda mítica, mas também, para nossa antiguidade grega, a forma do próprio universo, o que ecoa até o silêncio das esferas infinitas evocadas por Blaise Pascal[17]? A essa topologia esférica, Lacan há muito tempo opôs o que ele chama de "a-sfera", isto é, a forma descompletada de um ser dividido pelo efeito da linguagem e que não pode mais continuar a sonhar com a completude, a menos que digamos, antes, que ele pode apenas... sonhar. Encontramos esse ser em UOM como duplamente composto, como eu disse, pela imagem e pelo significante, UOM por isso em tal falta-a-ser [*manque d'être*], que ele "tagarela com a esfera"; em outras palavras, tenta se completar preenchendo sua hiância; em suma, tenta se produzir como esfera, para fazer para si um escabelo de identidade. Para tanto, porém, é necessário mais do que linguagem, é necessário o corpo.

Que ele "tagarele para se azafamar com a esfera" é o que *atesta*, enfatizo, "que ele *tem* um corpo" e não que ele o é. Nas linhas anteriores, líamos já UOM, UOM de base, "UOM, UOM de base, UOM kitemum corpo e só-só Teium", "UOM tem [*a*], no princípio". Portanto, se perguntarmos como ele se faz escabelo da esfera, a resposta é: com seu ter, com o corpo que tem. A esfera é feita pela conjunção de UOM em mal de ser [*mal d'être*], gerado entre espelho e fala, e pelo corpo que ele tem. Ter, de maneira geral, pois há outros "ter" além do corpo, "é poder fazer alguma coisa com". Seria errado pensar que para esse ter do corpo, o atleta, aquele que faz seu

---

[17] Nota da editora: a autora parece cruzar duas referências do filósofo e matemático francês Blaise Pascal (1623-1662), o famoso aforismo "O silêncio eterno desses espaços infinitos me apavora", por um lado, e a consideração de que a natureza "é uma esfera infinita cujo centro está em toda parte e a circunferência, em nenhum", ambos no livro dos *Pensamentos*.

escabelo daquilo que designamos como seu "alto nível", seja o paradigma. É apenas um caso particular daquilo que se faz de forma mais geral com o corpo. Lembro que Joyce, neste ponto, é uma exceção, que usa outro ter. Para o caso geral, quem tem um corpo pode usá-lo para fazer um laço de escabelo, esse é o primeiro ponto, voltarei a ele, mas sobretudo, ele o tem porque "fala com seu corpo". Essa asserção, já presente no seminário *Mais, ainda*, adquire aqui todo o seu peso.

Falar com o corpo

Falar com seu corpo. Já mencionei esse tema, mas não acredito que o tenha esgotado, então voltarei a ele. A natureza própria do homem é "falasser" [*parlêtrer*] com o corpo que ele tem. Estamos, obviamente, longe da função do corpo imaginário do espelho: trata-se do corpo substancial. Temo que haja um grande mal-entendido sobre esse ponto, decorrente das teses popularizadas de Freud sobre os sintomas da conversão histérica. Assim, hoje, muitos sujeitos que apresentam alguns dodóis corporais, dor do lado direito, dor do lado esquerdo, interpretam-nos como se esses dodóis fossem palavras de seu sofrimento subjetivo. Eles fazem, portanto, como que seus corpos falassem por eles. Mas será esse o caso? Não tenho certeza. Na maioria das vezes é o sujeito que fala, que toma seu corpo como pretexto. É o sujeito que, digamos, interpreta seus diversos males corporais para falar de si mesmo como um sujeito afetado. Os clínicos gerais, que recebem os clamores da época, não podem ignorá-lo. "Falar com seu corpo" é outra coisa.

Para avançar na questão, ainda seria necessário ter uma ideia "do que falar quer dizer", como Lacan se expressava no início, pois o tema não é novo, e é preciso ver o que essa conferência acrescenta propriamente. Bem, justamente isso: falar é querer dizer, não há fala que não queira dizer, e na análise, que não é qualquer discurso, dizer a verdade daquilo que se é como desejo e como gozo de corpo. O sujeito, e em particular o analisando, fala, portanto, para dizer isso. Mas não o dirá, faltam as palavras, a verdade articulada na linguagem nunca sendo senão meio-dita [*mi-dite*], sempre castrada de uma meia-parte, incompleta e inconsistente. Além disso, mentirosa, o que é diferente, pela natureza de seus significantes que são heterogêneos ao real fora do simbólico. Então, quem o dirá? De onde virá a resposta, senão das pulsões e dos sintomas com os quais seu corpo se anima e que dirão em seu lugar, pelos gozos que seu corpo veicula, aquilo que o sujeito não dirá? É a partir daí que se pode dizer, como Lacan faz eventualmente, "você é o que você faz", subentendendo-se aí não o que você diz. Há tempos, ele havia dito: o inconsciente, "isso fala"[18]. Mas "que haja inconsciente significa que há saber sem sujeito"[19]. Quando o inconsciente fala, não é o sujeito do subjetivo que fala, é o inconsciente-linguagem incorporado que preside o corte dos objetos pulsionais sobre o corpo e que fixa os sintomas pela coalescência dos significantes e do gozo. É, pois, por meio dele, por meio desse inconsciente "saber falado" — decifrável — que um ser falante fala com seu corpo; é por meio dele que se manifesta aquilo que ele quer e que o dito-sujeito [*dit-sujet*] nem sempre sabe, só podendo, em todo caso, meio-dizer [*mi-dire*]. Para Lacan, portanto, o que fala com o corpo é o inconsciente, não o sujeito que lhe conta a historinha, seus amores e desamores com o Outro e os outros. Já em *Mais, ainda*, ele dizia, "o real, eu diria, é o mistério do

---

[18] LACAN, J. (1973). "Televisão". In: *Outros escritos*. Rio de Janeiro: Zahar, 2003, p. 510.
[19] LACAN, J. (1967-68). "O ato psicanalítico". In: *Outros escritos*. Rio de Janeiro: Zahar, 2003, p. 372.

corpo falante, é o mistério do inconsciente"[20]. Alguns anos mais tarde, nesta conferência, ele persiste, renomeia o inconsciente freudiano desse outro substantivo, "falasser" [*parlêtre*], e insiste, UOM, em falta de ser [*manque d'être*], "falasser por natureza". É o mesmo que dizer que não se trata da palavra de blá-blá emitida pelos sujeitos, nem de suas verdades sempre mentirosas, mas dos significantes gozados pelo inconsciente. Significantes incorporados de certa forma, que decerto assombram sua fala, mas sem que ele saiba; significantes que se manifestam em sintomas e que deciframos desde Freud, aqueles que realmente o representam e que o sujeito poderia eventualmente usar.

Por isso a fórmula engraçada — e enigmática à primeira vista —, mas que confirma: UOM surge como "cabeça da arte" [*tête de l'art*][21]. Surpresa, mas faz sentido. O inconsciente inscrito "em letras de carne", como Lacan dizia no início, desnaturaliza o gozo que seria apenas do organismo. A natureza de UOM é a desnaturalização pela linguagem. Estando perdido, portanto, o natural da natureza animal, à sua natureza, o UOM "só a toca como sintoma", o sintoma sendo sua natureza de desnaturado. Concluo, pois, que o inconsciente-falasser, que fala com o corpo desnaturado, faz aquilo que posso escrever com um hífen, UOM-sintoma. O inconsciente é o primeiro "artífice" e o sintoma, sua primeira obra. Ele está na "cabeça da arte" — os artistas só lhe dão continuidade. Isso só pode ser compreendido, obviamente, se lembrarmos bem que o sintoma é feito pelos significantes gozados do inconsciente, inconsciente o qual teve início nos acidentes da história

---

[20] LACAN, J. (1972-73). *O seminário, livro 20: Mais, ainda*. Rio de Janeiro: Zahar, 1985, p. 178.
[21] AUBERT, J. (dir.). *Joyce avec Lacan*. Paris: Navarin, 1987, p. 32.

infantil. Assim, se esclarece finalmente, a expressão UOM surge como "cabeça da arte". Equívoco entre, por um lado, être en tête de l'art [estar à frente da arte] — é o sintoma que está à frente —, e, por outro lado, ser uma *tête de lard* [um teimoso], como dizemos daquele que se obstina [*se bute*], que se escora [*s'arc-boute*] — eu poderia dizer "que se *obstinescora*" [*s'arc-bute*] em seu próprio gozo-sintoma a ponto de conhecer apenas a ele e não ceder em nada. Numa psicanálise, esse inconsciente real, artífice do sintoma, a interpretação só o toca eventualmente por meio dos equívocos de *lalíngua*, pois não tem outro instrumento.

Todas essas teses sobre o inconsciente real que acabo de lembrar são anteriores à conferência sobre Joyce, que as pressupõe, mas lhes acrescenta algo completamente inédito, a saber, o uso do escabelo e, portanto, de um laço social que UOM pode fazer com seu corpo falante.

O laço de escabelo

Em suma, "UOM tem um corpo não quer dizer nada se ele não fizer com que todos os outros paguem o dízimo". Eis, portanto, o que é "se azafamar com a esfera" ao falar com seu corpo: é extrair um dízimo capaz de obturar o enigma e o vazio do ser.

Este é um aspecto novo das contribuições do ensino de Lacan: temos um corpo se fizermos uso dele no laço social, na relação com aquilo que ele chama de "todos os outros" e, portanto, não apenas para o gozo. Esse é um ensinamento indireto de Joyce, pois ele não o usa. A coisa é suficientemente inédita, e suficientemente surpreendente para que me detenha aí. Qual a especificidade desse laço entre os falantes, que seria mediado não tanto pelos semblantes quanto por esse objeto "dízimo" de que fala Lacan?

"Fazer pagar" ou, pelo contrário, como Joyce, tornar "tão barato" seu corpo, são expressões que se ajustam bem aos tempos do capitalismo. Essas expressões conotam a exigência mercantil e, precisamente, algo como uma venda, uma comercialização do corpo. Não podemos simplesmente homologá-lo à bem conhecida atividade pulsional, embora ela sustente todas as relações de objeto elencadas na psicanálise. Com efeito, a pulsão decerto busca algo do lado do outro, mas a pulsão é um predador em xeque, sem dúvida, ela extrai um mais-gozar, mas não pode se apropriar do objeto *a*, oral, anal, escópico, invocante que ela visa, o representante do gozo perdido. Além disso, ela só extrai de alguns outros escolhidos dentre seus diversos cenários eróticos. O que são, pois, "todos esses outros" que pagam? E pagam o quê?

Um "dízimo". O termo quase não é mais usado, vem do passado, do dízimo pago pelos camponeses ao seu senhor e mestre. Curiosamente, porém, Lacan precisa que a via que consiste em "fazer pagar" foi aberta não pelo poder político dos senhores, mas pelas ordens mendicantes. Estamos em uma época anterior ao capitalismo, quando a ordem religiosa e a ordem política mal se distinguiam e regulavam a ordem econômica. Hoje em dia, no plano econômico, não pagamos mais dízimo. Pagamos impostos, taxas etc., ou então fazemos doações, pois se já não há ordens mendicantes. Muitas associações diversas, não necessariamente religiosas, pedem solidariedade pública por obras. Lacan faz ficar lado a lado, portanto, um termo aparentemente anacrônico, "dízimo", com expressões que são justamente do tempo do capitalismo, que abrem o eixo semântico de uma série comercial contemporânea, o dos preços do mercado com suas vendas a preço de custo, a preços quebrados ou, ainda, pelo contrário, a preços de luxo. Por que, então, dar o "dízimo"?

Corpos mendicantes

O próprio termo "dízimo" remete a duas referências implícitas. Primeiro, às pulsões de autoconservação, como Freud as chamava, pois o dízimo devia garantir a sobrevivência dos corpos dos religiosos, assim como, aliás, aquele que era pago ao senhor local garantia sua subsistência e a de sua corte. Nada a ver com o erotismo. Trata-se aí do campo da biopolítica antes do capitalismo e de Foucault, uma forma de indicar, creio eu, que a biopolítica não data de hoje — mesmo que tenha mudado de forma —, pois se trata, na realidade, de fatos próprios aos falantes que, portanto, não estão à mercê das contingências da história. *Primum vivere*[22].

Então, quem paga e por quê? Compreendemos que não é o Outro (com maiúscula) da dívida simbólica do sujeito da nobre memória lacaniana, mas "todos os outros" (sem maiúsculas), os da sociedade ou do grupo em que vivemos. E, com efeito, em cada exemplo convocado por esse texto, o dízimo funciona entre conjuntos sociais mais do que entre os corpos individuais. Entre o grupo dos religiosos que se fazem ser, digamos, "sustentados", e o grupo dos fiéis, ou entre o Um maiúsculo, o senhor e a massa de camponeses. Mas existe uma contrapartida. Os pagadores, camponeses ou fiéis, têm suas razões para pagar, eles ainda não são considerados como os despossuídos a quem o discurso da Revolução deu consistência. Os camponeses decerto não têm escolha, mas, em troca do dízimo exigido, recebem o direito

---

[22] Nota do tradutor: "Primeiro viver, depois filosofar". Frase aplicada "àqueles que, por especulações abstratas, deixam de conseguir o necessário para a subsistência". *Dicionário de Latim Online: significados de palavras e expressões em latim*. Matosinhos: 7Graus, 2007-2021. [Nota da editora: Lacan evoca o adágio latino em "A direção do tratamento": "*Primum vivere*, sem dúvida: há que evitar o rompimento". Lacan, J. *Escritos*. Rio de Janeiro: Jorge Zahar Ed., 1998, p. 602.]

de cultivar a terra e também a proteção contra invasores; quando se trata de religiosos, também os fiéis são retribuídos, de maneira bem diferente, certamente, pela intercessão para a vida eterna junto à divindade. O problema do tráfico de indulgências que a Reforma lançou contra a Igreja atesta esse dar e receber. Os fiéis, com seu dízimo, garantem a sobrevivência da ordem mendicante, em troca da garantia de outra sobrevivência no além. É a biopolítica da alma! Além disso, mudança de época, a mais-valia marxista, a única coisa que Lacan aceita de Marx, não seria o dízimo tirado do suor dos proletários do século XIX que sustenta o capitalista por meio da renovação de sua força de trabalho, ou seja, a subsistência do corpo assegurada? Que a troca não seja recíproca, nem equitativa, nem escolhida, sequer vizinha de uma estrutura de chantagem, portanto perfeitamente abusiva, não altera em nada o fato de se tratar de um vínculo gerado a partir e em torno de um objeto. Se um dízimo é exigido, é porque se acredita que é possível dizer aos outros não somente "em ti mais do que em ti", mas também "em mim mais do que em mim mesmo". Resta a questão de saber o que é dado em troca do dízimo. O objeto de troca é conhecido há muito tempo pelos leitores de Lacan. Ele se refere a Lévi-Strauss e às *Estruturas elementares do parentesco*, nas quais as mulheres vinham em posição de "objeto de troca", "ainda que isso as desagrade", acrescentava ele[23]. Quem se atreveria a dizer isso de novo? Foi o casamento entre o comércio e o sexo, não sem relação com a sobrevivência, já que o sexo assegurava a reprodução dos corpos, nível básico de sobrevivência obviamente.

---

[23] Lacan, J. "De uma questão preliminar a todo tratamento possível da psicose". In: *Escritos*. Rio de Janeiro: Zahar, 1998, p. 572.

Assim, Lacan avança, depois de 1976, na consideração de laços muito mais amplos e básicos do que aqueles ordenados por seus quatro discursos, estes mais vinculados a configurações históricas. Fico impressionada, e espantada também, que naquela época e nessa conferência, ele avance, como mostram as expressões que ele emprega, em desenvolvimentos que o caso de Joyce sem dúvida suscitou, mas que vão além do particular. Evidentemente, ele faz isso num estilo assertivo, sem explicações e de forma bem pouco didática, deixando-nos de certa forma o peso da explicitação. No entanto, é claro que com o dízimo anterior à mais-valia capitalista — embora Lacan não mencione o que era pago aos senhores da época —, o que é convocado pelas ressonâncias do termo já é a economia das trocas que garantem a sobrevivência, trocas essas que estão na base de qualquer laço social em que se trata, primeiramente, da manutenção vital dos corpos, corpos "a serem revestidos entre outros cuidados"[24]. Problema que não diremos ser inatual, tendo em vista as atuais ameaças ecológicas, as grandes migrações, a pobreza e a fome.

Curiosamente, Lacan é levado a essas considerações biopolíticas pelo escabelo do narcisismo fálico com a promoção do Um individual em sua especificidade incomparável, da qual Joyce é o paradigma. Mas precisamente esse recurso às antigas ordens mendicantes postula a homologia estrutural entre todos aqueles que cobram e recebem o dízimo, tanto no nível da autoconservação quanto da promoção identitária. Além disso, Joyce certamente passou a vida procurando um nome, mas também dinheiro para sobreviver — as cartas para sua família e amigos não deixam dúvidas sobre esse

---

[24] AUBERT, J. (dir.). *Joyce avec Lacan*. Paris: Navarin, 1987, p. 33.

ponto. É preciso então concluir que UOM com um escabelo e que usa seu corpo para pagar um dízimo é o equivalente do mendigo. Ou, se preferirmos, que ter um corpo é ter um corpo mendicante. O que abre uma questão subsidiária: qual é a retribuição daqueles que pagam?

Lacan propõe daí por diante uma estrutura comum ao narcisismo fálico mais individualizante e às trocas econômicas inerentes à ordem social. A diferença entre o que o dízimo sustenta nos dois casos é, decerto, significativa: a manutenção dos corpos vivos de um lado, o Um de uma identidade não anônima do outro — mesmo que geralmente isso não chegue até a promoção do nome próprio, assim como para os grandes nomes excepcionais daquilo que Freud chamava de sublimações da cultura. No entanto, não há diferença neste nível entre UOM que institui, de uma maneira ou de outra, o Um de seu escabelo com seu corpo mendicante, e os senhores ou religiosos que cobravam um tributo de todos os outros. Esse pequeno objeto dízimo, que é ao mesmo tempo um objeto de troca e um objeto de consumo, para retomar os termos de Marx, também está em funcionamento tanto nas transações econômicas que fundam a sobrevivência como base de uma ordem social, quanto no nível privado da sobrevivência simbólica das identidades individuais. Não é esta uma nova versão da frase "o coletivo não é nada senão o sujeito do individual"[25], por meio da qual Lacan comentava o texto de Freud sobre a psicologia das massas. Só que não se trata mais do amor ao Pai que Freud encontrava tanto no fundamento das instituições sociais quanto no cerne das subjetividades, mas de UOM que "tem um corpo" e que o usa. Além disso, o

---

[25] LACAN, J. (1945). "O tempo lógico e a asserção de certeza antecipada". In: *Escritos*. Rio de Janeiro: Zahar, 1998, p. 213, n. 6.

termo "coletivo" não era muito preciso, a prova disso vem de Freud precisamente, já que ele teve que debater para saber se o grupo humano tinha primariamente uma estrutura gregária ou uma estrutura de horda. Mais tarde, Lacan retomou esse debate sem dizê-lo, com o que ele chama de laço social, o qual escreve como um "discurso" ordenado pelos semblantes. Ele fez isso no próprio momento em que estes últimos se viram postos em questão pelas efervescências de maio de 1968. Esses quatro discursos ordenavam laços sociais sempre hierarquizados a partir dos comandos de um semblante e, portanto, sempre tão disparitários quanto os descritos. por Freud. Um novo passo, porém, parece ter sido dado na conferência "Joyce, o Sintoma II" com esse novo laço social de escabelo, que não ordena os semblantes, mas os mais-gozares do corpo substancial de que cada um pode dispor já que o tem. Retorno à tese de um gregarismo mais básico do que a ordem da horda, que seria necessário escrever o *hord(r)e* [(h)ordem].

O outro laço social

Churchill teria dito: "Ganhamos a vida com o que conseguimos, mas fazemos a vida com o que damos". Isso combina bem com a economia da troca "toma lá, dá cá", em que dar e receber são solidários, indissociáveis. Nada a ver com o problema da dívida simbólica, mas, antes, com a relação qualidade-preço. Hoje, no capitalismo, a dívida mudou de natureza e se reduz à dívida financeira, real, aquela que é calculada e que pode ser reembolsada, portanto, exigida. Em seu nível, a doação não existe, foi substituída pelo empréstimo e, eventualmente, pelo apagamento da dívida, impensável se se tratasse de uma dívida simbólica. Todos esses fatos combinam bem com a redução do simbólico ao cifrável que Lacan operou em *De um Outro ao outro*. Entre Um escabelo — coloco a letra U maiúscula em

Um — e seu outro — sem letra maiúscula —, seja essa "outro" apenas um ou "todos os outros", o Um faz pagar um dízimo mas dá em troca, como diz Churchill. Não é que haja paridade de um para o outro, mas ambos estão em paridade no que diz respeito à troca que os liga. Não se diria que a pulsão faz pagar um dízimo, embora ela instaure uma relação de corpo. É que com a pulsão não se trata de uma questão de troca, ela toma a despeito do corpo parceiro e até mesmo a despeito do próprio sujeito, pois a pulsão, de certa forma, o força. Pelo contrário, o "fazer pagar", por sua vez, introduz a relação que, decerto, não é justa, ele pode até mesmo ser forçado como na chantagem, mas, em todo caso, implica o parceiro que paga e tem os seus motivos para pagar. Portanto, UOM que não seumaniza sem seu corpo, quer se promover como alguém não ordinário, e ei-lo compelido ao laço, bem longe de qualquer autossuficiência narcínica. UOM com escabelo não pode ficar sozinho, assim como o Rei Sol precisa de uma corte onde possa brilhar em sua diferença. Mas, ao contrário do que acontecera com o Rei Sol, não há discurso que inscreva previamente a ordem dos lugares e, por conseguinte, ele deve fazer seu próprio lugar — ó, iça!

A variedade de escabelos que se diferenciam uns dos outros é muito grande e cada um estabelece uma diferença "distinta", seja ela de gozo e/ou de dizer. Emprego o termo "diferença distinta" [*différence distinguée*] para não dizer "diferença absoluta", pois a diferença do escabelo é sempre relativa. Relativa a "todos os outros" que a sustentam e, ainda, relativa a outros escabelos com os quais ela entra em comparação, salvo se não estiver em competição.

No entanto, devo sublinhar aqui que o escabelo do narcisismo fálico não é necessariamente narcínico. No neologismo "narcinismo" que havia forjado, quis ressaltar que no capitalismo de nosso tempo o indivíduo tende a não ter outra causa além de "seu próprio gozo". Ora, é possível se fazer um nome de escabelo por intermédio de todos os tipos de devoção. Todas são obras de caridade, de ajuda mútua participativa, de partilha, em todas as suas formas tradicionais, geralmente religiosas, ou atuais, mais laicas. É o que se formula sob a forma do anseio muito frequente de ser útil, de servir a algo, esse algo sendo geralmente da ordem do social. Há, portanto, escabelos que têm a figura da generosidade. No entanto, ela nunca chega à dádiva — se considerarmos que a dávida consiste em dar sem esperar retorno, em pura perda —, pois esses escabelos, como todos os outros, se sustentam com um dízimo de estima ou reconhecimento social recebido em troca e portanto, sempre se colocam sob o olhar do Outro. Numa época recente, Madre Teresa é o nome paradigmático desses escabelos da generosidade. De maneira mais geral, existem os escabelos do serviço prestado, que podem lhe valer a insígnia social de uma legião de honra ou o *status* de um veterano de guerra, ou um Prêmio Nobel, ou outro. Há ainda os escabelos dos serviços prometidos, dessa vez pelos políticos, que podem fazer com que se seja... eleito. Ao lado desses escabelos, que se enquadram na categoria do utilitário, há muitos outros. Há o das performances extremas dos esportes, que não estão ao alcance de todos. Esses nós inventamos todos os dias (atravessar o planeta a pé, desbravar os oceanos sozinho etc.). Há também o das ciências, das quais os grandes nomes pontuam nossa história — Galileu, Newton, Einstein... A ciência esquece sua história, mas não seus grandes nomes. Para Freud, houve o escabelo da invenção do inconsciente (sabemos que ele pensava sobre a futura placa que surgiria em seu prédio). Quanto a Lacan, muitas vezes ele evocou um "quando tiver morrido...". Por fim, há os escabelos das artes, sobre as quais se pergunta justamente para que servem. Ao que Lacan responde que além do útil, daquilo que serve como meio, há o gozar. E "gozo é aquilo que não serve para nada"[26]. Em suma, o que varia é aquilo que o dízimo paga, conforme sejam as grandes obras de benfeitoria, excelência, utilidade pública etc., daqueles cuja história memoriza os nomes, ou sejam as obras mais modestas, que são também as mais numerosas, daquelas que o escritor Pierre Michon chama de "as vidas minúsculas", que são trabalhos domésticos e privados nos círculos mais restritos da família ou da profissão, em que cada um procura o seu mínimo vital de reconhecimento por parte dos outros. A velha fórmula de Berkeley poderia encontrar uma nova vida aqui, menos idealista, pois para UOM com escabelo, na verdade, "ser é ser percebido", seja pelo olho do vizinho ou da posteridade secular. Com que os torcedores pagam, senão com sua admiração, seus aplausos, seu apoio, digamos — por que não? — com seu amor, que valem como falicização narcísica, compensadora do vazio do ser de UOM? O dízimo é, em última análise, aquilo que a massa de um público pode dar, a saber, um olhar de apoio ou uma voz que aclama, em voz alta ou baixa. Isso é particularmente patente nas artes, mas Lacan o aplica até mesmo à multidão nazista. Reformulando a tese freudiana, ele propõe em 1969 que, na multidão nazista, a multiplicidade vale como um olhar único concedido ao Um com maiúscula — ao que eu acrescento: por menos ideal que seja. Tal é no fundo, portanto, o dízimo que constitui o escabelo: a "vaidade suprema"[27] de um olhar. Essa

---

[26] LACAN, J. (1972-73). *O seminário, livro 20: Mais, ainda.* Rio de Janeiro: Zahar, 1985, p. 11.
[27] LACAN, J. (1967-68). "O ato psicanalítico". In: *Outros escritos.* Rio de Janeiro: Zahar, 2003, p. 376.

é, no final das contas, a mola propulsora última e básica da relação com todos os pequenos pais dos povos.

Variedade, portanto. Contudo, o escabelo sempre põe em jogo a mesma estrutura de "dar e receber". Por um lado, a oferta de uma grande ou pequena produção, pública ou privada; por outro, a resposta de aprovação que faz doação de um mais- gozar, voz ou olhar que institui o escabelo. É uma estrutura completamente diferente daquela construída por Freud, que supõe a prioridade do significante do chefe ou a dos discursos que instituem uma ordem, nunca igualitária. Isso não quer dizer que a igualdade de direito seja finalmente alcançada por meio dessa mediação generalizada do dízimo, mas sim que se inicia o reinado de uma contingência redobrada, pois essa emulação terá, em virtude dos encontros e das disposições, por um lado, seus eleitos por acaso e, por outro lado, a massa gregária dos admiradores que fornecem o dízimo, eles próprios homogeneizados por um mais-gozar elevado a fator comum. Todos, no entanto, estarão em pé de igualdade com relação à corrida primária pela identidade distinta.

Assim, pois, ainda que só tenha um corpo, graças a ele, UOM passa a "dispor de algum(ns) outro(s)"[28] não só no "campo fechado do desejo", como dizia Lacan, mas também no campo social, "sem conseguir torná-lo(s) seu(s)". A questão obviamente se coloca quanto àquilo que isso promete. Todos constatamos que nos cansamos rapidamente dos mais-gozares — em outras palavras, a esfera é impossível —, pois sua insuficiência em preencher impele à busca da renovação e, de fato, sua fabricação não para de estar *in progress*... na civilização do capitalismo, cuja grande regra é jogar fora para renovar. Um

---

[28] AUBERT, J. (dir.). *Joyce avec Lacan*. Paris: Navarin, 1987, p. 33.

grande problema para todos aqueles que buscam "seumanizar": como garantir a permanência da sedução característica de seu escabelo particular? É o mesmo problema do amor, no fundo, o do "duro desejo de durar", como dizia Éluard[29]. É aí que abro, brevemente, o capítulo dos infortúnios de Narciso.

Os infortúnios de Narciso

A que relação preside o narcisismo em sua aspiração de "se fazer belo" da forma que for?

Narciso acorrentado

Belo aos olhos de qualquer outro, sem maiúscula, é a tática "*m'as-tu vu*" ["amostrado"/"você me viu"]. Essa fórmula, com os dois pronomes pessoais aos quais Lacan deu tanta importância, inclui a necessária função relacional do narcisismo, mas também indica a dependência de Narciso. A *selfie* é notável nesse aspecto. O sujeito se acha interessante o suficiente para se contemplar em um verdadeiro espelho, mas deve, em seguida, enviar a *selfie* a alguns outros para se comtemplar no olho desses outros. Na ilha deserta, a *selfie* não ajudaria muito, é possível pressentir isso, e é por isso que não dizemos "não se esqueça de seu espelho", mas perguntamos "que livro você levaria para uma ilha deserta?", pois o significante é um outro parceiro. Não há Narciso fora de uma relação de sedução, de todo modo. A sedução é uma forma da demanda, e o analisando não escapa dela, longe disso, pois, em sua fala transferencial, o que ele faz senão "manobrar" o espelho do Outro, diz Lacan, para parecer amável e achar-se amável ao mesmo tempo? O que poderia ser melhor do que a experiência

---

[29] Nota da editora: *O duro desejo de durar* é o título do livro do poeta Paul Éluard (1895-1952), lançado em 1946.

da transferência e daquilo que nela se atesta para garantir que o amor-próprio não se sustenta sem o aval do outro? O primeiro infortúnio de Narciso decorre, portanto, da alienação de uma identidade que se mostra, que se oferece para ser percebida, uma imagem... para um olhar, assim como um significante do sujeito é para outro significante. Esse não é um grande tema do analisando? Por um lado, ele se pergunta para detectar como é visto, o que lhe "devolvem", como ele diz, e por outro, protesta, "não sou o que vocês pensam" — aí, de novo, tomo emprestado do discurso comum a historinha daquela menina que tomam por coquete e que se rebela, portanto renegando isso, mas que, por outro lado, se esforça em coincidir com a imagem ideal que, no entanto, lhe dá a sensação de estar despojada de si mesma.

Simbólico pós-edipiano

Não devemos concluir daí que esse seja somente o reinado do imaginário especular que triunfa. Esse novo laço certamente se impõe em nossa civilização do espetáculo, mas não exclui o simbólico, longe disso, um simbólico ele mesmo pós-edipiano: a linguagem, com efeito, não exige o pai para cavar seu buraco no real, buraco a que Freud chamava de recalque original, o buraco da coisa inominável inscrita no cerne do simbólico. Para isso basta a cifra do menor traço unário, produtor como é da subtração do objeto *a*, e é por isso que Lacan podia dizer, em *De um Outro ao outro*, que o simbólico se reduz ao numérico. De fato, na margem do visível, sempre há algo que não pode ser visto. Os psicanalistas, que têm que lidar com os sujeitos na medida em que eles falam e não como se mostram, tendem a denunciar os novos fatos da civilização e, especificamente, a inflação do imaginário que nela se observa hoje. No entanto, como esquecer que os paradoxos da identidade sempre encontraram sua fonte, em grande parte, na disjunção entre o ser real e o parecer? É que o imaginário do parecer inevitavelmente se desdobra entre aquilo que é oferecido à vista, a imagem, o parecer fotográfico de certo modo, e aquilo que aparece de não fotográfico nos significados por meio da linguagem, que carrega os ideais que Freud diz serem do eu, e que Lacan diz serem do Outro (com maiúscula). O que decidem esses ideais senão o valor das imagens, o valor que, por sua vez, não está no registro do visível? Eu não conseguiria ver como o outro me vê do lugar do Outro. Quanto a ele, pode dizer se dirigindo ao sujeito: "você não me vê daqui de onde estou lhe olhando". Assim, a não suficiência e a ignorância sempre perfuram o parecer. Seja pelo escabelo do espelho ou das obras civilizacionais, Narciso fica à mercê do Outro, sob o duplo aspecto que evoquei — da imagem que se mostra, mas também do olhar que não pode ser visto e que, portanto, o coloca à mercê do desconhecido. Santo Agostinho, em sua famosa frase, já havia assumido essa dimensão. Esse olhar está em toda parte e em lugar nenhum, porque o que seria uma imagem que ninguém veria ou uma significação que não existiria para ninguém, em outras palavras, uma identidade não reconhecida? Não é de se estranhar que tenhamos inventado um deus que vê tudo, as imagens e seu além de significação e de sentido. Ubiquidade do olhar, o mundo é *onivoyeur*. Por fim, questão mais essencial, não é de admirar que se aspire a uma separação, sendo toda a questão de saber se há um narcisismo de separação possível em outro lugar que não na certeza do megalomaníaco.

Daí os afetos típicos que se acrescentam ao garbo de Narciso, dos quais, em primeiro lugar, na medida em que ele se esforça, estão a exaltação do sucesso, mas também a sua outra face, o medo de que o dízimo-mais-gozar não lhe seja negado.

Medo de fracassar, medo de perder quando alguém obteve, medo de estar em pior situação que o outro e toda a agressividade competitiva que disso decorre. Com a destituição de Narciso no horizonte e sua redução bastante real ao objeto dejeto. Muitos fenômenos da sociedade atual são iluminados a partir daí. Mas volto a Joyce e àquilo que se diz além disso nessa segunda conferência.

Joyce, mais, ainda

Como mencionei, a melhor demonstração que podemos fazer do falar com seu corpo no laço social é por meio da negativa. Recorri a Joyce que, justamente, não fala com seu corpo quando se trata de fazer um escabelo. Lacan diz isso com uma fórmula: ele faz "tão barato" seu corpo[30]. De fato, estamos pisando em seus pés, mas, no fundo, isso não lhe diz respeito. Diríamos que ele não se identifica com seu corpo? Em todo caso, é como se o assento corporal do narcisismo lhe faltasse. Ele busca, contudo, criar para si um lugar de prestígio no bando de meninos, se distinguir, não por meio de seu corpo, mas por suas posições literárias, suas opiniões sobre a poesia as quais, justamente, desencadearam a disputa e depois a surra. Tenta se distinguir desde já, portanto, como... artista. Assim, não ter um corpo aqui é uma coisa bastante precisa. Temos um corpo quando o utilizamos para nos fazermos representar, quando o fazemos contribuir no laço com os outros para a nossa própria afirmação narcísica, para o escabelo identitário, ou seja, quando o fazemos contribuir com o que chamo de narci-falicismo de UOM. Seu "deixar cair do corpo próprio" chega, aliás, a se generalizar e a recusar tudo aquilo que vem do imaginário, em

---

[30] AUBERT, J. (dir.). *Joyce avec Lacan*. Paris: Navarin, 1987, p. 33.

outras palavras, todo o sentido. E isso em todas as áreas. Por exemplo, Joyce se recusa a qualquer coisa que aconteça na história dos historiadores, aquela que se esforça para entender o sentido dos acontecimentos. Também recusa o sentido próprio da historinha do Édipo, assim como tudo o que vai de pai para filho, que ele não rejeita menos, apesar do amor efetivo que tinha pelo pai. Seu exílio, a deportação de seu corpo, comprova a seriedade desse compromisso, assim como sua escolha literária contra a corrente da literatura. Mas então, de que "ter" [*avoir*[31]] ele fez seu escabelo?

Um outro ter [*avoir*]

No nível do laço com os outros trazido por seu nome, Joyce não faz nada com seu corpo. Pelo contrário, como pude mostrar, ele ilustra um falicismo que passa apenas pelo verbo, inscrito somente entre o simbólico e real, pois só joga com *lalíngua*, e, mais ao final, em *Finnegans Wake*, com os Uns de uma *materialidade* fora de sentido. Com isso, Joyce faz justamente pagar um dízimo, e quem paga são obviamente os leitores e pesquisadores das universidades. Eles pagam com juros constantes. Joyce sonhava com um insone leitor ideal que passaria o tempo lendo-o. E ele, o que ele dá em troca? Como qualquer outro, ele dá aquilo que tem — não estamos no campo do amor em que damos aquilo que não temos — e o que ele tem não está ao alcance de todo mundo. Lacan acrescenta isso nessa última conferência, ele tem seu "dizer magistral".

Joyce terá falado no discurso da civilização sem seu corpo, mas com sua arte-dizer [*art-dire*] magistral. Isso difere da

---

[31] Nota da editora: vale lembrar ao leitor que, em francês, *avoir* é o verbo "ter", mas comporta, por homofonia, um *à voir*, um "para ver" que evoca a dimensão narcísica aqui debatida.

maioria, pois a forma mais banalizada, a mais comum e também a mais fácil do fazer com o corpo, é falar com ele — como se escreve com uma pena —, ou melhor, deixar falar o inconsciente-falasser que ordena os gozos falar. Ele também poderia dizer, portanto, em mim mais do que em mim, assim como o proletário poderia dizer em mim mais do que em mim minha força de trabalho, e o homem da ordem mendicante, em mim mais do que em mim a promessa de redenção etc. Vemos claramente o que Joyce espera de "todos os outros", os dos séculos vindouros: que eles paguem com sua atenção, como os fiéis pagavam com seus recursos financeiros. Neste laço de escabelo, como eu disse, é "toma lá, dá cá". É preciso, porém, que "todos os outros" aceitem o valor daquilo que é oferecido quando se trata de algo diferente dos bens tangíveis — comida e dinheiro necessários para a sobrevivência —, ou quando se trata de mais-gozares diferentes dos programados pelo discurso da época. O escabelo das invenções civilizacionais deve encontrar seu público para fazê-lo de alguma maneira. Joyce certamente conseguiu por uma via própria, mas não é o único. É preciso mais do que isso para apreender aquilo que Lacan funda ao nomeá-lo: Sintoma. Esse ponto não está totalmente elucidado. Que o dizer magistral, o arte-dizer [*art-dire*] de Joyce tenha essa função de enodamento que Lacan chama de *sinthoma*, não basta. Aliás, Lacan escreve "Joyce, o Sintoma" e não o *sinthoma*.

Sobre esse ponto, Lacan se explica: "Ter havido um homem que pensou em circunscrever essa reserva e dar a fórmula geral do escabelo, é a isso que chamo Joyce, o Sintoma"[32]. Em que há uma reserva de escabelos-sintomas que Joyce teria cir-

---

[32] AUBERT, J. (dir.). *Joyce avec Lacan*. Paris: Navarin, 1987, p. 34.

cunscrito? Lacan diz, para nossa surpresa, que os tipos de sintomas propícios ao escabelo já estão repertoriados e que cada um de nós recorre a eles. Essa reserva só pode ser aquela que constitui o inconsciente-falasser, o primeiro artífice das fixões de gozo, como aliás já ressaltei. É ele quem preside os acontecimentos de sintomas padrão que não precisam ser identificados para estar presentes.

De fato, todo o final da conferência é dedicado à questão dos sintomas. Lacan enfatiza ali uma dimensão incomum, de todo modo, que transcende as estruturas clínicas clássicas. É que no cerne dos UOM-sintomas, dois casos se diferenciam conforme o sintoma "que se tem", como se tem seu corpo, ou o sintoma "que se é". Esse é o caso de *uma* mulher-sintoma, já que Lacan transferiu para o campo do sintoma essa distinção entre o ser e o ter que havia inicialmente aplicado ao falo como significante do desejo. Não é a mesma coisa: o falo é um significante; o sintoma, um "acontecimento de corpo". Lacan inclui nessa problemática os laços de escabelo, em particular aquele que une o casal sexual e, mais amplamente, os laços com os outros no campo das economias de gozo. Não é por um acontecimento de corpo que Joyce fez um escabelo para si, mas ele se faz "ser sintoma" por meio da arte-dizer de *Finnegans Wake*, fazendo a oferta de um novo mais-gozar literário que, segundo Lacan, põe fim ao antigo. Ele "se realiza como sintoma", diz Lacan. É assim que opera o seu *work in progress*... É algo diferente de ter um sintoma, o que não impede, aliás, de ter sintomas bem patentes. Quando os temos, é possível rejeitá-los, tentar curá-los ou, eventualmente, assumi-los.

Com este ser sintoma de Joyce, Lacan aparentemente estabelece uma homologia com a posição daquilo que ele chama de *uma* mulher, que ele afirmou, em R. S. I. ser um sintoma para um homem. Na conferência, Lacan o retoma e precisa, dizendo de forma mais geral que os "indivíduos" — e o indivíduo implica o corpo — "podem não ser nada além de sintomas, eles próprios, em relação a outros corpos. Uma mulher, por exemplo, é sintoma de um outro corpo"[33]. Entendamos aí "acontecimento de corpo para um outro corpo". Com isso, não há como imputar a Joyce o "empuxo à mulher" schreberiano, já que seu escabelo-sintoma exclui o corpo.

No entanto, conhecemos, por meio da psicanálise, uma outra estrutura sintomática que faz laço sem exigir o corpo a corpo: é a histeria com sua "greve" de corpo, um acontecimento de gozo. A histeria é, cito ainda a conferência, "para UOM, o sintoma de se interessar pelo sintoma do outro como tal: o que não exige o corpo a corpo. O caso de Sócrates o confirma, exemplarmente". Lacan faz aí referência às suas análises do Seminário *A transferência*. Seria Joyce histérico como Sócrates, então? Não, pois o sintoma do outro lhe é completamente indiferente. Nem mulher, nem histérico. Qual é, então, seu lugar específico? Joyce quis, segundo Lacan, "se realizar" como sintoma por meio da arte-dizer magistral de seu gozo enigmático. Em homologia, portanto, com uma mulher quanto ao *ser* sintoma; mas — eis uma grande diferença —, ele não coloca aí o corpo. Em homologia também com a histeria — que Lacan em *Mais, ainda* diz "fora do sexo" — mas, outra diferença, tudo indica que Joyce não se interessa *pelo* ou não interessa *ao* sintoma do outro. É isso o que ele mesmo, assim como todos os seus amigos, percebeu como seu "egoísmo". Em vez disso, Joyce oferece seu gozo da letra como novo sintoma, por meio de seu dizer magistral. Um sintoma mais real do que o sintoma literário banal — "mais real" querendo dizer mais resistente ao sentido, ou melhor, ao gozo-sentido [*joui-sens*]. Ele é um

---

[33] *Idem*, p. 35.

exemplo dessas singularidades excepcionais que, usando o sintoma que *têm* — da mesma forma que Joyce *tem* esse estranho gosto por *lalíngua* fora da linguagem —, conseguem produzir, impor de certa forma, novos mais-gozares na civilização.

Há, portanto, os sintomas padrão do ter do lado de UOM, que ele diz ser o lado "se tem" — não o falo aqui, mas o sintoma de corpo. Do lado de uma mulher, há um "se é" sintoma de um outro corpo, forjo-o por analogia. Isso não é tudo, porém: uma outra tipologia se cruza com essa do ser e do ter, é a dos escabelos que passam ou não pelo corpo. Do lado de UOM, seu ter de sintoma pode ser com ou sem o ter do corpo, no caso da histeria. Do lado do ser sintoma, é com o corpo se for *uma* mulher, ou sem corpo, se for Joyce. Joyce terá, portanto, feito um bom contorno da reserva dos sintomas padrão sobre os quais o inconsciente falasser preside: ele tomou emprestado tanto do ter quanto do ser dos sintomas, mas com outro acontecimento, o do dizer magistral. Por meio deste último, ele se colocou nas fileiras do inconsciente falasser, "cabeça da arte", como disse. Isso fazia dele um caso raro, o que Lacan já chamava em 1967, como lembrei, de Pai da "Dio-logia"[34], concorrente do dizer... que é pai. Ao que Lacan formula que Joyce "se escabelotou" [*escaboté*].

O querer de Joyce

Mais uma nuance, no entanto. Não somente ele opera pelo ter do dizer magistral, mas Lacan acrescenta algo: "Joyce, por sua vez, *nada queria ter* [grifo meu] exceto o escabelo do dizer magistral". Isso quer dizer, inicialmente, que para ele também o escabelo terá sido o intuito "primeiro", o que

---

[34] LACAN, J. (1967). "O engano do sujeito suposto saber". In: *Outros escritos*. Rio de Janeiro: Zahar, 2003, p. 338.

faz dele "o sintoma padrão" que o coloca em pé de igualdade com todos os sintomas de seumanização, embora seu meio, o dizer magistral, o particularize. No entanto, essa ideia de um querer, o qual implica uma posição subjetiva, uma opção, é uma tese muito diferente daquela que geralmente se retém do seminário *O sinthoma* sobre Joyce. Com efeito, a noção de "lapso do nó", produzida no final do seminário — aliás, com cautela, pois Lacan diz: "ocorreu-me que..." —, noção que implica, pois, o não uso do corpo, ela geralmente é lida e pensada como uma deficiência estrutural, uma carência índice de psicose e que, em todo caso, excluiria a ideia de uma escolha, de uma opção subjetiva. Ora, Lacan evoca aqui um querer, o que é totalmente diferente. Aliás, isso é redobrado pela noção de uma "foraclusão de fato" suspensa a um dizer da enunciação, que comentei anteriormente[35].

Bem... olhando mais de perto... a leitura que faz do lapso do nó um destino sofrido não viria do fato de que nos esquecemos de onde vem o nó e seus possíveis lapsos, quaisquer que sejam? Eles provêm da mesma fonte que, para cada um, faz o nó das três consistências — imaginário, simbólico e real —, ou seja, do Um-dizer *sinthoma*, sem o qual a fala não faz nó. Ora, esse Um-dizer não provém da estrutura de linguagem que cada ser falante sofre, ele é um "momento de existência"[36], procedendo, antes, da contingência de uma opção existencial que ordena e determina a estrutura do nó. O ato de dizer por definição e ao contrário dos ditos, não se discute, nem conclama a uma resposta — ele é ou não é. Com a expressão "dizer magistral" não se trata, portanto, de uma referência ao

---

[35] Ver páginas 95 e seguintes deste volume.
[36] LACAN, J. (1972). "O aturdito". In: *Outros escritos*. Rio de Janeiro: Zahar, 2003, p. 449.

discurso universitário e aos seus mestres. O dizer, como tal, é sempre magistral, impudente. É isso que parece muito difícil de integrar para todos aqueles que se esqueceram que o "que se diga fica esquecido". Mas, se não o esquecemos e se acreditamos em Lacan, devemos considerar que a não identificação com o próprio corpo esteja sob a dependência do dizer magistral, da "obscura decisão" do ser suposto ao dizer, sob a dependência do querer desse ser. Isso é categórico. Para Joyce, esse querer é ilustrado desde a juventude pelo nome que ele dá a si mesmo numa "asserção de certeza antecipada" — função da pressa em Joyce — "o artista", que ele então realiza pela força de trabalho do artífice, da arte-dizer que ele foi, oferecendo à literatura o gozo fascinante de sua prática singular da letra.

A literatura

É com o sintoma, ou melhor, *um* sintoma, ou seja, o metabolismo do gozo desnaturalizado, que cada um se faz um escabelo. É por isso que eu disse que devemos generalizar Joyce, o Sintoma, à expressão homóloga, UOM-sintoma, mas sem o artigo. Todos os tipos de escabelo, todas as identidades sociais podem, pois, ser submetidas à prova nessa tese. Elas são numerosas nos diversos campos das obras utilitárias de ação política e social, e até mesmo científica, mas também nos esportes, nas performances radicais e, claro, nas artes. Joyce se coloca aí, ele que explorou seu sintoma de gozo da letra pura para produzir uma literatura que podemos dizer tão a-corporal quanto esse sintoma. Não é de se espantar que a conferência termine com considerações literárias, que acho que não foram totalmente compreendidas. Elas certamente foram muito comentadas, geralmente para sublinhar a linha divisória entre a literatura do sentido e aquela do des-senso [*dé-sens*] cuja inauguração se imputa a Joyce.

Com *Finnegans Wake*, é verdade m Joyce procede à emancipação de *lalíngua* com relação ao discurso — *lalíngua* que é apenas uma multiplicidade pulverulenta das cifras da linguagem. Isso, no entanto, não é o mais admirável de Joyce e tampouco ele foi o único a fazê-lo, embora tenha levado o procedimento ao extremo. Toda a literatura do início do século passado, todos os escritores daquilo que atribuímos ao Surrealismo, ao Dadaísmo e suas cercanias, todos trabalharam para emancipar a língua do discurso contra aqueles que posso muito bem chamar de pais do classicismo literário que, por sua vez, decerto nada ignoravam sobre os recursos de *lalíngua*, mas se empenhavam em domesticá-la em prol de suas mensagens. A radicalidade da eliminação metódica e *in progress* de qualquer mensagem garantida em Joyce faz aparecer o quanto os escabelos da literatura variam conforme o leitor pague pelo sentido ou por sua pulverização enigmática. Uma questão de gosto. Ora, o sentido está sempre intrinsecamente ligado ao corpo, a seu imaginário, às pulsões que o animam e, digamos nos termos de Lacan, ao objeto *a*. Por isso, ele comove nosso inconsciente de sujeito. O gozo da simples *materialidade* da letra que, por sua vez, supõe a evicção do corpo no texto do "desabonado do inconsciente" que foi Joyce, difere. Também é por isso que, na literatura do sentido, cada um pode facilmente se encontrar. Aliás, não acho totalmente certo que Joyce tenha realmente lhe posto fim, como Lacan parece supor. Joyce apenas marcou onde a literatura do sentido para dividindo, assim, o campo literário entre aquilo que é romance em sentido amplo e aquilo que não é. Digo romance para evocar a continuidade entre a prosa literária que conta histórias privadas ou coletivas, e aquilo que Freud chamou de "romance do neurótico", ou seja, a história da fantasia que lhe serve de luneta para ler sua própria história e fazer dela *sua* realidade.

A-corpórea ou corpo-retriz

Ao final da conferência, Lacan alfineta com fórmulas surpreendentes e novas essa literatura que, ao contrário da de Joyce, comove nosso inconsciente: persistiu "alguma coisa a ser furada no papel higiênico em que as letras se destacam, quando se toma o cuidado de escrevinhar para a regência [*rection*] do corpo, para as corporregências [*corpo-rections*]".

Trata-se, portanto, de um veredito que comporta várias teses, teses não muito ortodoxas. Em primeiro lugar, a finalidade primeira sendo a do escabelo, escrevemos "para" [*pour*], com um intuito, em todo caso. É aí que os objetivos podem diferir e que o que chamamos de literatura, aquela anterior a Joyce, portanto, aquela que eu disse ser do romance, visa, em primeira tese, "a regência do corpo", "a corporregência". A partir dessa literatura, Lacan propõe, em segunda tese, que se trata de uma literatura que pertence ao registro "anal". Duas afirmações, portanto, uma sobre aquilo que funda a pulsão de escrita e outra sobre o que ela obtém, a "corpo-regência".

A homofonia poderia levar a pensar que essa "corporregência" coloca a literatura no mesmo patamar da educação que vela pela "correção" [*correction*] do corpo? É preciso observar que Lacan evita justamente aí o termo correção, que tanto se emprega na educação, o qual supostamente garante os comportamentos corretos com que sonham pais e professores. A regência [*rection*] é outra coisa. Vem de *rectus*, reto, que encontramos na postura ereta, e que não deixa de evocar a ereção do corpo, a verticalidade a qual Freud atribuiu grandes funções e à qual o discurso comum favorece quando nos convida, segundo o provérbio, a "morrer de pé em vez de viver deitado". Mas como o romancista teria a ver com essa finalidade do corpo socializado da corporregência, ele que raramente reivindica a conformidade? É que toda narrativa literária, principalmente as mais realistas, operam pela metonímia na qual circula tanto o sentido do desejo quanto os mais-gozares pulsionais. O que se erige pela metonímia do sentido nada mais é do que o corpo libidinal e pulsional. A tese pode ser melhor compreendida se lembrarmos o que é metonímia, segundo sua concepção finalizada em "Radiofonia"[37]. Esse tropo é o veículo, Lacan disse inicialmente sobre o sentido do desejo, depois, do gozo passado para a linguagem. Ele é "metabolismo do gozo". "O que a metonímia do linguista atesta está ao alcance de outros que não o psicanalista", dizia ele na época. Lacan está nesse caminho quando afirma, na segunda conferência sobre Joyce, que a literatura romanesca visa à corporregência, em outras palavras, ao sentido recebido, receptível − como se diz ideia recebida/preconceito [*idée reçue*] e para não dizer senso comum. Um grande exemplo dado por Lacan, a orelha da senhora que Bel-Ami, o personagem de Maupassant, tenta cativar, essa orelha que só adquire valor erótico pelo deslocamento, pela transferência metonímica da imagem da ostra a engolir, ou seja, do objeto oral[38]. Além disso, é sabido que cada língua veicula todo o vocabulário das várias pulsões. Isso vai do vocabulário erótico dos amantes aos insultos mais virulentos. Assim, toda a literatura romanesca e realista metonimiza o sentido que, fabricado entre o simbólico das palavras e o imaginário do corpo, veicula os mais-gozares pulsionais e, portanto, assegura a "corporregência". A partir daí entendemos que o dito escre-

---

[37] LACAN, J. (1970). "Radiofonia". In: *Outros escritos*. Rio de Janeiro: Zahar, 2003, p. 415-416
[38] Nota da editora: referência ao seguinte trecho romance *Bel-Ami*, de Guy de Maupassant: "As ostras de Ostende foram trazidas, pequenas e gordas, semelhantes a pequenas orelhas encerradas em concha, e desmanchando-se entre o céu da boca e a língua como bombons salgados". MAUPASSANT, Guy. *Bel-Ami*. Trad. Clovis Ramalhete. São Paulo: Círculo do Livro, s.d., p. 71.

vinhador põe aí as suas dobras, quero dizer, aquelas dos seus sintomas de gozos próprios de modo que a ereção do nome de escabelo, se assim posso dizer, e a de um corpo libidinal venham a coincidir. Prova disso é o exemplo de Maupassant.

Uma questão, entretanto: por que reter somente a dimensão anal dessa escrita literária que o exemplo tirado de Maupassant não convocava precisamente? Ora, é exatamente isso que Lacan faz: se a folha é "papel higiênico", a letra vira excremento, e o ato de escrever, excreção. Você fez-isso[39]. Não creio que seja apenas por causa do equívoco vindo de Joyce entre *letter/liter*, letra e dejeto, tantas vezes evocada por Lacan. É o inverso, é esse equívoco que transcreve na língua, o fato de que a letra pode ser dejeto assim como o excremento. É preciso lembrar aí a contribuição analítica freudiana: o excremento é o primeiro objeto destacável do corpo, aquele, originalmente, se destaca a pedido do Outro. Por essa razão, ele é o modelo original de todos os objetos destacáveis que podem ser trocados, que podemos pedir tanto quanto "ceder"– esse é o termo de Lacan no final de *A angústia*. Modelo do objeto cessível, ele está, portanto, em jogo na dialética da dádiva e da recusa. É por isso que Lacan nos anos anteriores, estigmatizando a tese da "oblatividade genital" que esteve em voga na IPA, conseguiu sublinhar que essa oblatividade era uma fantasia obsessiva, ou seja, de um sujeito preso à problemática anal retenção/cessão, em termos comuns, diríamos avareza/generosidade. O segundo traço, aquele que conta nesse desenvolvimento, é que esse primeiro objeto cessível é o primeiro a, de alguma forma, representar o

---

[39] Nota da editora: a autora usa a expressão *faites ce qui en vous*, "faça o que está em você", cujo *faites ce* ressoa, por homofonia, *fèces*, "fezes". Daí nossa proposta: "fez-isso".

sujeito. "Que sou eu?" para o Outro, senão esse objeto que ele pede e que eu cedo a ele? É, portanto, o primeiro objeto que se presta a uma identificação do ser — sabemos muito bem que "ser uma merda" é uma expressão comum. O angustiado com a página em branco, por exemplo, cuja angústia "não é sem objeto" pois ele recua diante daquilo que vai produzir, fenômeno frequente e banal quando se trata de escrever... enfim, interrogue-o, diz Lacan, e ele lhe dirá que ele mesmo é o excremento de sua fantasia. Consequentemente, seguindo nesse filão, a arte do estilo poderia ser reformulada assim: ele, ou ela, depositou direito? Tudo isso parece muito irreverente, é certo, e oferece algo a ser elucidado depois dada a importância por Lacan conferida à literatura por tantos anos — Shakespeare, Gide, Duras etc.

Isso obviamente não se aplica a Joyce, cuja letra fora do corpo, pulverulenta, repleta de equívocos, só guarda sentido na ponta do enigma. Com ela, responder à pergunta "o que isso quer dizer?" é impossível, um impossível que há um século desafia os intérpretes, que nunca deixam de o desafiar, à larga. A literatura romanesca não é interpretável: ao lê-la bem, poderemos dizer em cada caso a que corporregência seu texto se aplica, ou seja, qual é a merda particular, própria, que cada um deposita sobre a folha de papel higiênico e à qual ele remete o cuidado de representá-lo. Por isso, não seria incorreto dizer que, nessa literatura, cada um, ao contrário de Joyce, escreve com seu corpo, mas é porque se trata de uma literatura que fala, que conta histórias de corpos sintomáticos. Ela está, portanto, em continuidade com aquilo que está em curso em nosso tempo, a entrevista de indivíduos e as narrativas do jornalista, já que para fazer para si uma identidade de escabelo, para "falasser" [*parlêtrer*], portanto, ela deposita sua palavra, longe de deixá-la levantar voo.

Hoje em dia, portanto, essa literatura que fala está longe de acabar. Muito pelo contrário, ela está em plena extensão. No exato momento em que constatamos uma variedade crescente de corporregências identitárias, sempre menos homogeneizadas por um semblante mestre e condenadas apenas ao gregarismo, é anunciado um entusiasmo generalizado pelo acesso à escrita, o qual comercializamos, aliás, com a promessa de aprender a escrever. Não discuto esse recurso, nem esse gosto, já que gosto não se discute. O que concluo é que, para elogiar essa literatura tagarela, em nome de Lacan, devemos nos referir ao Lacan de antes, porque o desta última conferência — e é seu último grande texto escrito — procede à sua depreciação na forma mais drástica e indubitável, em nome de Joyce, decerto, mas também da psicanálise.

O que se vende

Essa depreciação pode parecer violenta. Como combiná-la com o enorme uso que Lacan fez dos textos literários, essa depreciação à qual poderíamos muito bem nos autorizar para chafurdar na confusão entre psicanálise e literatura?

Noto, primeiro, que podemos ver aí um eco distante daquilo que Lacan já havia dito no seminário *A ética da psicanálise* sobre a sublimação. A literatura não leva em conta sublimações da cultura? Ele já havia marcado que, apesar de sua idealização bastante comum, ela nada mais é do que o deslocamento da pulsão, especialmente a anal, e ilustrou essa sublimação nem tão sublime assim por meio de pequenos pedaços de papel sujo mantidos no fundo de um bolso. Lacan vai mais longe depois de 1975. Ao falar nos Estados Unidos, ele observa que a literatura mudou, a literatura, a partir dali, é aquilo que está escrito e que se vende também. Surpresa. Essa definição pragmática de literatura é bem do tempo do capitalismo. Mas como podemos entendê-la? Decerto, as classificações literárias não são novas, mas dizer que o que vale como escrita literária transcende a questão do texto, de seu sentido e de seu des-senso, mas também de seu estilo, o suficiente para se definir somente pela venda, isso sim é um *scoop* [furo]. Em todo caso, é certo que em épocas anteriores era bem diferente. Vemos isso com o mito romântico do grande escritor desconhecido, com uma obra escrita, mas não vendida, pois o que chamamos de literatura por muito tempo eram as obras de literatos, profissionais de uma especialidade — a escrita. Mas se a literatura é aquilo que se vende, a ideia romântica se inverte: não há mais escritor não reconhecido possível, já que é o conhecido, refiro-me àquele que vende bem, que constitui o grande escritor cuja decisão é tomada, portanto, por "todos os outros", todos os compradores suficientemente satisfeitos para pagar. "É difícil de entender", acrescenta Lacan. Com efeito, mas não estaria em total consonância com aquilo que se impõe na prática atual de prêmios literários, em que não sabemos mais o que ganha a sanção de uma qualidade ou do anúncio de um público que se corteja, o número se tornando a marca do valor literário? Muito logicamente, Lacan aplica sua nova definição a si mesmo. Ele frequentemente apontava que seus *Escritos* vendiam, e para sua surpresa, mesmo que neles estivesse dito que "não deveriam ser lidos", como um escrito de verdade, de acordo com ele, pois um escrito não deve ser interpretado. Agora, e isso *a posteriori* da lição dada por Joyce, Lacan pode dizer que com seus *Escritos*, ele também faz literatura, haja vista que isso se vende, embora ilegível, ou seja ininterpretável em termos de corporregência. Tanto Lacan quanto Joyce se encontram no novo laço "toma lá, dá cá" que oferece um mais-gozar, por meio do qual pagamos o dízimo que fará o escabelo do autor.

Assim, Lacan se coloca como "efeito" da mudança que evoca. Pois, ele precisa, a literatura tem efeitos, sim, efeitos... na própria literatura.

Como ele chegou a essa ideia que parece muito redutora do texto literário, incluindo aí Joyce e Lacan, os dois ilegíveis, pelo fato de que isso se vende? Obviamente, Lacan o faz depois de Joyce, que consegue vender uma literatura da letra pura, oferecendo um gozo diferente daquele da corporregência, o qual constitui a corrente dominante, para a qual, entretanto, convergem as correntes menores. Mas o que o leva a fazer do vender — contra a ideia comum — o traço distintivo da literatura?

Tudo isso só é compreensível se apreendermos até que ponto Lacan, com sua leitura de Joyce, começou a abordar a literatura sob um novo ponto de vista. Assim como para a fala analisante, a partir dos anos 1970, ele deslocou o intuito da interpretação, que deve incidir menos sobre "o que se diz", ou seja, sobre o próprio texto, do que sobre o dizer, o dizer como ato de enunciação, o "que se diga" com seu próprio intuito e seus efeitos. Pois bem, da mesma forma, aquilo que Lacan questiona não é mais o texto literário como fez tantas vezes antes. No *a posteriori*, vemos o que ele procurava nesse texto para lançar luz sobre sua interpretação analítica, a saber, os exemplos do "falasser" [*parlêtrer*] de UOM com suas várias corporregências: a do desejo, e era Hamlet; a do narcisismo da causa perdida com Claudel e *Le père humilié*; ou a da relação com a outra mulher, com Marguerite Duras e sua Lol V. Stein etc. A partir de então, ele questiona menos o texto e seu estilo do que o ato de escrever, ou a arte-dizer [*art-dire*] de escrevê-lo — como fez com Joyce. Poder-se-ia dizer, fazendo um pastiche do início de "O aturdito": "Que se escreva fica esquecido por trás do que se escreve (corporregência ou ilegível) no que se compra". Aponto uma observação que confirma, nas conferências nos Estados Unidos de 1975, e mesmo uma explicação que ainda não mencionei.

A literatura, diz ele, tentou se tornar "[...] algo que entrega sua razão". O seu "porquê", portanto, quer ela fale ou não, esse "porquê" está ao nível do dizer que ela carrega. Pode haver más razões para esse dizer — por exemplo Joyce, diz Lacan, queria "se tornar um homem importante". A seguir, ele generaliza, lembrando que o motivo para "se enviscar [*s'engluer*] nessa profissão de escritor" — e quando Lacan fala de *glue* [cola], é sempre a do sentido — não é o inconsciente, mas o sintoma, é o escabelo-sintoma que dá a razão.

Quem não vê o quanto esses desenvolvimentos de Lacan — muito pouco didáticos e condensados, para dizer a verdade —, uma vez desdobrados, são perfeitamente coerentes e ajustados às suas construções prévias sobre o *sinthoma*, o inconsciente "falasser" [*parlêtre*] e UOM com escabelo que ele ilustra ali pelo exemplo da literatura?

Lacan não tentou a mesma demonstração para os escabelos das outras artes. Podemos entender o porquê disso, pois a literatura é a única a usar, como a psicanálise, apenas o instrumento da linguagem. É certo que ele falou da pintura em *A ética da psicanálise* notadamente, mas era uma outra época de seu ensino. Ele estava começando a elaborar os efeitos da linguagem sobre o real com o conceito de Coisa, *das Ding*. Era ela que estava no centro de suas análises sobre as anamorfoses e, por exemplo, do quadro de Holbein — escabelo do pintor de que ele ainda não falava — como esse vazio no centro da imagem sempre corporretriz em si mesma. Para o cinema, não se encontraria mais do que uma ou duas observações de passagem no ensino de Lacan, e nada, se não me engano, nos anos do inconsciente-falasser. Porém, alguns acreditam reconhecer aí a mais completa das artes, sem sustentação porque a narrativa se conjuga com a imagem animada que, se aplicarmos a tese de Lacan, concorrem para trabalhar conjuntamente na corporregência. Não é justamente por isso que deploramos o fato de as crianças assistirem em demasia a filmes violentos? Tememos, na verdade — e com razão —, uma indução corporal reforçada dessa violência pela adjunção da imagem animada à narrativa da história.

Em guisa de conclusão

Como ficam, então, suas numerosas tiradas de chapéu para a literatura e a famosa observação, a que tanto se deu importância, que dizia que o psicanalista poderia beber da fonte do artista[40]? Isso foi dito contra Freud, grande amante da literatura clássica; Freud, que acreditou que o escritor precedia o psicanalista na descoberta do inconsciente, como se do texto literário à associação livre houvesse uma continuidade. Mas não. Lacan mesmo sublinhou — ele que vem depois do surrealismo, do dadaísmo e de Joyce — que Jensen não reconheceu seu objetivo de escritor em *A Gradiva* de Freud.

"Beber da fonte", porém, parece um elogio — ainda que se possa supor para ele uma dimensão diplomática no discurso da época. Mas até onde, no fundo, vai esse elogio? Ele parece dizer que o psicanalista teria vantagem em tomar o escritor como exemplo, em imitar, portanto, aquilo que ele consegue. Mas, justamente, o que consegue um escritor senão convocar o gozo-sentido [*joui-sens*] — outra forma de dizer corporregência — por meio do uso da linguagem, convocar, portanto, o desejo e as pulsões que assombram a metonímia da

---

[40] Nota da editora: a autora utiliza a expressão *prendre de la graine*, "pegar a semente" ou, como optamos, "beber da fonte", no sentido de "tirar uma lição". A "famosa observação" em questão se encontra no seminário 21, *Les non-dupes errent*, aula de 9 de abril de 1974.

prosa, que ele oferece como um mais-gozar para a satisfação de seu leitor? Ora, a própria interpretação visa o gozo, sempre um ponto em comum com a literatura. A observação de Lacan subentende, ademais, que os psicanalistas são bastante desiguais nesse quesito. Mas se "beber da fonte" é conseguir tocar o gozo por meio do significante, como faz o escritor, isso certamente não significa que devam se igualar à sua operação de encantamento do leitor. Ao contrário, é o inverso, trata-se de interpretar o gozo-sentido [*jouis-sens*] — sempre em duas palavras — que já está lá no analisando, de interpretar, portanto, sua particular corporregência, muito longe de fabricá-la ou reforçá-la. O instrumento é o mesmo da literatura, o verbo, a finalidade é a oposta: analisar o gozo não é metonimizá-lo na prosa para um mais-gozar. Além disso, o gozo que visamos na psicanálise é não todo metonímico, não todo corporregente. Ele é também fixão de sintoma, com um "x". Eu poderia dizer que ele é corpo-diferencial, bem pouco propício ao compartilhamento, "opaco ", diz Lacan. Da literatura à psicanálise há, pois, os mesmos meios, mas uma antinomia das finalidades. Índice dessa diferença crucial: faz-se da literatura um escabelo, mas não interpretação. O laço analista-analisando não entra na estrutura "toma lá, dá cá".

Já desenvolvi isso em outra ocasião: o ato analítico é um ato sem retribuição de escabelo — razão pela qual é pago, aliás. É até o contrário disso pois, ao fazer o espantalho do sujeito suposto saber, está prometido à destituição que, no final, faz dele o rebotalho da operação. Rebotalho é um resto que não tem mais uso, não tem mais serventia, não pode ser reciclado nos termos de hoje. Castração do escabelo, portanto, "escabelostração" [*scabeaustration*], escreve Lacan. Será essa a razão oculta do frenesi da escrita que hoje sevicia entre os psicanalistas? Não está excluído.

Bibliografia geral

AUBERT, Jacques (org.). *Joyce avec Lacan*. Paris: Navarin, 1987.
_____. Préface. In: JOYCE, J. *Portrait de l'artiste en jeune homme*. Paris: Gallimard, 2012.
BADIOU, Alain. *De quoi Sarkozy est-il le nom?* Paris: Éditions Lignes, 2007.
CARCO, Francis. *Jésus la caille*. Paris: Albin Michel, 2008.
ELLMAN, Richard. *James Joyce*. New York: Oxford University Press, First Revision of the 1950 Classic, 1982.
FREUD, Sigmund. (1909 [1908]). "Romances familiares". In: *Edição standard brasileira das obras psicológicas completas de Sigmund Freud – Versão digital*. Rio de Janeiro: Imago, s/d, v. IX.
JOYCE, James. (1907). "Fenianism: The Last Fenian", publicado no *Il Piccolo della Sera*, jornal de Trieste, em 22 de março de 1930.
_____. Œuvres 1, 1901-1915. Paris: Gallimard, 1982.
_____. *Retrato do artista quando jovem*. Rio de Janeiro: Ediouro, 1987.
_____. *Dublinenses*. Rio de Janeiro: Civilização Brasileira, 1999.
_____. *Música de câmara*. São Paulo: Iluminuras, 2002.
_____. (1914). *Exilados*. São Paulo: Iluminuras, 2003.
_____. *Stephen herói*. São Paulo: Hedra, 2012.
KRIPKE, Saul A. *Naming and Necessity*. Cambridge, Massachusetts: Harvard University Press, 1972.

LACAN, Jacques. (1945). "O tempo lógico e a asserção de certeza antecipada". In: *Escritos*. Rio de Janeiro: Zahar, 1998.

_____. (1946). "Formulações sobre a causalidade psíquica". In: *Escritos*. Rio de Janeiro: Zahar, 1998.

_____. (1954). "Resposta ao comentário de Jean Hyppolite sobre a '*Verneinung*' de Freud". In: *Escritos*. Rio de Janeiro: Zahar, 1998.

_____. (1957). "A instância da letra no inconsciente ou a razão desde Freud". In: *Escritos*. Rio e Janeiro: Zahar, 1998.

_____. (1956-57). *O seminário, livro 4: A relação de objeto*. Rio de Janeiro: Zahar, 1995.

_____. (1957-58). *O seminário, livro 5: As formações do inconsciente*. Rio de Janeiro: Zahar, 1999.

_____. (1958). "A significação do falo". In: *Escritos*. Rio de Janeiro: Zahar, 1998.

_____. (1958). "Para um Congresso sobre a sexualidade feminina". In: *Escritos*. Rio de Janeiro: Zahar, 1998.

_____. (1958). "De uma questão preliminar a todo tratamento possível da psicose". In: *Escritos*. Rio de Janeiro: Zahar, 1998.

_____. (1960). "Subversão do sujeito e dialética do desejo". In: *Escritos*. Rio de Janeiro: Jorge Zahar Ed., 1998.

_____. (1964-65). *O seminário, livro 11: Os quatro conceitos fundamentais da psicanálise*. Rio de Janeiro: Jorge Zahar Ed., 1985.

_____. (1966). "Abertura". In: *Escritos*. Rio de Janeiro: Zahar, 1998.

_____. (1967). "Da psicanálise em suas relações com a realidade". In: *Outros escritos*: Rio de Janeiro, Jorge Zahar Ed., 2003.

_____. (1967). "Alocução sobre as psicoses da criança". In: *Outros escritos*. Rio de Janeiro: Jorge Zahar Ed., 2003.

_____. (1967). "Nota sobre a criança". In: *Outros escritos*. Rio de Janeiro: Zahar, 2003.

_____. (1967). "O engano do sujeito suposto saber". In: *Outros escritos*. Rio de Janeiro: Zahar, 2003.

_____. (1967). "Da psicanálise em suas relações com a realidade". In: *Outros escritos*: Rio de Janeiro, Jorge Zahar Ed., 2003.

_____. (1969). "Posfácio ao *Seminário 11*". In: *Outros escritos*. Rio de Janeiro: Zahar, 2003.

_____. (1970). "Radiofonia". In: *Outros escritos*. Rio de Janeiro: Zahar, 2003.

_____. (1971). "Lituraterra". In: *Outros escritos*. Rio de Janeiro: Zahar, 2003.

_____. (1971-72). *O seminário, livro 19: ...ou pior*. Rio de Janeiro: Zahar, 2012.

_____. (1972). "O aturdito". In: *Outros escritos*. Rio de Janeiro: Zahar, 2003.

_____. (1972-73). *O seminário, livro 20: Mais, ainda*. Rio de Janeiro: Zahar, 1985.

_____. (1973). "Televisão". In: *Outros escritos*. Rio de Janeiro: Zahar, 2003.

_____. (1973). "Prefácio à edição inglesa do *Seminário 11*". Rio de Janeiro: Zahar, 2003.

_____. (1973-74). *Le séminaire, livre 21: Les non-dupes errent*, inédito (Aula de 09/04/1974).

_____. (1974). "Nota italiana". In: *Outros escritos*. Rio de Janeiro: Jorge Zahar Ed., 2003.

_____. (1974). "A terceira", inédito.

_____. (1975-76). *O seminário, livro 23: O sinthoma*. Rio de Janeiro: Jorge Zahar Ed., 2007.

_____. (1975). "Conferencia em Genebra sobre 'O sintoma' (04/10/1975)". In: http://www.campopsicanalitico.com.br/media/1065/conferencia-em-genebra-sobre-o-sintoma.pdf (Acesso em: 27/03/2018).

MOHAHAN, John. "Grandir avec Joyce". In: *La Célibataire*, inverno 2013, nº 29.

NEWMAN, John Henry. *Ensaio a favor de uma Gramática do assentimento.* Lisboa: Assírio & Alvim, 2005.

SOLER, Colette. *L'ombilic et la chose*, Centenário de *A interpretação dos sonhos*, organizado pelo Espace analytique (30 de maio de 1999).

_____. *L'Aventure littéraire, ou la psychose inspirée – Rousseau, Joyce, Pessoa.* Paris: Éditions du Champ lacanien, 2001.

_____. *O que Lacan dizia das mulheres.* Rio de Janeiro: Jorge Zahar Ed., 2005.

_____. *O inconsciente a céu aberto da psicose.* Rio de Janeiro: Zahar, 2007.

_____. *Os afetos lacanianos.* São Paulo: Aller Editora, 2022.

_____. *Lacan, o inconsciente reiventado.* Rio de Janeiro: Cia de Freud, 2009.

_____. *O que resta da infância.* São Paulo: Escuta, 2018.

_____. *A querela dos diagnósticos.* São Paulo: Ed. Blucher, 2018.

Este livro foi impresso em fevereiro de 2023
pela Gráfica Ogra para Aller Editora.
A fonte usada no miolo é Petersburg corpo 11,5.
O papel do miolo é Pólen Soft LD 80 g/m².